赵连钢 ◎ 编著

三分制度 七分执行

赢得公司岗位与成功人生的生存哲学

没有制度，公司无从管理
没有执行，制度等于空设

好的制度是实现目标的基础
好的执行是达到成功的关键

内蒙古人民出版社

图书在版编目(CIP)数据

三分制度七分执行/赵连钢编著.—呼和浩特:内蒙古人民出版社,2017.9
ISBN 978-7-204-15004-5

Ⅰ.①三… Ⅱ.①赵… Ⅲ.①企业管理 Ⅳ.①F272

中国版本图书馆CIP数据核字(2017)第243714号

三分制度七分执行

作　　者	赵连钢
责任编辑	晓　峰
出版发行	内蒙古人民出版社
地　　址	呼和浩特市新城区中山东路8号波士名人国际B座5楼
印　　刷	北京永顺兴望印刷厂
开　　本	710mm×1000mm　1/16
印　　张	20
字　　数	300千
版　　次	2018年8月第1版
印　　次	2018年8月第1次印刷
印　　数	1-10000册
书　　号	ISBN 978-7-204-15004-5
定　　价	39.80元

如发现印装质量问题,请与我社联系。联系电话:(0471)3946120
网址:http://www.impph.com

成功，是我们孜孜以求的梦想，无论是员工还是企业，都在为取得成功而设计着宏伟的蓝图。然而，世界上从来没有生而完美的东西，有些企业往往会事与愿违。面对失败，很多企业领头人常会将责任归咎于员工执行不到位，将责任推诿于一些中层领导监督不到位。

那么，究竟是什么原因导致企业失败的呢？原因是：没有合理的制度，不会用制度进行管理；制度制定出来却没有严格地执行与落实。

合理的制度是一个企业生存和发展的基础，而用制度进行管理则是企业成长壮大的持续推动力。

众所周知，所有的管理问题都只有人和事两个因素。无论是一个国家，还是一个企业集团，或者是一个只有几个人的小企业，只要把人管好，把事理顺，管理中的那些让人棘手的大大小小的问题也就迎刃而解了。

成功的组织在对人和事的管理上具有一个共同的特点，那就是：用制度管人，按制度办事。制度是实现目的的手段，是推进管理流程的基本工具，是规范有效管理的前提。制度的制定与实施，是一条潜流于整个组织运行体系中隐形的河，左右着整个组织的生存与发展，决定着其实力的强弱。没有科学合理的制度，或者没有坚持按制度办事的原则，就会出现好事没人做、坏事人人争先的局面。"制度最为重要""制度高于一切""制度高于技术""制度更是第一生产力"，这已成为经济学家和管理学家的共识。

当今社会竞争日益激烈,企业怎样在众多组织中脱颖而出?一句话,不断完善制度的同时,要不折不扣地执行。

事实上,执行对于企业有着更为关键的作用,执行不到位,对于任何一家企业,带来的都有可能是致命的打击。

任何企业或组织,只要能将制度落实,就一定会取得成效。而对于落实不到位的企业,制度自然会变成一纸空文,决策也就成了"水中月""镜中花"。

有一家大型企业,因为经营不善而面临破产,后来这家企业被美国的一个大财团收购。企业的工作人员都在翘首以盼美国人能带来什么先进的管理理念,出乎意料的是,他们只派了几个人来。除了财务、管理、技术等重要部门的管理人员换成了美国人外,其他的根本没动。制度没有改变,员工没有改变,机器设备也没有更换。但美方有一个要求:把先前所制定的方针、政策和制度坚定不移并且严格地执行下去。

结果不到一年,企业就改变了局面,实现了扭亏为盈的目标。

为什么美国人来治理这个企业就能够取得成功呢?原因就是执行,将一切规章制度落实到位。因为落实是一个企业发展的原动力。沃尔玛之所以能成为全球零售业的龙头,联想之所以能跻身世界500强企业之列,原因就在于它们具有不折不扣地去执行落实的工作原则和工作作风。

从某种意义上说,落实计划或执行工作任务是一个创造的过程。要想彻底落实工作,必须应对这一过程中可能出现的问题,排除落实过程中的干扰因素。落实的过程,也就是不断发现问题进而解决问题的过程。要想解决从未遇到过的问题,需要找出应对问题的方法,而落实可以提高企业人员的创造力。

当然,一个持续变化的企业组织,必然要求其组织规则跟着变。因此,企业的规章制度必须不断改变,即不断地修订、补充、完善。通过制度的不断建立和健全,企业才能持续适应变化着的客观环境。否则企业组织就有可能无法适应日新月异的环境,很快被淘汰。

总而言之,执行是推动企业发展的力量源泉,是推进企业腾飞的助推

前言

器。只有落实工作,才能把口头上讲的理论、纸上写的计划付诸实践,并达到预期的目标;才能使企业在激烈的竞争中立于不败之地。

我们力求强调企业制度建设,这是一个长远的战略问题。但是,再好的制度,如果没有人去执行或者更贴切地说没有很好地去执行,那么,也不过是一纸空文。鉴于此,我们编成本书。

本书紧扣制度和执行的密切关系,重点阐述制度与执行中的一些富有建设性的问题。并很好地扣住制度和执行中最为关键的问题,将创新理论、经典案例以及全新的理念展现给读者朋友们。

在本书中,我们参考了各地权威的管理培训大师的第一手资料和专家学者们宝贵的文献资料。在此,我们向他们表示由衷的谢意和诚挚的敬意。

编　者

2017 年 11 月

上篇：三分制度

第一章　制度是企业生存和发展的基础 ………………… 2
　制度是衡量企业的一把标尺 ……………………………… 2
　搞好企业管理靠规章制度 ………………………………… 5
　管理制度就是规矩的"爱" ………………………………… 8
　科学管理规范高效企业 …………………………………… 11
　凡事要按制度办 …………………………………………… 14
　让规章制度无时不在 ……………………………………… 16
　合理完善的制度成就基业 ………………………………… 20

第二章　管理的核心就是一种制度约束 ………………… 26
　管理就是用制度说话 ……………………………………… 26
　管理就要有法可依 ………………………………………… 30
　法治时代是大势所趋 ……………………………………… 32

"下有对策"要不得 ……………………………………… 35
制度面前人人平等 ………………………………………… 38

第三章 纪律是执行的保障 …………………………… 41

服从第一,让规则来统治世界 …………………………… 41
没有服从,就不会有落实 ………………………………… 45
左手抓敬业,右手抓服从 ………………………………… 49
服从制度要与创新同在 …………………………………… 53
定下制度,就要让人怕 …………………………………… 57
带头服从制度是领导者的天职 …………………………… 59
遵守纪律,让工作得到完美落实 ………………………… 62

第四章 持续健全管理制度,成就卓越人才 ………… 65

顶级企业的用人法则 ……………………………………… 65
选拔人才从测评技术开始 ………………………………… 70
企业内部选拔人才有原则 ………………………………… 77
企业外部选人有方法 ……………………………………… 83
公平用人创造良好氛围 …………………………………… 85
适时扩大下属的职责 ……………………………………… 88
授权让员工能力得到充分发挥 …………………………… 90
与众不同的用人制度 ……………………………………… 95

第五章 科学合理的决策让管理更有成效 …………… 97

决策科学让管理更有成效 ………………………………… 97
充分发挥智囊团的决策作用 …………………………… 100
决策过程中要讲究的方法 ……………………………… 103

提高管理决策的准确度 ……………………………………… 107
人性化管理需要高效决策 ……………………………………… 111
保证决策得到正确执行 ………………………………………… 117

第六章 规范制度，让执行工作不跑偏差 ……………… 120

管理制度有缺陷执行就不力 …………………………………… 120
把制度记在心里，执行才会到位 ……………………………… 123
没有制度，企业运作无法规范 ………………………………… 126
执行制度绝不能有例外情形 …………………………………… 129
执行不力是因为监督不到位 …………………………………… 131

第七章 制度的关键在于落实责任 ……………………… 134

一流的执行离不开一流的把关 ………………………………… 134
将责任深深地种在脑袋里 ……………………………………… 139
任何时候都把责任放在首位 …………………………………… 142
责任到位，执行才能到位 ……………………………………… 145
信守责任，让执行更完美 ……………………………………… 149
责任心为执行撑起一片天 ……………………………………… 152

下篇：七分执行

第八章 好制度没有执行一切都是空谈 ………………… 156

执行不力通常是问题的根源 …………………………………… 156
让执行的观念深入人心 ………………………………………… 158

　　做正确的事,让执行有效率 ………………………………… 161
　　具备绝对的竞争力离不开落实 …………………………… 164
　　将"想要",变为"一定要" ………………………………… 167
　　"文山会海"不落实等于零 ………………………………… 170
　　执行的关键在于落实到位 ………………………………… 173

第九章　执行就是自动自发地开展工作 …………………… 177
　　自动自发,不必等老板安排 ……………………………… 177
　　积极进取,每天多做点分外事 …………………………… 180
　　以精益求精的态度投入工作 ……………………………… 183
　　主动认错,执行没有任何借口 …………………………… 185
　　养成对工作负责任的习惯 ………………………………… 188
　　把岗位责任牢牢刻在心中 ………………………………… 190

第十章　高效执行离不开一个和谐的团队 ………………… 194
　　树立全局观念,把握整体目标 …………………………… 194
　　相互配合,凝聚团队力量 ………………………………… 198
　　借势发挥,总比单挑力量大 ……………………………… 201
　　充分发挥团队协作的精神品质 …………………………… 203
　　集思广益,认真听取他人的建议 ………………………… 207
　　掌握沟通技巧,注重团队合作 …………………………… 210
　　融洽同事关系,虚心向大家学习 ………………………… 212
　　相互信赖,在协作中融入团队氛围 ……………………… 214

第十一章　工作就是要把每件事都做到位、做到最好 …… 218
　　责任面前,工作没有小事 ………………………………… 218

  每一个细节都不容小视 …………………………………… 221
  把简单的工作做到极致 …………………………………… 224
  拒绝浮躁，先从小事做起 ………………………………… 226
  认真负责，不放过任何细节 ……………………………… 229
  把小事做细，把细事做彻底 ……………………………… 231
  卓越来自平凡小事的超凡落实 …………………………… 234

第十二章　执行工作关键看落实的结果 …………………… 239
  业绩是最好的实力证明 …………………………………… 239
  行动重要，结果更重要 …………………………………… 242
  抱怨不断，不如做出成绩 ………………………………… 245
  "完成任务"不代表"创造业绩" ………………………… 248
  强化结果意识，优化工作方式 …………………………… 251
  工作的质量决定工作结果 ………………………………… 253

第十三章　工作讲方法，执行制度有效率 ………………… 256
  确立有效目标有利于落实 ………………………………… 256
  工作计划一定要提前准备 ………………………………… 259
  让"ABCDE"法则来规划时间 …………………………… 263
  落实也要讲究轻重缓急 …………………………………… 265
  落实，需要打破思维定式 ………………………………… 269
  善于思考是提升工作品质的关键 ………………………… 272

第十四章　日事日清，让执行完美落到实处 ……………… 276
  每一天都要把事情做好 …………………………………… 276
  "万事俱备"，只是落实的借口 …………………………… 278

心动不如行动,行动不如主动 …………………………………… 281
今天该做的事,立即执行 …………………………………………… 285
工作就要日事日毕,日清日高 …………………………………… 288

第十五章　不断学习,做一个执行制度的推手 …………… 291

职场达人,须持续不断地"充电" ………………………………… 291
学习是你迈向成功的不二法门 …………………………………… 294
不断提高自己,突破自身极限 …………………………………… 297
突破以往经验,主动寻求改变 …………………………………… 300
要想落实到位,就得主动创新 …………………………………… 302
激情成就卓越,创新开拓未来 …………………………………… 305

上篇：三分制度

第一章
制度是企业生存和发展的基础

国不可一日无法，家不可一日无规，历朝历代都是如此，企业也不可一日无制度。制度是任何组织得以维持和有序运转的必要条件。如果没有制度，就不能更好地工作。

制度是衡量企业的一把标尺

制度就像一把标准的尺子，它时刻衡量着领导和员工的行为，指引着公司、企业的发展。

"制度"一词，在《辞海》中的解释是成员共同遵守、按一定程序办事的规程。汉语中"制"有节制、限制的意思，"度"有尺度、标准的意思，结合起来表明制度是节制人们行为的尺度。

上篇：三分制度

任何一个成功的机构、组织背后，一定有它们规范性与创新性的管理制度作为支持，规范地管理日常活动，可以保证生产、经营流程和效率的实现。一个有效的、合理的，适合公司、企业发展的管理制度，能规范员工行为，提高员工的工作效率和质量，形成一种良好的企业文化。在正确的管理制度下，可以大大地提高企业的管理效率，提高企业的竞争能力。规范化的作业流程与员工工作行为，将有助于形成一个融洽、竞争、有序的工作环境。凡是成功的公司、企业都有一个共同的特点，那就是有一套具备自己特色的管理制度。建立一套完善的经营管理制度，对公司、企业的健康发展有着举足轻重的作用。

我们常说没有规矩，不成方圆。的确，每个人在思想上都有缺陷和错误。但我们可以用健全完善的制度去约束人们错误的思想，弥补少数人的失误、大意带来的恶果，避免个人的错误造成全盘皆输的结果。

如果一个企业重视制度的建立和修正，并且同样重视制度的落实和监督的话，相信该企业一定是个成功的企业。要把企业做大、做精、做好，就要建立实际、可行的制度。并且，要有非常顺畅的监督体系和灵活的制度变更流程。人都是有弱点的，总有出现私念或目光短浅的时候。成功企业的员工们未必个个对企业绝对忠诚，也未必都持有主人翁意识。但制度可以弥补这些人性格的弱点，缩短员工和企业之间的距离。制度的落实需要不折不扣，监督体系需要刚正不阿、透明直接，绝对不能"留白"。制度的制定必须科学、合理，然后再去大力执行。管理者出台管理制度一定要严谨，要经过认真地论证。一个不严谨的制度朝令夕改，会让员工无所适从，最后导致真正好的制度、规定出台时也得不到有效的落实。当然，良好的制度不是一朝建立的，也不是一成不变的。一个有生命力的制度必定是在不断变化的，必定是在渐进趋向企业发展需要的。

制度的制定还必须依据公司的具体情况。经常看到有些公司把所谓的先进管理制度全盘照搬，生搬硬套，结果导致了水土不服。什么是最好的制度？适合自己的才是最好的。所有的制度和规定都是为了帮助员工更好地工作的。如果制度对于员工来说是一种负担，那必然会受到员工某种程

度的抵制,最后影响到公司的执行力。

在制度落实上切忌只喊口号不做事。再好的制度也须在落实的基础上才有意义,否则就是一堆废话。事实证明,制度制定以后关键是落实,再好的制度,没有人去落实是没有用的。有的公司制度制定得比较完善,并且还把制度编制成册,可是在落实过程中往往就变了样。制度制定后并不等于达到了管理的目的,关键是通过制度实现有序管理,使管理有法可依,并在管理过程中不断完善相关的制度。制度本身不折不扣地被执行,是公司正常运作的前提。制度是规范、约束员工的工具,只有有效的制度才能保证公司的正常运行。

三国时期,诸葛亮挥泪斩马谡。杀人的权力在他手上,当然,他可以选择不斩。但是马谡还是被斩了,因为诸葛亮认识到:马谡被斩虽然让蜀国失去一员干将,但是军法一旦被视同儿戏,所造成的后果将更严重。公司的制度如同诸葛亮的军法,必须不折不扣地执行;一旦不被重视,很可能会一步步走向失控的边缘,执行力也会日渐衰微。公司制度能否被不折不扣地执行是公司执行力强弱的表现,公司的执行力越强,公司的制度就越能被贯彻落实。

"水桶理论"已是老生常谈,任何一个环节太薄弱都可能导致整个企业经济效益的滑坡。因此,联系到我们自身来说就是要做到接手的事必须按时、按标准完成,不能完成不要找任何借口;已做完的事情自己检查,认定完全没有错误再上报,不要等检查出了破绽或漏洞再辩解。把小事做细了,工作效率自然就提高了。

现实中常常遇到这样一种现象:一方面是各种新的制度不断出台,另一方面是新制度出台后往往是热闹一阵就归于沉寂。当然,制度的生命力在于执行。从一落实就打折扣,再健全再完善的制度也只会是墙上画虎,成为摆设。

相对而言,我们不缺乏制度建设与创新的能力,但缺乏贯彻与落实制度的力度。从现实看,一些制度之所以得不到有效执行,其主要原因如

下：一是利益的驱使，对自己有利的就执行，不利的就推三阻四，在执行制度上搞实用主义；二是那些上不得台面的"潜规则"，常使违反制度者得益，执行制度者受损，造成人们对制度产生信任危机；三是制度本身不够科学，不够具体明确，缺乏可操作性；等等。

的确，制度是一个标准而并不是一张网，仅凭制度创造不出效益，一个不能生发制度文化的制度不可能衍生尽责意识。如何将强制性的制度升华到文化层面，使员工普遍认知、认可、接受，以达到自觉自发自动按照制度要求规范其行为，完成他律到自律的转化，是构建制度文化的真正内涵。"知行合一"，"知"乃"行"的前提，应该以利益为导向激发员工的自律意识。

当然，一个持续变化的企业组织，必然要求其组织规则跟着变。因此，企业的规章制度必须不断改变，即不断地修订、补充、完善。通过制度不断地建立和健全，企业才能持续适应变化着的客观环境。否则，企业组织就有可能无法适应日新月异的环境，很快被淘汰。

搞好企业管理靠规章制度

在企业管理中，制度的力量远大于人的力量，这使得制度管理这种模式比人的管理模式更有优势。

人不是机器，人是用自己的大脑工作的，但是人的思想是多样的，有的符合企业的利益，而有的却会给企业带来危害。这时就需要有一种制度来规范其行为。没有人能永远充当企业的管理者，用人管人，是暂时的管理；用制度管人，是永恒的、延续的管理，它可以永远地固定下来，并加

以传承。

现代企业管理要靠制度，既是社会发展的要求，也是企业自身的发展要求，因此制度设计非常重要。一个企业如果管理制度不完善、不规范、混乱，那么我们就难以相信这个企业的运营是健康的。制度好，就会给企业的发展带来助力；制度差，企业从根本上就无从谈及发展的问题。由此看来，制度和人的关系寓于每项管理工作当中，所以每项企业管理都应该既要有严格的制度，又能充分发挥人的积极作用。这是企业管理必须解决的一个难题，也是不能回避的现实问题。

有这样一种现象：

在一些企业看似不可或缺、威风八面的老总，即使他离开了工作岗位，这个企业也能照样生存，为什么？因为企业是靠制度在管理，而不是靠所谓的个别精英。

因为这些公司延续了制度，从不允许个人凌驾于制度之上，从而，能把各种拥有才华的人汇集于制度之中，传承发展。这样一来，企业的精华非但没有丢失，反而被丰富，企业也得到了很好的发展。

物理学大师爱因斯坦说："我能发现相对论是因为我有幸能站在牛顿和劳伦斯的肩膀上，所以就能看得更远。"爱因斯坦的成功在于他能延续前人的智慧，而不是重新去发明。平日操作也是一样的，首先要追问："标准操作程序如何？现存的操作程序如何？"如果没有纰漏或缺陷，就要萧规曹随，千万不要去重新发明。这就是大企业和小作坊的差距。

制度管人要明确责任、奖罚分明，要做到制度面前人人平等。人管人累死人，制度管人才能管好人。但制度能否在企业管理中发挥作用，关键在于制度能否得到落实，落实制度的过程就是严格管理的过程。没有完善合理、切合实际、可操作性强的制度，严格管理就失去了基础，就会回到人治的层面，这样的结果是不可想象的。

第二次世界大战中期有一个发生在美国空军和降落伞制造商之间的真实故事。当时，降落伞的安全性不够高，经过厂商不断努力改善，使得降落伞制造商生产的降落伞的良品率已经达到了

99.9%。这个良品率，即使是现在的许多企业也很难达到，但是军方要求降落伞的合格率必须达到100%。对此，厂商不以为然。他们认为，能够达到这个程度已接近完美，没有必要再改进。他们一再强调，任何产品也不可能达到绝对的100%合格，当然，美国空军也一口回绝，因为降落伞的品质不能有折扣。要知道99.9%的合格率就意味着每一千个伞兵中，就会有一个人因为产品质量问题在跳伞中送命，这显然会影响伞兵们战前的士气。后来，军方改变了检查产品质量的方法，那就是从厂商前一周交货的降落伞中，随机挑出一个，让厂商负责人装备上身后，亲自从飞行中的机身上跳下。这个方法实施后，奇迹出现了，厂商生产的降落伞合格率立刻变成了100%。一开始厂商们还总是强调实现100%产品合格率的难处，为什么后来制度一改厂商们再也不讨价还价，乖乖地绞尽脑汁提高产品质量了呢？主要原因在于前一种制度还没有最大限度地涉及厂商们的自身利益，以至厂商们对千分之一的不合格率不以为然，甚至认为这是很正常的。因此，他们对伞兵们每一千人必死一个的可能性漠然置之。后来让老板们自己先当一回"伞兵"，先体验一下这"千分之一"的感受，自然就会出现厂商认为是不可能的奇迹了。

这个事例告诉人们：在企业管理中，制度的力量远大于人的力量，这使得制度管理这种模式比人的管理模式更有优势。

制度管人有更好的效用。换句话说，人管人，事倍功半；制度管人，事半功倍。规章制度是对人们在共同工作中应当执行的工作责任、工作程序和工作方法等所做的规定，具有法定性和强制性。俗话说，没有规矩，不成方圆，公司的"规矩"就是规章制度。现代模式的公司必须要用具有合理性和创新性的规章制度来约束员工。只有拥有严明的纪律、严格的制度，才能保证公司员工队伍的战斗力。

用制度管人，是持久的管理。只要制定了相应的制度，只要按照相应的制度办事，不管是谁当领导，都能将公司经营好。用人管人，是治标不

治本的管理,从表面上看问题得到了解决,但过不了多久,问题仍然会出现,矛盾仍然会爆发。用制度管人,是追本溯源的管理。从一定程度上来说,用制度管人,用制度将问题和矛盾扼杀在萌芽状态,甚至萌芽前状态,这是治标又治本的管理。用人管人,比较简单,操作起来也比较容易。用制度管人,比较复杂,操作起来也比较烦琐,不过相对于用人管人,比较有效。套用一句俗语来说:"制度不是万能的,但没有制度是万万不能的。"

人管人是靠不住的,因为人管人的效果好坏关键取决于管理者。管得好,就会成功,反之就会失败。因此只有用制度管人,才能整合优秀员工的智慧和力量,企业才能壮大和发展起来。

管理制度就是规矩的"爱"

无论是管理者还是被管者,如果能够站在"爱"与"严肃"的角度去看待管理和被管理,相信这对企业和个人的发展,都将起到事半功倍的效果。

在很多企业里,一提到管理,首先想到和强调的就是要"严",似乎一旦缺了"严格""约束""限制"就不是管理了,好像管理就是把人管得老老实实,让往东不许往西那样。但是,这样管理的效果会好吗?答案肯定是否定的。

管理学家讲管理是一门科学,也是一门艺术。其科学体现的是要严而有序,严而有据。有一套行之有效的管理制度,不是没有根据的"瞎严",也不是管理人员具有主观随意性的"乱严"。其艺术体现在管中有情,情

上篇：三分制度

理交融。严格管理不是冷酷无情，不是把员工当作生产工具和机器，一味地依靠制度来控制员工，而是要从关心和爱护员工出发，通过尊重员工的人格，理解员工的感情，维护员工的利益，保证员工的人身安全，来激发员工遵章守纪、服从严格管理的热情。就如同法约尔所说："在管理方面没有什么死板和绝对的东西，这里全都是尺度问题。"因此在严格管理上，一定要掌握好"度"，而不是越严越好，也不是越详尽越好。

从字面上看，"管"者，是制约，是指对严格执行制度、丝毫不许偏差的监督、检查，其表现状态呈"刚性"；"理"者，是梳理，是按照人的情感、思路及价值取向等对人和事进行号脉治理，其表现状态呈"柔性"。"管"和"理"的结合，就是刚柔相济的结合。如果说得直白一点，管理其实就是严肃的爱，是一种对每个人负责任的真爱。

国内一位备受尊崇的企业家谈到自己最深刻的一段成长经历时说到，"文革"后他作为知青回城，在一家运输公司当司机，他的上司是一位退伍军人。当时大家很怕这位退伍军人，因为他太难伺候了。比如，每次他布置完任务后都会问你：记住了吗？当你使劲点头，以为万事大吉走到门口的时候，他会突然把你叫住，让你回来一字不落地复述，如有一字不对，便把你骂个狗血喷头，最后一句总是："连听都没听清，怎么可能把事情做对？"

后来大家都学会了小心翼翼地倾听上司的每一句话，不敢有半点马虎，结果任务总能比较准确地完成。

对于员工而言，有时，严厉未尝不是一件好事。作为员工，要认识到"合理的要求是训练，不合理的要求是磨炼"。因此，无论是管理者还是被管者，如果能够站在"爱"与"严肃"的角度去管和理解管，对企业、对个人发展，都将是事半功倍。

西洛斯·梅考克是美国国际农机商用公司的老板。他是一个坚持原则的人，如果有人违反了公司的制度，他一定毫不犹豫地按章处罚。但这并不意味着他不讲人情，相反，他非常体贴员工的疾苦，能够设身处地地为员工着想。

有一次，一位跟梅考克干了10年的老员工违反了公司的制度，酗酒闹事，迟到早退，还因此跟工头大吵了一场。在公司的规章制度中，这是最不能容忍的事情，不管是谁违反了这一条，都会被开除。当工厂的工头把这位老员工闹事的材料报上来后，梅考克迟疑了一下，但仍提笔写下了"立即开除"四个字。

梅考克毕竟与这位老员工有过患难之交，他本想下班后到这位老员工家去了解一下情况。不料这位老员工接到公司开除的决定后，立刻火冒三丈。他找到梅考克，气呼呼地说："当年公司债务累累时，我与你患难与共。3个月不拿工资也毫无怨言，而今犯这点儿错误就把我开除，真是一点儿情分也不讲。"

听完老员工的叙说，梅考克平静地说："你是老员工了，公司的制度你不是不知道，应该带头遵守……再说，这不是你我两个人的私事，我只能按规矩办事，不能有一点例外。"

随后，梅考克又仔细地询问了老员工闹事的原因。通过交谈他了解到，这位老员工的妻子最近去世了，留下两个孩子，一个孩子跌断了一条腿，住进了医院；还有一个孩子因吃不到妈妈的奶水而饿得直哭。老员工是在极度的痛苦中借酒浇愁，结果误了上班。

了解到事情的真相，梅考克为之震惊，他接着安慰老员工说："现在你什么都不用想，快点回家去，料理你夫人的后事、照顾好孩子。你不是把我当成你的朋友吗？所以你放心，我不会让你走上绝路的。"说着，从包里掏出一沓钞票塞到老员工手里。

老员工被老板的慷慨解囊感动得流下了热泪。梅考克嘱咐老员工："回去安心照顾家吧，不必担心自己的工作。"

听了老板的话，老员工转悲为喜说："你是想撤销开除我的命令吗？"

"你希望我这样做吗？"梅考克亲切地问："不，我不希望你为我破坏公司的规矩。"

· 10 ·

"对,这才是我的好朋友,你放心地回去吧,我会做适当安排的。"

梅考克在继续执行将他开除的命令,以维持公司纪律的同时,将这位工人安排到自己的一家牧场当了管家。梅考克这样做,不仅解决了这个工人的忧难,使他的生活有了保障,更重要的是他这样做,赢得了公司其他员工的心。大家认为梅考克这样一个关心员工的人,是值得他们为之拼命的。从此,员工们同梅考克一道,为国际农机商用公司的强盛同舟共济,创造了公司一个又一个的辉煌成就。

实际上,管理不是对个人的,而是对集体的,是维护集体的利益。管理是一个"局",个别人非得超越管理搞特殊化,那就是自己"出局",怨不得别人。

规范的管理,是一个企业生存和发展的根本;规范的管理,是多数人利益得到保障的根本;规范的管理,是一个公平环境创设的根本。

管理就离不开规矩,管理就要靠制度,管理就要有约束。实际上,管理也是爱,只不过这爱是严肃的。正是有了这样严肃的爱,企业里的人才能按照企业的要求,尽自己最大的努力去工作,这样,企业才能发展壮大。

科学管理规范高效企业

科学的管理制度是现代企业进行科学管理的前提和保证。没有科学的管理制度,就没有科学的现代管理,更不可能有规范高效的现代企业。

俗话说：没有规矩，不成方圆。如果一个企业没有制度，在某一段时间也许能混下去，甚至在某一阶段、某一件事情上还会显得很有效率，但是从长远和整体上来看显然是不行的。因为一个没有制度、没有纪律的团队事实上等于一个没有绩效没有生产力的队伍。所以对一个顶尖的业务经理人来说，如何营造、建立一个好的制度管理模式是非常重要的。

美国一家化学公司花了2.5亿美元在印度尼西亚新建了一座工厂，然后将该工厂经营的重担交给了远在巴西的另一家工厂的管理者。此人在巴西业绩不错，并且长期从事技术工作，精通业务，按理可以将这座新建的工厂搞得红红火火。然而事与愿违，他是一个只懂得技术而不懂市场经济、不懂公共关系的人，就连起码的定价策略都说不出个所以然来，因此企业管理如同一盘散沙，制度朝令夕改，结果工厂迟迟不能开工，开工后产品也很难卖出去，最后总部只好忍痛割爱，将这家工厂搬到了另外一个国家。但这期间的耗资已覆水难收。

是啊，家有家法，厂有厂规，企业一旦没有制度的约束，就如无头的苍蝇。如何保持一个团队的良好管理模式呢？以下几点是值得大家去参考的。

第一，我们应该制定一个非常具体的可操作可执行的企业管理制度。所谓的企业管理制度其实指的就是游戏规则。我们要让每一个员工都能够非常清楚所制定的制度是什么，哪些是好的，哪些是不好的，哪些是可以允许的，哪些是不被允许的，你制定这些制度之后你要清楚地告诉他们你为什么制定出来这些制度。这些制度为什么要被遵守，它跟团队协作有什么关系，它跟组织管理有什么关系，它跟业绩有什么关系，要把这些原因一五一十地告诉员工，让员工非常明白。因为只有当员工明白为什么设定这些游戏规则和制度的时候，他们才知道为什么或者是如何去遵守这些制度并规范行为。

第二，我们要制定高标准，严格的标准。任何一个顶尖的团队都是有一套非常严格的标准的。标准应该是合理的高标准，如果你想拥有一个一

流的团队，你就必须制定严格的一流的标准，这点是非常容易理解的。有一句话讲得非常好，"严师出高徒"，在你带领整个团队进行培训的过程中，如果你对他们的要求非常松散，同时假设你对他们的行为标准也制定得非常模糊，那么每一个团队的成员就没有依寻的准则，这样就不会激发他们好的一面，反而会激发他们的惰性，我想这样对于一个团队来讲是有很大杀伤力的。

第三，我们要做的就是制定一个所谓的处置制度。有一句话讲得非常好，"国有国法，家有家规"，你所制定的制度实际上就是一种规则，事实上就好像法律一样，当他今天触犯了这个规定以后，请问你应该如何惩罚他？你应该如何处置他？我想这些制度都应该是非常明确的。

第四，当你制定制度后，你就必须要严格执行。如果不严格执行，就会给人留下这样一种印象，你说的话是无所谓的。

第五，制度制定以后，我们所需要做的是不断地去检查、不断地去监督。就好像刘邦的长乐宫朝会一样，在朝拜过程中，御史前去执行法令，凡不按仪式规定做的就带走治罪。

人管人总是有漏洞的，因为人都是有弱点有感情的，制度却能起到人所不能起到的作用。各位优秀的企业经理，愿制度能助你减少管理漏洞，真正成为你企业经营腾飞的翅膀。愿制度能使你在成功的道路上步伐更稳健，信心更充足。

一个企业的成败取决于其内部管理制度的科学性和完善性。企业制度是管理思想、管理组织、管理方法、管理技术、管理方式的综合体现。科学的管理制度是现代企业进行科学管理的前提和保证。没有科学的管理制度，就没有科学的现代管理，更不可能有规范高效的现代企业。

凡事要按制度办

制度是组织为自身的生存、发展而进行博弈的需要，它的每个步骤、每个细节都凝结着全体组织成员的心血和智慧。

生产和经营实践告诉我们，只要严格按照流程去做，最后都能达到预期目标，走捷径、投机取巧，有时反而会把事情弄糟。凡事都按照流程去做的话，有些细节就会在操作中一步步被发觉，隐患也就理所当然地被消灭了。

在欧洲、日本的企业中，员工做事情一板一眼，他们凡事都按照流程去做，宁愿多花成本、降低做事效率也要保证公司的利益和安全。因为他们知道，只有按流程办事，才能发现细节中的隐患，并在操作中一步步地把它消除。

在一般人的印象中，如果在一家公司里发现一群不打领带、身着休闲服装的人，很可能认为这是一家美国公司。而如果一家公司里男士西装革履，女士淡扫蛾眉，同事见面互相有礼貌地寒暄，那很可能你已经来到了一家日企。

日资企业的工作环境有其独特的风格，在日企工作的人需要具备很强的责任心、做事不能马马虎虎，所有人都要一板一眼地做事；要适应并习惯他们计划性很强的工作方式，久而久之与他人产生默契，一件小事都会反复地确认、商量。

在日本，河豚被奉为"国粹"。河豚肉质细腻，味道极佳，

但这种鱼的味道虽美，毒性却极强，处理稍有不慎就有可能致人死命。在中国，每年中毒、死亡者都达上千人，但同样是吃河豚，在日本却鲜有中毒、死亡的事情发生。

日本的河豚加工程序是十分严格的，一名上岗的河豚厨师至少要接受两年的严格培训，考试合格以后才能领取执照。开张营业后的实际操作中，每条河豚的加工去毒需要经过30道工序，一个熟练厨师也要花20分钟才能完成。但在中国，加工河豚就像做普通菜一样，加工过程随随便便，烹饪过程也没有太多的工序。

加工河豚为什么需要30道工序而不是29道？我们不得而知，我们知道的只是日本没有那么多因吃河豚而中毒的人。可能经过20道工序的处理吃河豚已经不一定会死人，但粗糙的工序只能带来粗糙的感觉。从这一点来说，到位的管理，一定是经过严格的程序化的管理，一定是一板一眼，认真做事的管理。

日本人喜欢什么事情都做得很仔细，很规范，"制表"就是日本企业的一大特点。大大小小的事情都要制成图表，而且同一件事情要重复做好几张不同的图表。小到在公司里放置老鼠药的事情也会打成通知四处张贴。更为可贵的是，日本的员工也一直坚持不懈地服从于这些工作流程。

此外，日本企业还有很多类似的做法，如员工每3个月就会各自列出一套计划方案，每一阶段也都有详细的工作安排，然后在工作中完成一项勾掉一项，一丝不苟。

严谨认真是日本人一个十分突出的特点，在日资企业工作过的员工经常给人一种很拘谨、很正规的感觉。在我们看来，日本人的这种做法很多余，是一种对时间和人力的浪费。但是，我们不知道，就是因为日本企业一直坚持流程作业，才为企业和员工带来很多利益。有人说过，只要在日本企业里干过，那么到其他任何公司去工作都没问题——因为受日企员工的习惯熏染，整个人都会变得有规有矩，做事认真、有责任心、不会偷懒，同时也不会迟到早退、能礼貌待人。

每一项制度都不是领导者头脑发热制定的,制度是组织出于自身生存、发展的需要而建立的,它的每个步骤、每个细节都凝结着全体组织成员的心血和智慧。总之,制度既有权威性,又需要大家尊重。

让规章制度无时不在

要想把企业里每一个成员的智慧和力量充分发挥并最优化地组织起来,高质高效地完成经营生产任务,就必须要有一整套管理制度做后盾,这样才能确保企业的一切工作有章可循。

一根小小的柱子,一截细细的链子,拴得住一头千斤重的大象。这不荒谬吗?可这荒谬的场景在印度和泰国随处可见。那些驯象人,在大象还很小的时候,就用一条铁链将它绑在水泥柱或钢柱上,无论它怎么挣扎都无法挣脱。它渐渐地习惯了不挣扎,直到长成了大象,可以轻而易举地挣脱链子时,也不挣扎。

有一个驯虎人,本来他也像驯象人一样成功。他让小虎从小吃素,直到小虎长大。老虎不知肉味,自然不会伤人。驯虎人的致命错误在于他摔了跤之后让老虎舔净他流在地上的血。老虎一舔不可收拾,结果,将驯虎人吃了。

小象是被链子绑住,而大象则是被习惯绑住。虎曾经被习惯绑住,而驯虎人则死于习惯(他已经习惯于他的老虎不吃人)。习惯几乎可以绑住一切,只是不能绑住偶然。比如那只偶然尝了鲜血的老虎。

因此，即使制度已经内化成为员工生活的一部分，我们仍然不能放松警惕。要时时处处按制度办事、维护制度的尊严，才不致让某些人或某些现象凌驾于制度之上，让制度最终成为装饰的花瓶。

制度化管理，是当今世界最为流行、最为有效的一种管理方式。要高效实施制度化管理，必须遵循以下基本原则：

一、制度化管理的功能必须体现普遍性原则

在空间上，要覆盖全方位，做到事事都有制度管，保证不漏事；在时间上，要覆盖全过程，做到时时都有制度管，保证不漏时；在人员上，要覆盖全员，做到人人都有制度管，保证不漏人。这就是说，任何事、任何时候、任何人都必须在制度的制约之下，而不能超越于制度之外。否则，就谈不上制度化管理。

二、制度使你的经营大不相同

分析那些优秀企业的成功经验，他们之所以优秀，是因为他们具有比别人更完善的并得到了切实执行的制度。

（一）有助于建立正常的生产经营秩序

企业是一个多元素、多层次、多系列、多结构的复杂的综合体。要把这个综合体里的每一个成员的智慧和力量充分发挥并最优化地组织起来，高质高效地完成经营生产任务，就必须要有一整套管理制度，使企业的一切工作和所有员工有章可循。实践也证明，凡是这样做的企业，其各项工作就能按规则制度有序地运转。

（二）有助于调动员工的工作积极性

对于企业来说，只有在每一位员工的积极性、主动性和创造性都得到了充分发挥，并形成一种集体合力时，这个企业才能搞得好。当企业建立起符合市场规律、符合现代管理原理并能充分体现社会主义道德观念和行为规范的管理制度时，就会使全体员工知道：应该做什么，不应该做什么；应该怎样做，不应该怎样做；自己的主要职责，所担负的职责对企业具有什么意义和作用。这样，就能把全体企业员工的工作积极性充分地调动起来，成为推动企业生产经营不断前进的巨大动力。

(三)应体现管理者时时刻刻的关心

北风和南风比威力,看谁能把行人身上的大衣脱掉。

北风首先来了一阵冷风,凛冽刺骨,结果行人把大衣裹得紧紧的。

南风则徐徐吹动,顿时风和日丽。行人因为觉得春意上身,始而解开纽扣,继而脱掉大衣。最终,南风获得了胜利。

温暖胜于严寒,管理者在管理中,在制定、执行制度时,要学会运用"南风"法则,就是要尊重和关心下属,以下属为本,多点人情味,使下属真正感觉到管理者给予的温暖,从而去掉包袱,激发工作的积极性。

(四)让消费者得到放心的优质服务

企业要建立现代企业制度,第一是要处理好企业与消费者的关系,因为消费者是市场的核心。企业离开了市场和消费者就失去了发展的根基。

张瑞敏有一句话——创新创造有价值的订单。

张瑞敏讲创新的目的和意义在于为企业创造有价值的订单,他认为企业必须时刻把客户摆在第一位,这个客户不是一般的客户,而是有价值的订单客户。

消费者是市场的核心,我们只有找到消费者才算是找到了市场,我们不仅要找消费者,还要找有价值的订单,这就是管理的精髓。最有效的管理就是化繁为简,把复杂的问题简单化。市场和客户的情况变化是非常复杂的,但是你可以用一种非常简单的方法来对付它。即用制度将消费者的利益置于企业经营的第一位,用制度将为消费者提供全优服务落实到企业的各项活动中。

(五)可以培养员工真正的忠诚

在大多数企业都有一种不成文的规矩,即禁止内部员工恋爱。其实,这种做法是不合法也不可取的。棒打鸳鸯只能导致军心涣散,让员工对组织感到寒心。获得如此待遇的员工即便留下,也会身在曹营心在汉。

工程师田中为日立公司工作近12年了,对于他来说,公司就是他的家,因为他美满的婚姻都是公司为他解决的。原来,日立

上篇：三分制度

公司内设了一个专门为职员架设鹊桥的婚姻介绍所。日立公司人力资源站的管理人员说：这样做还能起到稳定员工、增强企业凝聚力的作用。

日立鹊桥总部设在东京日立保险公司大厦八楼。年轻的田中刚进公司，便在同事的鼓动下，把学历、爱好、家庭背景、身高、体重等资料输入了鹊桥电脑网络。在日立公司，当员工递上求偶申请书后，他便有权调阅电脑档案，申请者可以仔细地翻阅这些档案，直到找到满意的对象为止。一旦他被选中，联系人会将挑选方的一切资料寄给被选方。被选方如果同意见面，公司就安排双方约会。约会后双方都必须向联系人报告对对方的看法。

终于有一天，同在日立公司当接线员的富泽惠子从电脑上走下来，走进了田中的生活。不到一年，他们便结婚了，婚礼是由公司这个月老操办的。

有了家庭的温暖，员工自然就能一心一意扑在工作上，由于这个家是公司促成的，员工对公司就不仅是感恩了，而是油然而生一种鱼水之情。这样的管理成效是一般意义的奖金、晋升所无法相比的。

三、让制度时时刻刻在身边

一流企业必然有一流的企业文化，而企业文化的内涵则又多是由制度所确定的，因此制度的建设就显得十分重要。

那么，作为企业的管理者，你应该如何对待时时在身边的制度呢？

让制度成为团队生活的重要部分。完善的制度通常都充分考虑所有员工的需求，根据员工的素质、能力和承受力制定，通过规范员工的行为，为企业实现管理的服务目的。完善的制度同时又能最大限度地照顾员工的利益，充分地实现企业与员工的共同发展。

在企业管理实践中，管理教育与管理实施是同步进行的。企业要持续不间断地对员工进行管理教育，在日常工作中要有目的、有计划地向全体员工灌输企业的发展目标、企业的管理制度以及企业文化，特别要重视管理者的示范效应。这样长期坚持下来，企业的管理思想、管理制度就会渐

· 19 ·

渐地对员工产生潜移默化的影响，并且会在员工的头脑中生根发芽，变成员工自己的思想，从而达到员工"自我管理"的目的。企业制度管理的实施要持久，要持之以恒，管理与考核并举，奖惩激励制度要完善。

在实际工作中，管理实施的过程是最容易出现偏差的。稍有不慎，执行管理的人员就会在执行的尺度上出现把握不准的情况。在工作中我们常常会遇到有人违反了管理制度，但由于事情不大，又碍于面子，于是或提醒或教育，却不按照管理制度进行处理的例子。久而久之，管理制度慢慢地变成了形式化的废纸。到这个时候，就算你明白过来，已于事无补。所以我们在制度管理中，特别提倡制度管理的"火炭效应"，以达到"防患于未然"的目的。

合理完善的制度成就基业

如果说管理是树木，那么制度就是滋养万物的土壤。只有肥沃的土壤，才会培育茂盛的植物；只有健全完善合理的制度，才能使企业实现规范有效的管理。

为什么越来越多的现代企业管理者意识到了制度建设的重要性？因为经历了创业的艰难，在企业逐步走向正规管理的同时，他们看到了制度的优越性。一个合理的、完善的、有效的制度，让创业者们逐步攀上他们事业的新高峰。

如果说管理是树木，那么制度就是滋养万物的土壤。只有肥沃的土壤，才会培育茂盛的植物；只有健全完善合理的制度，才能使企业实现规范有效的管理。制度是管理最有力的保障和支持，只有不断地完善制度，

才能让管理走向规范化,才能让管理者从烦琐的事务中解放出来,才能为领导和员工提供最大的创造空间。在当今这个日新月异的时代,企业的内外环境在一刻不停地发生着变化,如:市场的环境在变,客户的需求在变,竞争对手在变,企业内部环境每天也都在变,员工自身也在变……一切都在变。一个持续变化的企业组织,必然要求其组织规则跟着变。因此,企业的规章制度必须不断改变,即不断地修订、补充、完善。通过制度不断地建立和健全,企业才能持续适应变化着的客观环境。否则,企业组织就有可能因无法适应日新月异的环境,很快被淘汰。

一、没有完善的制度,只有发展的制度

企业制度是用以规范员工行为、使各项工作有章可循,从而提高管理效率与质量的行为准则。每个企业都在致力于寻求最适合自己的完善制度。但我们知道,世界从来没有生而完美的东西,因此,好的制度,需要不断地成长、不断地修订。

好的制度不是一成不变的,它在不断地变化中趋于合理、完善,因而才能保持永恒的生命力。好的制度需要在变化中求和谐,在和谐中求发展,在发展中求完善。大到治理国家,小到管理企业,一成不变的制度是没有生命力的。因此,制度的完善与创新尤为重要。发展的制度可以为企业的规范管理提供支持,只有良好的管理才能使企业在当今社会具有竞争力。

建立制度对于政府部门的工作非常重要,同样,对于一个现代化企业来说,面对竞争日益激烈的市场,建立制度也是刻不容缓的。

制度建设要不断创新。企业发展是个动态过程,制度建设也是个动态过程,制度需要随着宏观形势的变化和企业自身的发展而不断进行修改和完善。比如要根据国家法律法规、政策制度发展变化的需要而修改和完善企业自身制度。企业经营管理实际上就是一个与政府、市场、竞争对手等社会各方面因素进行互动的过程。因此,作为企业管理的一项基本工具,制度也需要不断创新、不断改进。

曾经有过这样滑稽的规则,某单位以发生意外事故的多寡来

决定是否表彰员工。这样的规则如用在几乎没有危险性的工作场所，显然不合情理。表扬无事故记录的员工自然很好，但是要考虑各种不同的情况，是否适合现实情况，同时做到公平公正。对于有些工作岗位上的人，工作本身就没有危险性，那肯定是要受表扬了；而那些从事危险性较高的工作的员工，则很可能与表扬无缘。

还有这样一则故事，据说20世纪60年代在美国企业界流传得非常广泛：一个不擅指挥、无能的连长获得了一项最高荣誉，获奖原因来自一条规则。规则中规定：凡连队官兵，在军事演习中获得了最高成绩，则连长可获得最高荣誉。这项规则在当初制定时肯定是出于某种特殊原因的，但过了一段时期还在执行，就显得有些迂腐了，因此才会产生无能长官接受褒奖的情形。由此我们也不难看出，这则故事之所以流传于企业界，主要是它对于那些墨守成规的管理者有一定借鉴作用。

总之，规章制度的建立、制定，是随着生产的发展、企业的进步不断改变的，不应该一成不变。一个有经验的企业管理者要善于用规则管理员工。

注重制度建设，并且使制度适应企业内外环境的变化与发展，这对于企业来说具有十分重大的意义。

二、没有完善的制度，只有合理的制度

让制度不断地趋于完善，仅仅依靠制度发展是不全面的，就像在大海里行船，没有舵手，我们无论如何也到不了彼岸，而制度的合理化就是制度发展的方向。

建设合理的制度是做好管理工作的基础。只有合理的制度才能在实践中得到不折不扣的执行。制度不落实，管理责任不到位，企业就不可能实现持续发展。因此，制度建设要切合实际。有人戏称制度就是游戏规则，规则要公正、公开、公平，切不可"管、卡、压"，过分地强调控制就会带来严重的负面影响。如：降低员工的积极性，影响创新能力的发挥等。

管理者既要把制度建设成为一种行为规范，又要通过让员工参与制度的制定、对员工进行制度宣传教育等有力措施使制度深入员工心中，通过潜移默化的影响使得员工培养出高度的自制力，达到员工自制与企业控制之间的最佳平衡。

合理的制度不是管理者的独裁和专权，而是在员工和管理者的共同努力下能够不断地发展和完善，最终使制度不再是一纸空文。合理的制度将真正成为组织行为的有力保障。

英国的文职官员队伍被普遍认为是世界上最优秀的官员队伍之一，廉洁与高效为其赢得了巨大声誉。然而这一切都源自其构架良好而又合理的文官制度。在英国，文官并不包括组成内阁的大臣，即与内阁共进退的"政务官"，而仅指"事务官"，其职责是执行当时政府的政策，但是并不参与政党活动。他们构成了政府中所谓的"非政治"分子，即不参与党派之争的人。在内阁经常发生更迭的情况下，他们的存在保证了政策的稳定性与连续性。高级文官还时时准备为大臣提供咨询，向其提供必要的情报、知识以及实践的经验。显然，服务的年限越长，他们在政府中的影响也就越大。这样，他们不但执行既定的方针、政策和命令，而且对这些方针、政策和命令的制定还有一定的、有时甚至是决定性的发言权。正是这后一项职能的行使，使文官成为国家机器中极为重要的一部分，成为"永不更迭的幕后政府"。前台是两党轮流执政，后台则永不更换，这是英国文官制度的重要特征。

完善合理的制度可以给企业或组织带来如下好处：

（一）完善合理的制度可以把管理者从烦琐的事务中解放出来

作为一个管理者，你有时是否会因为员工的不规则操作或者很多细枝末节的琐事感到焦头烂额？

完善合理的制度像是一把锋利的剑，可以为你斩断一切纷扰。永远都不要畏惧出现的问题，因为世界上没有一劳永逸的方法，只有不断更新的

制度才能为你解决后顾之忧。就像不断升级的杀毒软件,时刻保卫你的电脑。而你的大脑则使你免于无谓的精神投入,让你的领导才智得到最充分的发挥。

完善合理的制度使现代企业纷繁复杂事务的处理变得简单,企业管理者不再需要将大量的宝贵时间耗费在处理常规事务中。这样一来,常规事务的处理也就变得有章可循,企业的工作也会处于一种有序的状态中。

(二)完善合理的制度可以让员工充满激情和创造力

肯·布兰佳带来的"共好"("共好",是中文"一起工作"的意思,指的是以正确的方式做正确的事情,而且得到正确的结果)的理念,让员工认识到了他们工作的重要性。无论是生产螺丝的员工,还是洗盘子的工人,只要他们认识到了"螺丝将固定在婴儿床上,用于保障婴儿安全"或是"餐厅里一群人的健康就握在他们手上",相信员工们会乐于接受和认可制度,并主动维护、完善制度。

灵活有效的制度能提高工作效率,让员工们有更加充裕的时间发挥他们的创造力,为公司创造更多的价值。

同时,由于制度对于每个人都是一样的,制度的完善会使员工之间达到一种公平和谐的状态,能减少因管理者人为原因造成的不公平所带来的人事纠纷。完善合理的制度是打造和谐团队的根本。

(三)完善合理的制度可以使企业或组织的竞争力获得极大的提升

同治理国家一样,在企业中完善合理的制度可以使企业提高工作效率。在当今竞争越来越激烈的情况下,提高工作效率和企业管理水平可以极大地提高企业的综合竞争力。

春兰已将企业制度建设作为培育企业核心竞争力的重要领域,并已经具备了可以与国际上优秀企业相媲美的企业制度竞争力。春兰实行的创新型矩阵式管理体制具有以下优点:

1. 具有良好的前瞻性和可扩展性

当公司进入新的产品领域时,矩阵结构可以很容易地以产品事业部的形式迅速扩充新的建制,而不必对整体架构做出大规模调整。

2. 具有相当大的灵活性

例如，该管理制度体现了以市场为导向的管理理念，不同的产品事业部可以根据市场特点确定不同的产品策略、定价策略、市场推广策略，或直销，或分销，或实行代理制，或 OEM、ODM，有效避免产品策略的一般化、简单化，这样能收到更好地开拓市场的效果。

3. 有利于协调企业各种资源，发挥企业整体竞争优势

横向"立法"部门一方面监督规章制度在各部门、各子公司的执行情况，另一方面根据实践中总结出的经验加以推广，以提高公司的整体运作能力。

那些优秀的企业总是能够对企业内外环境的变化做出迅速而且恰当的制度性反应，使自己的制度更加适应环境的要求，使企业制度日趋完善。

制定完善合理的企业规章制度是建立现代企业的需要，是规范、指引企业部门工作与员工行为的需要，是巩固劳动纪律的需要。同时，完善合理的制度建设有利于建立一支高效的企业团队，规范作业流程和员工工作行为，使得企业形成一个融洽、竞争、有序的工作环境。只有在这样的环境中，员工才能最大限度地发挥自己的潜能，使组织工作效率最大化。

总之，建立完善合理的制度可以大大提高企业的管理效力、决策与实施的速度，提高企业的竞争能力与生存能力。

第二章
管理的核心就是一种制度约束

　　"人治"是中国传统文化的一个特点。重人不重制度，人治时常大于法治。人治根据人的主观意志做出抉择，具有灵活性和可变性，但同时也会导致主观随意性，导致制度形同虚设，这正是许多管理问题的根源所在。

管理就是用制度说话

　　一名领导者应该在其他的方式不能奏效的情况下才借助于纪律惩罚，尤其应该澄清的是，纪律不是领导者显示权威和权力的工具。

　　著名管理咨询专家刘光起先生说："管理就是管出道理，道理就是规则规范。"这里所讲的规则规范，指的就是管理中的各项规章制度。中国

上篇：三分制度

传统文化中"没有规矩，不成方圆"的思想，也阐释了规章制度的基础性作用。

要管理，人们就需要依据一些原则，也就是需要依据一些被接受、被论证过的道理，而法规恰恰代表了某个时期的这些道理的总和。

纪律和制度是组织成功的保障。任何没有制度的管人手段，可以说都是不起作用的。说话不灵，做事就无效。纪律和制度的制定是组织中全体成员行为一致的前提和基础。所以，要想让组织有统一的行为，组织的领导者首先需要做的工作就是"建章立制"，确定游戏规则。

纪律对于任何组织来说都是胜利的保证。每个企业都不可避免地会有一些棘手的问题，例如，员工抗命、联合起来对抗总裁或要挟领导、不愿与某同事协调合作、醉心于工作外的事项、纷纷请调或离职等。这些问题都是和人有关的，往往发生一两件就使人感到头痛和焦虑。因此，在企业的经营管理过程中一定要有严明的纪律。

20世纪70年代，日本伊藤洋货行的董事长伊藤突然解雇了业绩赫赫的岸信一雄。这在日本商界引起了一次震动，就连舆论界都用轻蔑尖刻的口吻批评伊藤。

人们都为岸信一雄打抱不平，指责伊藤过河拆桥，他们以为伊藤将三顾茅庐请来的一雄给解雇了，是因为他的利用价值已经全部被榨光了。在舆论的攻击下，伊藤却理直气壮地反驳道："纪律和秩序是我的企业的生命，不守纪律的人一定要处以重罚，即使因此减低战斗力我也在所不惜。"

那么，事件的真相到底是怎样的呢？

岸信一雄是由"东食公司"跳槽到伊藤洋货行的。伊藤洋货行是以衣料买卖起家的，所以，食品部门比较弱。因此，伊藤才会从"东食公司"挖来一雄。有能力、有干劲的一雄来到伊藤洋货行，宛如是为伊藤洋货行注入一剂催化剂。

事实上，一雄的表现也相当好，贡献很大，十年来将业绩提升数十倍，使得伊藤洋货行的食品部门呈现出一片蓬勃的景象。

· 27 ·

但从一开始，一雄和伊藤间的工作态度和对经营销售方面的观念就呈现出极大的不同，随着岁月的增加，裂痕愈来愈深。一雄是属于开放型的，非常重视对外开拓，常支用交际费，对部下也放任自流，这和伊藤的管理方式迥然不同。

伊藤是走传统、保守型路线的，一切以顾客为先，不太与批发商、零售商们交际、应酬，对员工的要求十分严格，要求他们彻底发挥自身的能力，以严密的组织作为经营的基础。这样的伊藤当然无法接受一雄豪迈粗犷的做法，伊藤因此要求一雄改善工作态度，按照伊藤洋货行的经营方法去做。

但一雄依然按照自己的做法去做，而且业绩达到水准以上，甚至有飞跃性的发展。他说："一切都这么好，证明这条路线没错，为什么要改？"

如此，双方意见的分歧愈来愈严重，终于到了不可收拾的地步，伊藤只好下定决心将一雄解雇。

这件事情虽然从人情方面说不过去，但是，却关系到企业的存亡。对于最重视秩序、纪律的伊藤而言，食品部门的业绩固然持续上升，但是他却无法容忍不遵守纪律的现象。因为这会关系到整个企业的管理，会毁掉伊藤辛辛苦苦建立起来的基业。从企业纪律的角度来看，伊藤的做法是正确的。

这个例子告诉我们：企业必须把纪律放在重要位置。

对于大部分员工来说，自我约束是最好的纪律，他们应清楚理解纪律本身的意义——即保护他们自己的切身利益。所以领导者不必亲自出面严明纪律，因为当需要强制实施惩罚时只能说明这既是领导者的错误，也是员工的错误。正是因为这个原因，一名领导者应该在其他的努力都不能奏效的情况下再借助于纪律惩罚，尤其应该澄清的是，纪律不是领导者显示权威和权力的工具。

员工们的许多不良表现都会成为他们被纪律惩罚的原因。对于一般的违纪行为，它们的形式和性质都不会有太多的不同，不同的只是它们的程度。人们常常会忍受一些轻微违反标准或规定的行为，但当违反了大纪或

· 28 ·

屡教不改时就需要立刻采取明确的纪律惩戒。人们违反纪律会有很多原因，大多数是因为不能很好地调整适应：导致这些后果的个人性格特点包括马虎大意、缺乏合作精神、懒惰、不诚实、灰心丧气等。所以，领导者的工作是帮助员工做好自我调整，如果领导者是个明辨事理的人，他会真诚地关心员工，使员工在工作的同时享受到更多的乐趣，逐渐减少自己的违纪行为。如果员工面对的是一位一天到晚拉长脸、讲话怪声怪气、动辄以惩罚别人为乐趣的无聊的领导者时，找一些迟到早退的借口，逃离关系紧张的工作环境，还会是让人难以理解的吗？

纪律的英文单词 discipline，还有一个意思是训练。可以这么说，好的纪律可以训练员工良好的工作习惯和个人修养，而当一名员工已经具有了过人的自制力和明辨是非的判断力的时候，纪律对于他个人来说，就可以被视为是不存在的了。纪律的真正目的正是在于鼓励员工达到既定的工作标准。

一个良好的纪律政策可以用"烫炉原则"来形容。换而言之，是用与烫炉有关的四个名词来形容纪律准则：

（1）预先警告原则。如果炉子是滚烫的，任何人都会清楚地看到并认识到，一旦碰上会被烫着。

（2）即时原则。如果你敢以身试法，将手放在火红的烫炉上，你立即就会被烫——即被惩罚。

（3）一致性原则。简单地说，就是保证你每次傻乎乎地用手触摸烫炉肯定都会被烫着，不会有一次例外。这样的纪律政策应该是很严密的。

（4）公正原则。即任何人，不论男女，不论你的地位有多高，名声有多么显赫，只要你用手触摸烫炉，一定会被烫着。烫炉既不会见风使舵，也不会因人而异。

管理者应该把纪律视为一种培训形式。那些遵守纪律的人理应受到表扬、提拔；而那些违反了纪律或达不到工作标准的人理应受到惩罚。要让他们清楚自己的行为是错误的，并且认识到正确的表现和行为应该是怎样的。

管理就要有法可依

企业的领导者和决策者可以据此采取奖勤罚懒的措施，褒奖"合乎企业利益的行为"，惩罚"不合乎企业利益的行为"，从而有效地刺激企业中的人约束自己，提高组织管理的效率。

企业制度是什么？它是企业一系列成文或不成文的规则，或者说它是企业贴上个性标签的关于经营管理的不同"打法"。制度不仅规范企业中人的行为，为人的行为画出一个合理的受约束的圈，同时也保障和鼓励人在这个圈子里自由地活动；或者更通俗地说，制度是一种标签或符号，它将企业中人的行为区分为"符合企业利益的行为"和"不符合企业利益的行为"。企业的领导者和决策者可以据此采取奖勤罚懒的措施，褒奖"合乎企业利益的行为"，惩罚"不合乎企业利益的行为"，从而有效地刺激企业中的人约束自己，提高组织管理的效率。与此同时，在这样的奖罚中，企业的各项规章制度也得以推行和巩固。

在企业界流行着一个很时髦的说法，叫"箱式管理"。什么是箱式管理呢？想一想箱子的结构：四面都有隔板，中间是存放空间。这样的结构一方面可以防止箱内的东西突破上、下限或越过四周跑到箱子外面去；另一方面箱子里面有一定的空间，是箱内东西的活动范围。箱式管理就是将公司看作一个箱子，公司的经理及其高级管理人员制定一套公司的规章制度、程序、组织结构和价值观，并且把它们作为衡量员工表现的准则。

事实上，每家公司都可以拥有自己的箱子，这种箱子的周围是各项制

度，而建造箱子选用的不同材料就是各种制度的严格程度。不同的箱子留出的空间或许不同，但员工发挥作用的空间一定要充分。

中国的公司、企业一向习惯于"人治"而不崇尚"法治"，"人治"也就是说大小事情都由领导说了算，没有太多的规章可以遵循。而"法治"就是公司制定出一套完整的规章制度，使任何事情都有条款可依。规章制度制定出来以后，更重要的环节在于"执法必严"。《孙子兵法》中指出：要规定明确的法律条文，用严格的训练严整军队，对士兵过于宽松、过于爱护，都会导致士兵不能严格执行命令，从而使部队陷入混乱而不能加以约束。现代公司面临的竞争，其残酷程度不亚于战场拼杀，如果不做到纪律严明、令行禁止，是无法获胜的。

为了提高营业额，北京市某购物中心曾经出台政策重奖销售业绩非常好的职员，当时该中心的员工没有明确地意识到规章的严肃性，当某位员工的业绩远远超出一般职员而因此获得了2万元重奖时，员工才从心里掂量起规章制度的分量，从而使公司的各项规章成了他们自身关注的焦点。员工严格执行规章制度的意识显著增强，整个中心的效益也会由此提升。

公司、企业的规章制度应体现它的公平和严格。规章条文不是让员工用耳朵去听的，而是要让员工用心去体会、去牢记、去执行的。通过一个典型的例子向员工灌输公司的规章制度，使他们明辨是非曲直，知道什么可为、什么不可为，比滔滔不绝的说教更让人信服。

法治时代是大势所趋

发布的命令不只是张纸而已,更是领导、管理者威严的体现,管理者发布的命令要恰当、合理,避免让下属有机可乘。只有最恰当的命令、最正确的命令才是最有效的命令。

组织成员执行的是组织的决定和制度,领导者的命令只是传声筒而已,真正具有指导和执行意义的是组织制度而不是领导者的声音。也就是说法治比人治更有利于执行力的提高与发挥。关于这一点,只要有社会组织的存在,它就不会改变,古往今来的管理实践也给我们留下了足够多的经验。

春秋时期,商鞅为了使自己的法令执行下去,就想了一个办法,商鞅在国都后边市场的南门竖起了一根三丈长的木头,他张贴告示:百姓中如有人能将此木搬至北门则立赏十金。百姓觉得这件事很奇怪,没有人敢动。商鞅又宣布能将此木搬至北门立赏五十金。有一个人抱着试试看的想法搬走了它,当下就得到了五十金。此事一出,人们广为传诵,官府疏于执行的形象尽去,而商鞅严于执行的威信迅速树立起来。以此为基础,商鞅立刻颁布了新法,从而使法令迅速地推广开来,得到了很好的执行。

命令是一种以法管人最常见的形式,它可以以文件的形式间接下达,也可以以口述的形式直接下达。"有令必行"是管理工作的通则;反之,在执行过程中,命令被大大地打了"折扣",必定达不到预期的效果。这

种"折扣法",在我国现在的企业管理中是常有的。"打折"是生活中常见的事,商店里的商品卖不出去,便要打折,招揽顾客。对于打折,老百姓总是喜欢的,而商家往往也能获得利益,真可谓皆大欢喜。

可是作为一个管理者,如果你的命令被下属在执行中大打折扣,恐怕你不会高兴。你的下属敢对你的命令打折扣,很显然他就没有把你的权威放在眼里,甚至他们根本没把你当上司看。这说明,你在某公司的管理实效本身打了折扣。

某公司办公室调入一位新主任。他听说办公室里有个小王,精通业务,很能干,就是有点儿不服从领导,自己喜欢干的工作就好好干,不喜欢干的总是撂挑子。前几任科长一直没有把小王的毛病改好。这位新主任上任第一天就召开一个办公室会议,并公布了一项办公室的工作条例,其中条例中有"不服从管理者不予留用"的条文。第三天新主任把小王找来,把科里一项最琐碎的任务交给了小王,小王列举了一堆理由要求调换,新主任一口咬定非小王莫属。小王心里一万个不乐意,任务是接下了,小王心里想:反正我不干,我干别的,你也不能说我没做工作。

新主任见小王无动于衷,看在眼里,记在心上。过了一周,他找来小王说:"小王,我交代任务的时候可跟你说了它的紧迫性,不过这一周下来你的工作没有什么进展。我从下周开始只让你做这项工作,其余工作一律不用你做,要求你月底必须做完,如果你有困难就及时提出来,我会尽量满足你的要求,一周后我再检查你的工作情况。我相信你的能力。"

小王把主任的话当成耳旁风,也没放在心上,依旧是老样子。一周之后新主任动真格的了:"小王,你的任务还是毫无进展,主要是你一再拖延造成的。看来你是不能按时完成任务了,我只好让别人来做这个工作了。至于你嘛,我只能考虑把你分到其他部门去了。你考虑好了再来找我。"

这下子小王坐不住了。他知道再按以前的样子,自己就会失

去这个位置了。小王终于认识到了问题的严重性，于是他找到新主任，检讨了自己的错误并按时完成了任务，以后再也没有违背过新主任的命令。

要想有权威性，就绝对不要让你的命令打折扣，因为命令从实质上讲就是组织的决定和要求。

发布的命令不只是张纸而已，更是领导、管理者威严的体现，如果命令是正确的，就不能让下属满不在乎。同样，管理者发布的命令也要恰当、合理，避免让下属有机可乘。只有最恰当、最正确的命令才是最有效的命令，这是常理。作为管理者更应精通此道，否则在工作中就会走弯路，比别人慢半拍。管理者掌握了下命令的技巧，命令便会"不令而行"了。

那么，如何才能让你的下属执行你的命令呢？

简单地说，就是你一定要掌握向下属下达命令的技巧和方法，在下达命令的过程中向下属传达这样一种信念：

不要将命令打折扣，否则就是违反条例和规则。

后果是严重的。

下达命令时，告诉下属做什么，是一种需要技巧和专长的微妙艺术。如果管理者想要在所选定的领域中获得高度成功，就必须知道如何通过你的命令指挥控制别人的行为，因为你不能一味靠着蛮力强迫下属去做你让他们做的工作，你必须学会如何运用特殊的领导手段让他们心甘情愿地为你效力，使他们既尊重你又服从你。同时，还要让下属明白，命令是不能被打折扣的。所以，宣告各项决定时，用词要精练，越简短越有威力。省略所有的口头语，"这个""那个"之类的话会使你显得气场不足。规定就是规定，没有任何缓和的余地。要在大脑里树立起这样的概念。该说两个字时绝不多用一个字，让你的下属不存在任何僭越的心理。这样，他们自然会被你的威仪所征服。

在公司里也要要求下属将命令贯彻到底，应该说，组织成员执行的是组织的决定和制度，领导者的命令只是传声筒而已，真正具有指导和执行意义的是组织制度而不是领导者的声音。

上篇：三分制度

"下有对策"要不得

执行力是推动工作、落实制度的前提。事实证明，制度制定以后关键是执行，再好的制度如果没有人执行或执行不到位也是没用的。作为一名员工，你的工作必须着眼在不折不扣的执行上。

企业的活力来源于各级员工良好的职业精神面貌、崇高的职业道德。在残酷的商业竞争中，企业需要营造员工自觉遵守纪律的文化氛围，需要建立严格的制度和规范，这些制度和规范需要你去配合执行，这是任何一家企业不可动摇的铁的纪律。同时，自觉执行企业纪律也是一个员工最美的职业精神。

在执行过程中，任何人都不应有逾越制度的言行。执行力是推动工作、落实制度的前提。事实证明，制度制定以后关键是执行，再好的制度如果没有人执行或执行不到位也是没用的。作为一名员工，你的工作必须着眼在不折不扣的执行上。

在工作中切忌不按规矩办事。虽然有许多公司制度制定得比较完善，并把制度编制成册，并且经常把制度性的标语贴在外面，但是在制度的执行过程中往往就变了样，成了"上有政策，下有对策"。

有专门机构针对"上班干私事"这一问题做过一个调查：

通过对235名员工进行的随机调查发现，大部分员工上班时间"干私事"。上班时间不干正事的人达到了被调查人的90%以上，大部分员工上班时间干多种"私事"，其中上网私聊和上网

·35·

闲逛所占比例最高,达86%;做其他事情如出去走走等占60%;玩游戏和煲电话粥则分别占到了40%和33%;兼职则占到了7%。

同时,调查显示,在8小时内用于"干私事"的时间为20～30分钟的人数最多;1小时、2至3小时人数占调查总数的20%;占用时间最多的为3小时以上,占调查人数比例的11%;另外,有15.55%的员工认为,办公室干私事的时间视情况而定。

调查中发现,普通员工上班时间上网私人聊天、浏览与工作无关网站的最多,此外还有玩游戏、煲电话粥、上网炒股、兼职、利用工作餐请客等多种干私事的方式。而在白领阶层,上班时间在办公室"干私事"已成为一股风气。

白领张珊珊是东莞一家银行的管理人员,她平时除了做自己的本职工作外,还有另外一份工作,就是在网上开一家小店,专门给一些白领提供网购服务。张珊珊告诉调查者,网上开店是一件需要花大量时间的事情,需要到别的网站上去挑选适合自己店的东西,同时还要说服别人购买自己店里的物品,有时候说服一个客人要花上一两个小时的时间。因此张珊珊一上班就挂在网上,空闲的时候就上网浏览新鲜的东西,或者是和看上自己店里东西的顾客聊天,讲价钱,这部分的工作往往会花掉张珊珊大量的上班时间。

张珊珊还告诉调查者,像她这样在网上开店的人不少,一般都是工作比较轻松,空闲比较多的白领。另外,张珊珊还告诉调查者,上网聊天这种事情就更不用说了,大家都明目张胆地聊,只有老板在场的时候才会稍微收敛一些。

在一家广告公司工作的李先生告诉调查者,现在上班时间上网聊天已经成为一种风气了,禁也禁不了,而且很多时候上网也和工作有关,大家为公为私你也说不清楚。像李先生的工作就与网络有关,必须上网。李先生认为,浏览新闻是必需的,联系客户的时候也是需要聊天的。

上篇：三分制度

调查者在调查中同时发现，几乎所有公司对办公室"干私事"都明令禁止，可为什么"干私事"的情况还这么严重呢？

肖小姐告诉调查者，公司虽然有明文规定，而且还有一些硬性措施，如在电话上面贴上"私人聊天不超过1分钟"的字条，请人把公司的QQ端口给禁止了，但是"上有政策，下有对策"，只要老板看不到，电话照打不误，老板也没办法分出是私事还是公事，封了QQ，还有MSN、UT、TALK、旺旺等，还是可以用其他软件上网聊天，而因为工作需要上网，又不能把公司的网线给断了，因此，到最后公司规定便形同虚设……

这个调查应该引起所有员工的重视。

每个员工都希望在公司有好的发展，要做到这一点，不仅要学会在制度的约束下成长，更要学会利用制度给予的资源发展自己，提高自己的执行力、增加工作业绩，得到领导和同事的认同。

制度是员工个人成长的平台。有些员工没有认识到制度的重要性，他们以为规章、制度等规范都只是企业为了约束、管理员工而制定的。因此他们往往持排斥的态度，表面上遵守，内心深处则是一百个不愿意，在没有监督的情况下，便是"上有政策，下有对策"，做出一些违背公司规章制度的事情。

企业好比是一个舞台，如果不在舞台上表演，那么即使你有再好的演技，也难以表现出来。若是在舞台下展示你的演技，则是用错了地方，演得再好，也没人会认可你。员工要习惯在制度下工作，这是一种职业纪律，更是一种职业技巧，企业常常会通过制度安排把资源和荣誉给予那些规范执行公司规章的员工，如果你与制度格格不入，那么你是难以得到企业认可的。

任何时候，员工都应以制度为准绳，不折不扣地完成工作指标，坚决摒弃"上有政策，下有对策"的错误行为，以强化自身的执行力。

制度面前人人平等

当制度成为人们意识中的一部分的时候,遵守制度就如盛夏遇凉风令人通体舒泰,而违反制度则让人感到极不舒服。要想做到这一点,首先就要建立起对制度的尊重,这种尊重是对所有人的,其中不允许有任何特殊人物。

有圣人说过:"名不正则言不顺,言不顺则事不成。"这里所说的名不正即是指做事不符合规则,出师无名,其结果一定是要失败的。正因为如此,有教养的人都力求自己言行有度。

这一天,曹操正带领军队出征张绣,一只斑鸠突然飞过,曹操的坐骑受惊,窜入麦田,踏坏了一大片麦子。曹操要求行军主簿对自己进行军法处置,主簿十分为难。曹操却说:"我自己下达的禁令,现在自己违反了,如果不处罚,怎能服众呢?"当即抽出佩剑要自刎,左右随从急忙解救。这时谋士郭嘉急引《春秋》"法不加于尊"为其开脱。此时曹操说:"既《春秋》有'法不加于尊'之义,吾姑免死。"但还是拿起剑割下自己一束头发,掷在地上对部下说:"割发权代首!"叫手下将头发传示三军。将士们看后,更加敬畏自己的统帅,此后再也没有出现不遵守命令的现象。

在制定和执行制度的时候,要始终坚持制度面前人人平等的原则,特别是在执行制度时要一视同仁,谁都必须遵守,尤其是企业的管理

者必须率先贯彻执行。如果在制定和执行制度的时候，忽略了公平、公正这项基本原则，那么企业的管理制度将成为"一纸空文"，成为装饰的"花瓶"。

一、制度要全面细致

"制度面前人人平等"，就是要保证企业在制度执行上的公正性与严格性。但是，如果制度本身制定得过于严格、苛刻，不近人情，在执行中往往就会暴露出很多问题，并可能会严重影响员工的士气和工作积极性。因此，在制度的制定过程中，要充分考虑到员工的心理承受力，使制度本身保持适度的弹性。这是管理中最关键的问题。那么如何才能体现出制度中的"人性化关怀"呢？在制度面前人人平等，是严格而不是苛刻。如今已不仅仅是策略的时代，同时也是策略执行的时代。我们希望通过发掘执行力的基因，帮助这些管理者认识问题产生的根源，形成一种正确的管理思维方式。

二、制度需要保证执行

制度建立后，关键在于执行。被严格执行的制度才有生命力。但在执行制度的过程中，总会有一些人只看到规章制度对自身的约束性，而没有看到规章制度对员工的保护性。他们利用种种手段，想方设法去逃避制度，或者根本视制度为无物，我行我素。更为严重的是，因为违纪者的职位，或者与其他相关人员的关系，使得违纪行为不仅难以制止，而且难以得到应有的处罚。

制度面前人人平等。企业内不允许有不受制度约束的特殊人、关系人。如要在企业内超越工作关系，超越规章制度办事，只能让其选择离开。我们经常可以看到这样的情况：企业的管理者有很好的悟性，一些好的规章制度非常科学严密，但在执行过程中却像是一拳打在棉花上，不能落地生根。执行力不是一个表象问题，要达成"提高执行力"的目标，我们首先要找出执行体系中的关键要素——那些起到特别作用的要素，制定相应的法则，这样才能保证执行力的健康发展。

三、导入竞争机制，实现优胜劣汰

当局者迷，旁观者清。在繁忙的企业日常运营中，公司管理者往往无法从具体事务中脱身而出，他们缺乏全局观点，考虑问题都是从自身位置出发，容易就事论事，而无法跳出问题看问题。他们并没有意识到，最好的制度早就隐藏在他们的工作中，创造竞争，就是创造财富。因此，站在企业整体发展的角度看问题就会发现，需要解决的问题并不复杂。就像人体自身的免疫细胞一样，竞争机制的导入必将实现更高层次上的平等。

四、有责任一同分担

当员工之间发生利益冲突时，问题常常很难得到解决。要打破这种僵局，就要坚持制度面前人人平等的原则，只有如此，才能解决公司不同层次工作者之间的冲突。在解决内部矛盾时，所应奉行的原则只有一条：平等地对待各方，仔细权衡各方的利益，并与当事各方一起寻找一个各方都能接受的解决方案。当责任随同分工分给企业中的每个人时，每个人都要开始他的责任之旅。有责任一起分担，不光是员工，更是中层主管甚至高层主管都应该认识到的问题。

在制度面前人人平等，任何人都得受制于制度，不得凌驾于制度之上，更不能凭自己的意愿胡作非为。在文明社会里，"只准州官放火，不准百姓点灯"的"法则"应该从所有人的意识与行为上彻底消除。

上篇：三分制度

第三章
纪律是执行的保障

铁的纪律是保证全体员工行为保持一致的前提和基础。实际上，任何企业都一样，要使所有员工能够具有统一的行为，就必须做到"师出有律"，这样才能让所有员工有序高效地沿着目标前进，最终实现质的飞跃。

服从第一，让规则来统治世界

一个企业，如果没有严格的规章制度和严明的纪律，就如同一盘散沙。如果没有服从，企业将会溃不成军，何谈竞争和生存？

任何人都不可能凌驾于规则和制度之上。作为企业,"服从第一"的理念如果不能渗透在每个员工的思想当中,那么企业是没有发展前途的,它在市场竞争中一定会失败。

事实正是这样。一家企业制度和战略的形成,都是无数商战和管理者智慧、经验的结晶,但制定与战略的建立却常常因为员工的不服从而宣告失败。这样的教训实在太多了。因此,一些常青企业严格规定,一旦制度和战略形成,任何人都必须百分之百地支持和无条件地服从,甚至管理者也不得寻找任何借口。可以说,没有服从就没有一切。所谓的创造性、主观能动性等都必须建立在服从的基础上。否则,再好的创意也推广不开,也没有价值。

一、服从是员工的天职

在很多的企业中存在着有令不行、拒不服从或者阳奉阴违的现象。通常,企业高层的主要责任是决策——如何做正确的事;企业中层的职责是执行——如何正确地做事;而基层人员的主要责任就是操作——如何迅速地完成任务。如果企业员工缺乏服从的习惯,执行力就会下降,效率就会低下,最终就会被竞争者淘汰出局。

执行力度不够有可能是领导能力存在问题,但是根本原因可能就是服从的问题。如果管理者做出了决定,执行者打了折扣,甚至寻找借口不执行决定,最终就会造成有令不行的现象。这时,如果管理者推开下属,自己动手去完成任务,就会造成企业管理的层级消失,下属愈加不负责任、不听指令;管理者去做下属该做的事情,遗忘自己的职责,这样权力下放的通道就会堵塞,必然会引发恶性循环,甚至影响到企业的存在。

军队的服从讲的是既要服从长官的指挥,又要在某些情况下牺牲个人的利益。比如说,要求大家既能从小事着手,做好手头的每一件看似微小的事情,又能密切关注周围的局势,在大事到来时,不发生任何闪失。不要以处理好每件小事为满足,在必要的时候要学会舍弃小范围利益而顾全大局,这就是管理者所要培养的素质。因为,在危及存亡的时候,管理者的决策行为往往会发生迅速而巨大的作用。而领导艺术就是培养员工养成

高度服从、诚实、专注以及自我牺牲的品质。

其实，企业的服从和军队的服从在本质上是一样的，只是程度有所不同。企业也是这样，在通常情况下，每个人各司其职，各就其位，做好本职工作，而当企业突然遭遇一些巨大的危机时，就像一群士兵突然遭到炮火袭击，这时候的服从便显得尤为重要了。

二、服从是正直的核心

服从是一种行为，是一种意识，更是一种品质。美国的阿瑟·戈森说过，正直意味着自觉自愿地服从。从某种意义上说，这是正直的核心。

第一，服从不应该讲面子。在企业中有一些主管接受一项业务时，不是一次就把事情做了，而是先让交代任务的人走开。"对不起，我现在很忙，先放在这儿，我一会儿就处理。"在这些主管看来，好像马上去做就会显得自己不权威、不繁忙，其实，这样做的主要原因就是为了面子。有人戏言，承认自己"在家怕老婆"的人一定能当官，这一观点有其正确的一面。在优秀员工的身上，好面子而延误工作的事绝不会发生。上司一旦安排了工作，他们就会无条件地立刻行动，因为在服从面前没有面子可言。面对你的上司，应该借口少一点儿，行动多一点。

第二，服从应该直截了当。在企业中，没有"顾忌"，没有"烦琐"，无须"协调"，无须"磨合"，需要的只是直截了当、畅通无阻的传递过程，全力而迅速地执行任务。这是一个非常重要的指标，是管理效能的一个非常重要的方面。

第三，接受当先。企业主管做出的任何一个决策都不是一拍脑门就决定的，他的工作是系列化的，你的某项任务就是其中的一个环节，不要因为你这一环节影响到主管工作的进程。他之所以将任务分配给你，包含了他个人的判断，而你认为"不可行"，那只是你的判断。你不应该马上推辞，并列出一堆理由来说明你的困难，这是最不受领导欢迎的，切记这一点。你可以先接受他分配给你的任务，如果在执行过程中出现了问题，再去和主管沟通。

第四，随令而动。立即行动是一种服从的精神。企业也应该具有这种

精神——随命令而行，不能有一时一刻的拖延。如果一个企业的每一个环节都即令即动，便能积极高效地在第一时间内出色地完成既定的任务，从而使企业成长为"坚不可摧"的组织。

另外，能成为领导的人，由你看来他的个人能力就是不可否认的。有的员工总感觉某某领导这也不如你，那也不如你，总是把目光盯在一些肤浅的、表面的东西上，而看不清楚事情的本质，这就大错特错了。所以要把服从作为核心理念来看待，老板就是老板，员工就是员工，服从是第一生产力。每个人都要有意识地服从老板、服从上司。如果有不同意见，可以在老板没做决策前，给出建议，一旦老板决定了，就要服从决定，虽然这个决定违背你的本意，但此时也要"盲从"。只有"令行禁止"的企业才能全面实现制度化管理。只有严格落实每一项制度和计划，企业才有高效率，才有竞争力。

另外，要记住一点，即使领导有很多不足之处，但至少有一点是你不如他的，就是他拥有一定的资金、人才、商品、技术和社会关系等资源。

三、服从是一种美德

一个企业，如果没有严格的规章制度和严明的纪律，就如同一盘散沙。如果没有服从，企业将会溃不成军，何谈竞争和生存？对于命令，首先要服从，执行后方知效果。还未执行，就发挥自己的"聪明才智"，大谈见解和不可执行的理由，那么，你走到哪里都是不受欢迎的角色。对于有瑕疵的命令，首先还是服从，在服从后与领导交流意见，共同改进和提高，做到"先集中后民主"。现在越来越多的企业倾向于军事化管理，军事化管理最重要的一个特征就是"服从"，只有"服从"才能造就一支高效率、富有战斗力和竞争力的队伍，才能使企业立于不败之地。只有企业获得了发展，个人才能够获得同步提高，获得人生的成功。让我们将服从这一美德渗透到我们的思想当中，在实际行动中实践它。

服从是行动的第一步。作为企业的一分子，你是企业内部经营运行环节的一个重要部位，你必须遵照指示做事，以确保企业流程正常循环运转。服从意味着你必须暂时放弃个人的异议，约束自己去适应所属机构的

价值观念。在学习服从的过程中,你就能更深地融入企业这个大家庭中,对企业的战略方针、价值观念、运作方式就会有更透彻的理解。

上司发出的所有指令未必都正确,但是,一个高效的企业必须建立在良好的服从机制上,一个优秀的员工必须有极强的服从意识。企业是一个高度分工的组织,上司所处的地位、所承担的责任决定了他有权发号施令,上司需要依靠权威来保障大家为整体利益服务。一个团队,如果下属不能无条件地服从上司的命令,那么在达成共同目标时,就可能产生障碍;反之,就能发挥出超强的执行能力,使团队胜人一筹。

曾有一位著名的足球教练,他总是要求运动员把头发剪短。据说,他的理由是:问题并不在于头发的长短,而是在于他们是否服从教练。可见,纵然不懂教练的意图,但能不找借口地服从,这才是教练所期望的好选手。同样,不找借口地服从并执行,这才是企业所期望的好员工。

"恭敬不如从命"是对服从的最好注解。如果我们在服从之外还有许多理由,那么,既然连"恭敬"都不如"从命"(服从)了,那还有什么理由可以比服从来得更令人满意呢?

没有服从,就不会有落实

工作中有分歧是在所难免的,但很多时候,对上司的尊重是表现在对其工作的支持上的。但这种支持并不是盲目地服从,而是要让上司感到你对他的指示、意图的执行,是经过思考和认真对待的。

作为一名员工,就要严格执行单位的各项规章制度,如《员工行为守则》《财务管理制度》等这些带有普遍性和基础性的规章制度,执行起来

不能有丝毫的折扣。

许多企业都制定了相关的规章制度，并指定专门的人员对员工履行制度的状况进行监督，但这种监督不可能兼顾到每一个人，也不可能兼顾到每时每刻。更多的时候需要员工自律，自己约束自己，自己管理自己。作为员工，首先要明确自己的角色，只有把握好工作的尺度，才能成为一个真正严守纪律的自律员工。

没有谁真正喜欢被约束、被管制。但是，这世上绝对的自由是不存在的。法国法学家孟德斯鸠有句名言："自由是做法律所允许的一切事情的权力。"

我们生活的这个社会是由法律、法令、制度、规定、规章等来规范着的，每个人所能享受的自由只能被限定在一定范围内，否则，整个人类社会将一片混乱、不可想象。

任何人都要受到一定制度的约束，这种制度既是对每个人的制约，又是每个人获得公平待遇的保证。大到一个国家、军队，小到一个组织，成员是否具有良好的服从意识将决定其事业的成败。

服从，意味着你必须暂时放弃个人的异议，约束自己去适应所属机构的价值观念。所谓服从，也就是说，上级的命令必须服从，下级没有权力判断上级指令的对错，上级的对错只能由上级的上级来裁定。员工绝不能自作聪明，认为上级的指令不正确、不合理，就不去执行（明显违法违规不在其列）。

在企业中，没有员工的服从，企业任何绝佳的战略和设想都不可能被执行下去，没有员工的服从，任何一种先进的管理制度和理念都无法得到有效的贯彻落实。因此，每一位员工都必须服从上级的安排，就如同每一个军人都必须服从上司的指挥一样，如果说军人的天职是服从，那么也可以说，服从也是员工的天职。

作为一名员工，首先要有服从的态度。下级服从领导，是上下级开展工作、保持正常工作关系的前提，是融洽相处的一种默契，也是领导观察和评价自己下属的一个尺度。在一个团队中，如果下属不能无条件地服从

· 46 ·

上篇：三分制度

上司的命令，在达成共同组织目标的过程中，就会产生一些不必要的障碍。服从是行动的第一步。服从上级，是组织中的成员要学习的第一课。每一位员工都必须服从组织的整体利益，并在这个大局的协调下，服从上级的具体工作安排。作为组织的一分子，你是组织内部运行环节的一个重要部位，只有你严格遵照指示做事，才能确保整个组织业务流程的正常运转。

对来自上级的决定、指令必须无条件地服从，并且要形成习惯，即使不理解也要很认真地去执行。从另一方面讲，一个人在学习服从的过程中，对其机构的价值观念、运作方式才会有更透彻的了解。

为了做到更好地服从，对上司应该有一个清楚的认识，不能认为它仅仅是一个官衔。上司之所以在一定的职位上，是因为组织赋予了他一定的职权。上司或是法人或是受法人之托，他的行为是一种组织行为，不尊重、不服从领导，对抗破坏的就是组织的整套管理指挥系统。

作为一个员工，一定要相信自己的上级，要记住"一级有一级的水平"这句话。他既然能成为你的上级，那么他肯定有一定的过人之处。不能因为上级的领导方式不合你的口味，就不服从领导。一个好的员工，应该是一个适应领导的高手，只有你适应了上级的领导方式，在执行起领导的指令时才会得心应手。

在这个世界上，每一个人都必须学会服从，不管你身处什么样的机构，地位有多高，个人的权利都必然会受到一定的限制。企业有着最基本的上下级关系。在工作中，彼此职务不同，所站的角度也不同，处理问题的方式自然也不尽相同。即使老板的看法有失偏颇，你也应该冷静下来，找机会从客观的角度给老板一些合理的建议，而不应一时冲动使矛盾升级，使事态扩大。你要维护上级的尊严、权威，而不应头脑冲动，当面指责，以致酿成不可收拾的局面。

当然，这里所提倡的服从绝不是不动脑子地盲从，也不是被动地听从，而是自动自发地服从，是主动地服从，是发自内心地相信自己能够圆满完成任务，而不是迫于来自各方面压力违心地服从。

作为一个负责的员工，如果你认为企业的规章制度有什么不完善之处，或者领导的一些工作方式有些欠妥，你应该主动请示领导，向上级提出切实可行的建议，更好地促进公司的发展。但你要掌握方式、方法、场合以及时机，找个适当的时机好好地和上级沟通，委婉地阐述一下自己的看法。

提意见，并不是为了故意挑刺，而是为了更好地完善上级的意图。你可以用适当的方式，让上司感觉到你既有创造性地干好本职工作的能力，又有为上司分忧解难的本领。使上司既看到你的好品质，又认识到你的高才能。

在一些单位里，经常会有一些纪律观念淡薄、服从意识差的人，他们是领导们最感头疼的"刺头"。这些人或是身无所长，进取心不强，对领导下达的命令满不在乎；或是自以为怀才不遇，恃才傲物，对分配的工作百般推托。这样的员工只会令上司徒增烦恼，不可能被委以重任。没有服从精神的企业一定会失败，如果一个企业里，每个员工都不按照公司的命令行事，各做各的，那么整个企业就会变成一盘散沙。

在工作中，上司对工作都有一个统筹的安排，大家只有协调一致，有条不紊地按照上级的指示做事，才能做到有令则行，有禁则止，政令畅通。如果你自作主张、不服领导，那必然会耽误工作，甚至影响他人的进度，从而引起大家的反感。作为下属，你必须首先学会服从，执行上司的决策，团队里是不欢迎另类的。

上篇：三分制度

左手抓敬业，右手抓服从

激情是一种动力，在你遇到逆境、失败和挫折的时候，它会给你力量，指引你去行动、去奋斗、去迈向成功。

在全面实施制度化管理的过程中，仅仅具有服从的观念和意识是不够的，因为服从只能够保证制度是否落实，而敬业则能够让你在制度的既定范围内做得更好。

对于企业来说，敬业能带来效益，增强凝聚力，提升竞争力，降低管理成本；对于员工来说，敬业能带来安全感。敬业是一种对职业的责任感，不是对某个公司或者某个人的敬业，而是对职业的敬业，是承担某一责任或者从事某一职业所表现出来的敬业精神。因为敬业，我们必须时刻绷紧神经；因为敬业，我们对未来会更有信心。

李素丽就是一个具有敬业精神的人，她说："每一条公共汽车的线路都有终点站，但为人民服务没有终点站。我永远属于我的乘客，属于我的岗位。"

敬业是人的使命所在，是人类共同拥有和崇尚的一种精神。从世俗的角度来说，敬业就是敬重企业里的制度，尊重自己的工作，将工作当成自己的事，其具体表现在忠于职守、尽职尽责、认真负责、一丝不苟、善始善终等职业道德上，同时在这其中还糅合了一种使命感和道德责任感。这种道德责任感在当今社会得以发扬光大，使敬业精神成为一种最基本的做人之道，这也是人们成就事业的重要条件。

企业要想在市场竞争中取胜,就必须要求每个员工敬业。没有敬业精神的员工,就无法让企业制度的落实得到保障,就难以给顾客提供高质量的服务,就难以生产出高质量的产品。

然而,在工作中,我们总能发现许多投机取巧、逃避责任、寻找借口的人,他们不仅缺乏一种神圣的使命感,而且缺乏对敬业精神的正确理解。试想,如果一个人连敬业都做不到,那怎么能指望他服从企业的各种制度呢?如果一个企业里的大部分人都不敬业,那么这个企业所建立的制度将会形同虚设,企业又何谈生存与发展呢?

一、具备敬业精神,是在为自己增添价值

敬业表面上看起来是有益于公司,有益于老板的,但最终的受益者却是员工自己。

当敬业变成一种习惯时,我们就会从中学到更多的知识,积累更多的经验,从而在全身心地投入工作的过程中找到快乐。这种习惯或许不会有立竿见影的效果,但可以肯定的是,当"不敬业"成为一种习惯时,其结果可想而知。工作上投机取巧也许只会给你的老板带来一点点的经济损失,却可以毁掉你的一生。

成败往往取决于个人人格。一个勤奋敬业的人也许一时不能获得上司的赏识,但至少可以获得他人的尊重。那些投机取巧之人即使利用某种手段爬到一个高位,但往往会被人视为人格低下,这无形中会给自己的成功之路设置障碍。不劳而获也许非常有诱惑力,但这样做的人很快就会失去自身最宝贵的资产——名誉。诚实及敬业的名声是人生最大的财富。

曾经有一个颇有才华的年轻人,在工作上非常散漫,缺乏敬业精神。一次报社急着要发稿,他却搂着稿件回家睡大觉去了,影响了整个报纸的出版时间。这种不敬业的人怎么会得到尊重和提拔呢?

受人尊重会获得更多的自尊心和自信心。不论你的工资多么低,不论你的老板多么不器重你,只要你能忠于职守,毫不吝惜地投入自己的精力和热情,渐渐地你会为自己的工作感到骄傲和自豪,同时也会赢得他人的尊重。以主人和胜利者的心态去对待工作,工作自然而然就能做得更好。

一个对工作不负责任的人,往往是一个缺乏自信的人,也是一个无法体会快乐真谛的人。要知道,当你将工作推给他人时,实际上也是将自己的快乐和信心转移给了他人。

有人问一位成功学家:"你觉得大学教育对于年轻人的将来是必要的吗?"这位成功学家的回答发人深省:

"单单对经商而言不是必需的。商业更需要的是敬业精神。事实上,对于许多年轻人来说,大学教育意味着在他们应当培养全力以赴的工作精神时,被父母送进了校园。进了大学就意味着开始了他们一生中最惬意、最快活的时光。当他们走出校园时,年轻人正值生命的黄金时期,但此时此刻他们往往很难将自己的身心集中到工作上,结果只能是看着成功的机会从身边溜走,真是很可惜啊!"

巴顿将军有句名言:"每个人都必须心甘情愿地为完成任务而献身。"他强调的是,每个人都应该敬业,都应该为完成自己的工作和任务、为实现自己的价值而付出,要到最需要你的地方去,时刻不能忘记自己的责任。

二、敬业与激情密不可分

如果说敬业可以让员工做得更好,那么激情则可以让员工自动自发地工作,并且在工作中持续改进、不断提高。管理者和员工的激情是制度能长久地坚持下去,并得到不断完善的力量源泉。

贝克登曾说:"经验告诉我们:成功和能力的关系小,和热心的关系大。"

阿米尔曾说:"没有激情,人只不过是一种潜在的力量。就像火石,在它能够发出火星之前等待着铁的撞击。"

工作中,我们并不缺少智商。我们所缺的是一根导火索,这根导火索就是激情。有了激情,我们才能把那潜藏的能量释放出来,化被动为主动,才能把所遇问题和情绪障碍一一铲除,日积月累,从而使我们的工作能力和素质获得提高。在工作中,我们只要抱定非解决不可的愿望和激情,就没有攻克不了的困难。

老板都希望自己的员工爱岗敬业，工作充满激情。可是在现实中，不乏仅仅把工作当作谋生手段的人，也不乏以应付的态度对待工作的人。我认为，这些人看起来是缺乏敬业精神，实际上恐怕是他们没有找到引爆创造动力的工作激情。

工作激情与我们常讲的敬业有些重合之处，但其区别也是明显的。敬业主要是强调一种责任，而激情则是对自己所从事的工作表现出的一种浓厚的兴趣和热爱，还有就是在自己所从事的工作中享受到的成就感和荣誉感。

一位寿险推销员曾经这样描述自己对激情的认识：激情能够感染他人，一旦准客户感受到你的激情，说不定会因此而成交一张保单。我们可以将产品说明会的情形用摄像机记录下来，分析自己的肢体动作及各方面的表现：你看起来是否满心喜欢寿险产品，真的认为保险能帮助准客户，并迫不及待地与他们分享保险资讯。在介绍保单时，要记着在声音、手势及面部表情注入激情，以生动有趣的方式才能引起准客户的注意。寿险推销人员若能充分展露激情，准客户对你和寿险产品都会印象深刻。

激情对于一个员工来说就如同生命一样重要，它是成为一名卓越员工的必备品质。一个人若是对工作没有激情，便会失去前进的动力，同时也就不能做出有创造性的业绩。工作激情不是凭空产生的，从主观上讲，要看你是否能从一种更高的视角审视你的本职工作。一个厌烦自己本职工作又好高骛远的人，是不可能敬业和有激情的。也许有人会想，老板给我涨点薪水就会改善我的工作态度。其实不见得，提薪也许会让你兴奋15分钟，但作为社会中的人，我们还有很多内在需求，比如自信心、成就感、被大家认可的程度等。业绩好的时候，希望听到赞美；心烦意乱的时候，希望找人倾诉。只有在自己确实做出了成绩满足了内在的需求，激发出了内在热情时，来自个人外部的激励才会产生长期的效果。

拿破仑·希尔说过："要想获得这个世界上的最大奖赏，你就必须拥有过去最伟大的开拓者所拥有的将梦想转化为全部有价值的献身精神和激

情,以此来发展和销售自己的才能。"

激情是一种动力,在你遇到逆境、失败和挫折的时候,它会给你力量,指引你去行动、去奋斗、去迈向成功。激情能使一个人保持高度的自觉,把全身的每一个细胞都激活起来,实现自己的理想;激情是一种强劲的情绪,一种对人、事物和信仰的强烈情感。工作中需要注入巨大的激情,只有充满激情地工作才能创造出最大的价值,才能让制度在企业的经营活动中得到不折不扣的落实,才能让企业和个人一起取得最大的成功。

由此可见,在全面实施制度化管理的过程中,单单具有服从的观念和意识是不够的。因为服从只能够保证制度是否落实,而敬业则能够让你在制度的既定范围内做得更好。激情可以让员工自动自发地工作,并且可以让在工作中持续改进、不断提高。

服从制度要与创新同在

企业制定的各种制度降低了企业中员工之间、员工与领导之间、员工与客户之间处理关系的盲目性和随意性,它有助于降低员工交流的信息损失和交易成本。

有很多员工会怀疑企业制度的作用,然而,对于任何人来说,制度都是必需的。对于企业这种人类组织程度最高、组织结构最优美的组织则更是不能没有制度。制度并不是许多人时常批评的"束缚人和人自主性的工具""约束人类意志的绳索""少数人欲成其利的手段"等。制度规定了

组织成员之间的关系，组织成员之间、组织成员与组织外部处理关系的原则，组织成员的义务与权利。然而，这还不是制度制定的根本目标。企业制度的根本目标是杜绝员工由于自身的惰性、劣性而引起的对组织整体不利的行为。如所有的企业制度都规定了上下班时间，并规定了对早退、偷懒等行为的惩罚，对同事、上级要诚实，对企业秘密要保守不外传，等等。所有这些我们常见的企业制度都是合乎人性、合乎情理的，任何员工对这些企业制度的遵守只会给企业带来益处，而对这些制度的违背则显然不利于企业发展，对自己则可能导致被解雇等。

对于一个普通员工来说，遵守企业制度是应尽的义务。实际上，在一个员工心目中，制度不仅不应该是束缚你、约束你的工具，反而应该是能帮助你、指导你的帮手。制度并不只是企业制度，各种就业指导、工作指南、员工手册无不包含企业制度的内容，实际上，遵守这些制度往往能使你方便、快捷地处理自己工作中遇到的各种问题，这实际上提高了你的工作效率，促进了你的绩效。

中国社会科学院经济研究所在研究了大量的企业案例之后曾得出这样的结论：

企业制定的各种制度降低了企业中员工之间、员工与领导之间、员工与客户之间处理关系的盲目性和随意性，它有助于降低员工交流的信息损失和交易成本。

此外，各种各样的工作指南、员工手册还往往是无数前辈经验、心血的积累，它使我们在处理工作中遇到的各种困难时变得更为方便更为有效。

我国著名企业如联想、方正自创建之日起就宣称：

"本企业需要的员工不是只会逞英雄，而是各司其职；本企业需要的员工也不是只会墨守成规，而是要积极创新。"

在科学技术飞速发展的今天，创新的地位和功能已远不是手工业时代所能比拟的了，今日的企业正如著名管理学家彼得·德鲁克所言——不创新，就死亡。

上篇：三分制度

一个企业的创新能力决定着这个企业的生死存亡。换而言之，即每一个员工的创新能力决定着企业的生死存亡；同样，每位员工的创新能力也直接决定着自己职业生命的生死存亡，因为没有创新能力的员工必然不是合格的员工。

然而，许多员工不仅不具有创新能力，而且是恐惧创新的，更没有培养自己创新能力的主动性。

一位在企业做人事总监的人说："员工们只愿在工作时间完成自己应完成的任务，一点儿都不愿多做。如果今天干得快，本来可以多做一些，但他们会在下班前拖延时间刚好做完今天的工作。至于创新，更是从来没有人关心。"他又说，"员工们不是不想创新，企业鼓励员工创新，但员工们自己心里没有信心，他们总觉着自己那么平凡，做不出什么成就。"

几乎所有的美国企业家、经济学家都把美国经济的繁荣昌盛归结为美国企业在科学技术、组织结构、管理体系上不断创新的结果，而几乎所有的全球500强企业在其企业信条中都把创新列在首位。在全球化的浪潮下，中国企业也面临着"不创新，就死亡"的挑战，中国的员工也同样面临着企业对其创新能力的高要求。

美国著名管理大师杰弗里说："创新是做大公司的唯一之路。"没有创新，公司肯定会毫无作战能力，也根本不会有继续做大的可能。同样道理，创新是一个员工纵横职场之本。创新即突破常规，创造机遇，找到新招。只有在工作中不断找到解决问题的新方法、新途径，你的学习才算有效果。只有通过创新，你才能不断激发自己的潜能，做出一些原本你自己也觉得难以企及的事情来，令上司和同事对你刮目相看。

1952年，日本的东芝电气公司曾一度积压了大量的电扇，七万名职工为了打开销路，费尽心机地想办法，依然进展不大。

有一天，一个小职员向董事长石板提出了改变电扇颜色的建议。在当时，全世界的电扇都是黑色的，东芝公司生产的电扇自然也不例外。这个小职员建议把黑色改成为浅色。这一建议立即

引起了石板董事长的重视。

经过研究，公司采纳了这个建议。第二年夏天，东芝公司推出了一批浅蓝色电扇，大受顾客欢迎，市场上甚至还掀起了一阵抢购热潮，几十万台电扇在几个月之内一销而空。从此以后，在日本以及世界范围内，电扇就不再是一副统一的黑色面孔了。

只是改变了一下颜色，就能让大量积压滞销的电扇在几个月之内迅速成为畅销品。这一改变颜色的设想，效益竟如此巨大。而提出这一办法的员工并非天才，为了想出这样一个好主意，他肯定花费了不少心思，参考了很多人的想法，他的过人之处在于不仅仅满足于现有的想法。虽然仅仅是改变颜色这件小事，却让我们从他身上看到了极强的学习能力和创新精神。

创新其实就是这么做到的，先是凭经验、凭失败给自己启发，然后再学习别人的成功经验。与此同时，再凭着对市场信息的捕捉和对市场规律的把握，一步一步就形成了一种顺应甚至超越市场现实需求的正确思路。有了创新性思路，企业才能找到一条发展的出路。虽然有时创新思路并不保证一个企业绝对成功或立马成功（因为成功还需要具备其他条件），但没有思路，你绝对不可能成功。

除了思路对头，要做到创新，你还必须时刻注意摆脱思维定式的束缚。创新能力本身并不是奇迹，人人都能通过不断的学习与锻炼而获得。但很多人往往会因为在一个职位上待得时间长了，看问题的方式被固定成为单一的模式，形成思维定式，一旦遇到新问题，还是习惯于以原有的方法来解决，这就很难做到有所创新，在工作上也不会有什么好的业绩。要想做好工作，就一定不要满足于仅仅利用以往的工作经验，而是要在已有工作经验的基础上不断创新。

此外，你还必须保持进取心。没有什么比进取心更重要了，这种态度影响着你对自己的评价和你对未来的期望。如果你的态度是消极而狭隘的，那么你的人生将是平庸的。你必须以高于普通人的眼光来看待自己，

而不仅仅满足于做一个小职员。你必须坚信自己能拥有更高的职位,以督促自己努力得到它,否则,你永远也得不到。

人类创造制度的根本目标是为了杜绝人们由于自身的惰性、劣性而引起的对组织整体不利的行为。企业制定的各种制度降低了企业中员工之间、员工与领导之间、员工与客户之间处理关系的盲目性和随意性。它有助于降低员工交流的信息损失和交易成本。

让我们牢牢记住美国管理学家彼得·德鲁克的名言:组织的目的只有一个,就是使平凡的人能够做出不平凡的事。要想在职场上有一番作为,你就必须不断学习、勇于创新。一次、两次的灵光一现,并不能让你真正具备高人一等的资本,只有坚持长期地创新,不断地创新,你才能在工作中不断提高,超越别人,也超越自己。同样,作为企业要在市场竞争中立于不败之地,就必须营造创新氛围,建立一种创新型企业,获得长久发展。

定下制度,就要让人怕

制度、法规要让人怕,政策讲话要让人爱。这两句话是管理上的要律。道理很简单,制度法规是让人遵守的,而政策讲话是要引导和指导方向,让人相信的。

在执行制度之前,对执行者先进行敬畏制度的教育,对今后准确地执行和落实制度有着十分重要的意义。

联想集团有个规矩,凡开会迟到者都要罚站。在媒体的一次

采访中，柳传志表示：我也被罚过三次。

他描述说：公司规定，如果不请假而迟到就一定要罚站。但是这三次，都是我在无法请假的情况下发生的，比如，有一次被关在电梯里边。罚站是一件挺严肃而且很尴尬的事情，因为这并不是随便站着就可以敷衍了事的。在20个人开会的时候，迟到的人进来以后会议要停一下，静默看他站一分钟，有点儿像默哀，真是挺难受的一件事情，尤其是在大的会场，会采用通报的方式。第一个罚站的人是我的一个老领导。他罚站的时候，站了一身汗，我坐了一身汗。后来我跟他说："今天晚上我到你们家去，给你站一分钟。"不好做，但是也就这么硬做下来了。

据说在联想被罚过站的人不计其数，对此可能有人会说这样的制度还有作用吗？柳传志非常肯定地回答："当然有效，而且非常有效。在不计其数以后，出了问题就要受罚的观念就深入人心了。并且，不管谁犯了错误都会受罚，公平感才会产生，你的团队才会精神百倍。"

《韩非子》讲过这样一个故事：在赵国有个叫董阏于的人新到一地为官。当官的走马上任，都是先对管辖区域进行视察。有一天，他走在石邑山中发现一个数百米深的山涧，站立其边，它的陡峭程度令人头昏腿软，不敢下望。于是他问当地乡民："可曾有人下去过？"乡民答："没有。"又问："莽夫、傻子、疯子可有人下去过？"乡民答："没有。"又一问："牛、马、猪、狗可下去过？"乡民答："没有。"

这位新官顿悟一理：依法治理，就是要让法谁见谁怕，则法可行矣！

制度、法规要让人怕，政策讲话要让人爱。这两句话是管理的要律。道理很简单，制度法规是让人遵守的，而政策讲话是要引导和指导方向、让人相信的。

很多时候，原本认为不可能的事，一旦制度一严，奇迹就有可能发

生。关心自己的利益是人的本性,怎样让制度顺应这种本性,以此激发人的工作热情,是制度设计者需要深思的问题。

带头服从制度是领导者的天职

在管理运行机制中,领导者处于特定的地位,但不应该独立于这个机制之外,成为享有"特权"的阶层。

作为领导者要明白:制定原则,用来约束员工,这只是问题的一方面;问题的另一方面是你必须率先遵守制定的原则,必须能随时随地成为大家的榜样。

在任何一个企业中,领导者的行为都是员工们的榜样。制度作为大家共同遵守的准则,对领导者的要求远胜普通员工。领导者只有在制度下身体力行、带头遵守,才能维护制度在员工们心目中的权威性,才能让下属自觉地遵守制度。

领导带头服从各种规章制度,是实现制度化管理的关键,也是各项工作全面上升的关键。有句老话是"善为人者能自为,善治人者能自治"。一个企业的业务能否在激烈竞争的潮流中得到发展,关键之处还在于领导者是否有正确的自律意识。领导者只有身体力行、以身作则,才能建立起人人遵守的制度。反之,如果一个单位的领导都不能服从单位的制度,却要求其下属去遵守,必然会引起下属的不满,从而导致下属工作积极性不高,主观能动性差,执行各项制度走过场,使各项规章制度形同虚设。这样一来,各项工作成绩自然也就上不去了。

领导者要认识到自己也是工作单位中的一分子,也应该处于管理运行机制之中,而不是高高在上。领导者的工作内容是有其特定性的,在管理

运行机制中领导者处于特定的地位,但不应该独立于这个机制之外,成为享有"特权"的阶层。

十月革命刚刚胜利,一天早晨,朝阳透过薄雾,把金色的光辉洒在高大的斯莫尔尼宫上。人民委员会就设在斯莫尔尼宫,这天是著名演员唐·小卡列莲娜汇报演出的日子,在门前站岗的是新战士洛班诺夫。

班长叮嘱他说:"洛班诺夫同志,你今天第一次站岗,而且是我们实行一次性通行证的第一天。到这里来的人很多,你的任务是检查他们的通行证,确认后就要收上来,不得第二次使用。列宁同志要来这里看演出,你千万不能让坏人混进来!而且这一次性通行证是瓦西利同志的创新,千万不要搞砸了!"

"是,班长同志。"洛班诺夫行了个军礼,"我以革命的名义保证,一定为列宁同志站好岗!"

太阳越升越高,到斯莫尔尼宫看演出的人真多,有工人,有士兵,有农民,还有学生。洛班诺夫认真地检查了他们的通行证,并一一收取。

人民委员会主席列宁来了。他一边走,一边在考虑着什么问题。

"同志,您的通行证?"洛班诺夫拦住了他。

"噢,通行证,我就拿。"列宁急忙把手伸进衣兜里拿通行证。

一位来开会的同志看到洛班诺夫拦住列宁查通行证,就生气地嚷起来:"放行吧,放行吧!他是列宁!"

"对不起。"洛班诺夫严肃地说,"我没有见过列宁,没有通行证,谁也不能进!"列宁把通行证交给洛班诺夫。洛班诺夫接过来一看,果然是列宁同志,他非常不安,举手行礼说:"列宁同志,请原谅,我耽误了你的时间。"

列宁握住这位年轻战士的手,高兴地说:"你做得很对,小伙子!你对工作很负责任。谢谢!"

上篇：三分制度

他又回过头来对旁边那位同志说："你不该责备他。我们就需要这样认真负责的好战士。革命纪律是每个人都应该遵守的，我也不能例外。"

看完这个似乎很陈旧的故事，你的感想是什么呢？也许有人会一笑了之。但是，我们看看现实生活中，什么事在发生？某老总面对拦住他的门卫，还能像列宁那么坚持原则吗？可能一个耳光就上去了，然后门卫被炒掉。

有的人可能要说了，我自己的公司，我制定了制度，那是约束员工的，我作为老板，是凌驾于制度之上的。所以我破坏制度，也是合理的。

这个人说得也没错，他是企业的主人，员工是打工的，为了让员工达到他的目的，他制定了制度。这样的说法，说给员工，在道理上，那是没有任何问题的。但我们的员工会怎么想，他们的职业化到了那个程度了吗？他们大多是普通人，现在被你"剥削"了很多，已经感觉不爽了。现在还看你带头破坏公司的制度，于是这些普通人自然而然地拿自己和老板比，他们觉得你赚了很多钱，还不按时间上下班，违反公司的制度，那是不合理的。他们发自内心地希望，老板能和他们一样，努力工作。这样他们看到老板拿走利润，心里感觉也会好一些。他们会以为老板不容易，和我们一样辛苦。于是此时你拿走他们的剩余价值，他们的怨气会少一些。

作为企业的组织者和制度的制定者，领导者的价值观念、行为方式都会成为企业其他成员的行为榜样。领导在制度实施过程中的"先行"作用犹如化学反应过程中的催化剂一般，是能够加快制度实施的过程、提高制度实施的效率的。相反，连管理者自己都对条例视若无物，员工又如何会将制度切实执行？

"管人先做人"，优秀的管理者，他们本身就是遵守纪律和制度的楷模，就是员工遵章守纪的带头人，要求下属做到的自己首先要做到，要求下属不做的事，自己首先不去做。这样，一方面，可以正确引导员工遵守规章制度；另一方面，也能给那些破坏规章的人施加巨大的心理压力。

作为领导者，就要对自身有高标准的要求，在员工面前就要有模范的行

为和形象。自己要身体力行、带头遵守。领导者的模范行为不仅能够引导群众正确地理解、执行管理制度，而且能使整个管理机制成为有生命力的、亲近员工的有效形式，从而能够激发员工的积极性，创造好的工作效益。

遵守纪律，让工作得到完美落实

企业要想管理好，纪律是必不可少的。各行各业制定各种纪律，其目的就是要人执行，若徒具形式，则毫无意义可言。

纪律，就是通过一些制度对相关行为做出规范和约束，以确保每天的工作顺利展开。就如水只有放在杯子里才能被我们喝到一样，这就是约束的作用。而纪律就是通过一些相关的制度在起着这样的作用，它帮我们每个人成"器"。任何一个企业倘若缺乏制度，势必会像一盘散沙，执行不力。

对于管理下属而言，哪怕是有缺陷的纪律，也比没有好得多。管理者以纪律说话永远比依靠个人的发号施令更有力度，执行起来也更有效率。在现代管理中，纪律的重要性是不言而喻的。

企业是关于人的组织，而人复杂多样的价值取向和行为特质，要求企业必须营造出有利于共同理念和精神价值观形成的制度环境，并约束、规范、整合人的行为，使其达到目标的一致性，最终有助于企业共同利益的实现。1983年台塑接管了美国的一个PVC工厂，当时有8个分厂，月产1万吨，共有营业人员120人，到后来，产量达到每月7万吨，营业额11458万美元，只用了47个营业人员，这就是纪律的作用。

上篇：三分制度

纪律是企业执行力当中最重要的约束力量。所以说衡量一个企业有没有执行力，关键之处就是企业里面有没有一套严格的纪律——一旦公司最高层已经决定开始某一项工作，公司总裁一声令下，是不是可以把指令发到最底层的员工。

一个企业可以让大家朝一个方向走，这是企业执行力强的最重要的表现之一。如果企业老板没有能力号召员工，相信这个企业不可能有很好的战斗力。因为员工对他没有一种认同的姿态，做人也好，做事也好，他们认为他讲出来的话是没有信用的，提出来要求是没人执行的。在这种情况下，企业不可能朝一个方向前进，这个团队就没有战斗力。

在当今社会，一个人再优秀、再杰出，如果仅凭自己的力量也难以取得事业上的成功，凡是能够顺利完成工作的人，必定要具有团队精神。而只有坚守团队纪律，才能成为团队中合格的一员。

你并不需要工作时处处小心谨慎，但一定要遵守企业的规程。绝对不要把生活中的坏习惯带到工作中来，团队的纪律是你必须要遵守的。纪律是胜利的根本保证，这是早被中国革命证明了的伟大真理。对于工作纪律，我们除了严格执行外，别无选择，任何亵渎和违背纪律的行为都将给自己带来不好的后果。

没有规矩，不成方圆。任何一个团体，总须有一个大家共同遵守的准则。莎士比亚曾经说过："纪律是达到一切宏图的阶梯。"只有团队中的每一个成员都遵守纪律，这个团队才可能会有成就。

西点军校非常注重对学员进行纪律训练。为保障纪律的实施，西点有一整套详细的规章制度和惩罚措施。比如，如果学员违犯军纪军容，校方通常惩罚他们身着军装，肩扛步枪，在校园的一个院子内正步绕圈走，少则几个小时，多则几十个小时。关于这方面的轶事，随手可拈来。

据说，艾森豪威尔到西点不久，就赢得了"操场上的小鸡"的头衔。原因是艾森豪威尔经常接受惩罚，像小鸡在田间来回走动一样在操场上来回走步，只是不如小鸡那样自由罢了。

· 63 ·

对于新学员来说，这样的训练会持续整整一年，纪律观念由此深深地根植于他们每个人的大脑中。同时，与之而来的，还有每个人强烈的自尊心、自信心和责任感，这是一些让人受益终身的精神和品质。

要玩游戏，就先要清楚游戏规则。否则，很快就会被淘汰出局。所以，你想要尽快成为优秀的职场人士，就要了解职场的规范，遵守职场中的相应纪律。

上篇：三分制度

第四章
持续健全管理制度，成就卓越人才

　　人才与企业这两个主体各有利益诉求，看似相互对立，实则是一个有机的整体，保持二者的和谐方能促进双方的可持续发展。个体能否在组织中创造"持续的高绩效"，实际上取决于"人才与企业"的和谐度。

顶级企业的用人法则

　　了解和通晓各大知名企业的秘密，把他们的企业文化和企业风格更好地融入你平时的学习和生活中来，是非常有必要和可取的制胜法宝。

　　排名全球500强之首的美国零售帝国沃尔玛被管理界公认为最具文化特色的公司之一，《财富》杂志评价它通过培训方面花大钱和提升内部员

工而赢得雇员的忠诚和热情。管理人员中有60%的人是从小时工做起的。在沃尔玛,很多员工都没有接受过大学教育,拥有一张MBA文凭并不是都能够赢得高级主管的赏识的,除非该员工通过自己努力以杰出的工作业绩来证明自己的能力。但这并不是说公司不重视员工的素质,相反,公司在各方面鼓励员工积极进取,为每一位想提高自己的员工提供接受训练和培训的机会。在一般零售公司,没有10年以上工作经验的人根本不会被考虑提升为经理,而在沃尔玛,经过6个月的训练后,如果表现良好,具有管理好员工、管理好商品销售的潜力,公司就会给他们一试身手的机会,先做经理助理,或去协助开设新店,如果干得不错,就会有机会单独管理一个分店。因此,今天沃尔玛公司的绝大多数经理人员产生于公司的管理培训计划,是从公司内部提拔起来的。

通用公司的董事长杰克·韦尔奇曾说:"在公司工作,你每天都应该感到骄傲。"他强调,公司从不在意员工来自何方、毕业于哪个学校、出生在哪个国家。公司拥有的是知识界的精英人物,年轻人在公司可以获得很多机会,根本不需要论资排辈地等待。公司有许多30岁刚出头的经理人,他们中的大部分在美国以外的国家受过教育,在提升为高级经理人之前,他们至少在通用的两个分公司工作过。在世界各地的通用公司的经理主管人员都接受同样的培训。公司还有一些制度,让年轻人所取得的成就在公司内能被其他人所知。

美国微软公司被看作是全球最吸引人才、最有利于人才发展、最留得住人才的公司之一。微软认为,公司的首要任务就是寻找致力于通过软件的开发来改善人们生活的人才,不管这样的人生活在何处,公司都要将他们网罗至旗下。微软的员工主要来源于公司内员工的推荐,特别是当公司进入一个新的市场时。微软有将近40%的员工是通过这个途径进入公司的。当开发美国以外的市场时,微软公司宁愿雇用当地的人,而不愿从总公司派人。因为公司认为只有当地的人才了解当地人的价值观、工作方式、人们如何使用技术、谁是主要竞争对手等问题。微软公司分布在世界各地的分公司,从开发软件到许可证发放等业务往来,都依靠电子邮件来

完成。微软的所有分公司都遵循同样的领导者评估条例，它包括管理组织的健康细则，各地的员工就是通过细则上列出的19条标准，例如，工作环境是否满意、分公司是否有明确的目标等，对自己的经理进行评估。这便于比较各个分公司的经理，尽早发现诸如士气低下等问题，并及早纠正。

日本东芝株式会社致力于推行适才所用的用人路线，在企业内部实行内部招聘，让职员自己申报最能发挥自己专长的职位。公司以最大的努力实现职员的要求，使职员各得其所。在此基础上，公司要求职工人人挑重担，谁能拿得起100公斤就交给他120公斤的东西。公司认为只要用人所长，就能发挥其最大的聪明才智，就能挑起更重的担子。

近几年，日本索尼公司在招聘大学生时，对学校名称采用不准问、不准说、不准写的三不方针。公司认为，在激烈竞争和多变的时代，企业需要各种人才，只有将各种不同的人聚集在一起，才能更好地发挥创造性，开发出新产品。只在少数名牌大学中招聘人才，会使企业失去活力。索尼公司创始人之一的井深大说："我从不迷信专家，专家倾向于争辩你为什么不做或不能做某些事情，而我们经常强调的是从无到有，去实干。"因此，索尼管理层喜欢思想敏锐，不墨守成规，勇于探索创新的人，他们鼓励科技人才跳槽，这样的人可以在公司任何部门寻找新的职位，毛遂自荐参与项目的开发研究。公司认为，这种人思想开放，思维活跃，兴趣广泛，具有创造意识和创新精神，是实干家而不是空谈家，有培养和发展前途，应加以重用。

思科的业绩发展不是先找人来开拓市场，而是市场业绩在前跑，然后找人跟进这项业务。思科还认为，士气跟工作和家庭生活的平衡关系很大，公司需要帮助员工寻找一个非常好的平衡点。员工在思科工作，既能够胜任挑战，又有许多学习的机会，而且也能对家庭有所照顾，这三个加在一起才能提高满意度。

美国甲骨文公司是全球最大的企业软件供应商。为了招聘人才，甲骨文公司经常会有大手笔，比如将哈佛大学某届管理班的全部学员悉数招进。为了自主开发软件，甲骨文公司拥有一支强大的研发队伍，人数超过

2000人。与众不同的是，这支研发队伍分成40个小组，每一个小组都是以团队方式招聘进来的。

企业之间的差距从根本上说是用人的差距。关于用人，从来就不存在什么一贯的准则，但国外优秀的企业领导者大都会遵循以下一些共同的原则：

一、用人唯才

三星集团老板李秉哲一直坚持"人才第一"的经营理念。为选优淘劣，李秉哲首先实行了公开录用员工制度，从而排除了学缘、血缘、地缘关系，摆脱了论资排辈的弊端。实行能力主义的原则，是三星人事管理的一个突出特点之一。

二、能力重于学历

微软的人事变动极为频繁，因为微软的用人制度和招聘原则是不唯学历资历和老本是举，而是能力至上。通用电气公司总裁杰克·韦尔奇说："通用公司拥有的是知识界的精英人物，年轻人在这里可以获得很多机会，根本不需要论学历和论资排辈。"通用公司有许多30刚出头的经理人，他们中的大部分都在美国以外的国家受过教育，在提升为高级经理人员之前，他们至少在通用公司的两个分公司工作过。

三、高级人才选拔内部优先

变革与人才来源并不存在直接的相关性。被誉为全球第一CEO的韦尔奇，研究生毕业后一直都在通用电气公司工作。事实上，通用电气公司的历任总裁个个都被称为他们那个时代的"变革大师"，而他们没有一个是从通用电气公司外部招聘的。

四、注重发挥人才的长处

北欧联航的卡尔森，因为好出风头，许多董事不喜欢他，但他们还是愿意选他当总经理；德国大众公司的皮埃切，专横跋扈，但这同样无碍于他继续做大众公司的领路人。

1. 适才原则

杰克·韦尔奇曾经说过，"如果一个等级C的人，被你选拔到等级B（更高一级）的岗位上来，那不是一个正确的决定，即使你经过培养，使

他能够胜任等级 B 的工作，也不过是错上加错。他应该留在他干得很好的岗位上，提拔他浪费他的时间，也浪费你的时间。你需要做的是选择一个其自身能力处于等级 B 的人，让他直接到位开展工作。"当然，人的能力等级是发展变化的，既不能拔苗助长，也不能用一成不变的眼光看人。

2."特岗特薪"，赏罚分明

为了保持团队的稳定性，留住精英人才，甲骨文公司可谓不惜工本，给他们提供了首选和多选股票的特权。IBM 在奖励优秀员工时，是在履行自己所称的"高绩效文化"。IBM 实行"个人业务承诺计划"，即 IBM 每个员工工资的涨幅，都有一个关键的参考指标，这就是个人业务承诺计划。制订承诺计划是一个互动的过程，员工和他的直属经理坐下来共同商讨，立下一纸一年期的军令状。经理非常清楚手下员工一年的工作目标及重点，员工自己自然也要努力执行计划。到了年终，直属经理会在员工立下的军令状上打分。当然，直属经理也有自己的个人业务承诺计划，上一级的经理会给他打分，层层"承包"，谁也不能搞特殊。IBM 的每一个经理都掌握了一定范围的打分权力，可以分配他所领导团体的工资增长额度，有权力决定将额度如何分给手下的员工。

知名大企业之所以知名，是因为在它的公司内部有着许多和其他企业不一样的用人原则，以及独特的招聘方法。想要在应聘和面试中打有把握的仗，了解和通晓各大知名企业的秘密，把他们的企业文化和企业风格更好地融入你平时的学习和生活中来，是非常有必要和可取的制胜法宝。站在巨人的肩膀上远眺，你愿意错过吗？

选拔人才从测评技术开始

在科学技术不断发展的今天，企业中各种岗位的员工都需要掌握新的知识、新的技能，来适应新形势和适应市场的需要，这就迫使每一个员工学习较多的科学知识。

在现代，人才测评作为现代人事管理的一项专门技术，越来越频繁地出现在各类媒体上，公众包括相当多的人事工作者对这项技术还知之甚少或根本就不了解。人才测评是随着现代经济发展和科技进步而迅速发展起来的一门新兴学科，它是以心理学、心理测量学、管理学、行为科学和计算机技术等学科为基础的一种综合选才的方法体系，它能对人的知识水平、智力、特殊能力、个性特征、职业倾向和发展潜力等方面的素质进行综合测评，为现代企业进行人才选拔和安置、个人选择职业提供重要参考。在现代西方发达国家，人才测评技术已被广泛应用于挑选从学徒工到总经理的各级工作人员，成为人力资源部门的重要选拔工具和技术手段。

人才测评是通过一整套试卷、面试、心理测试、实际操作检验、著作发明审查、业绩考核等一系列方式来衡量的，评价人的思想品德、知识、能力、专业水平、身心素质是人才测评的手段和方法。

人才测评有不同的分类，比较普遍的一种，是从测评内容上将人才测评划分为知识测评、技能测评、能力测评、性格测评等类别。从人才测评发展阶段看，可分为传统人才测评和现代人才测评。比如知识测评、业绩测评等属于传统人才测评，出现得比较早，也发展得相对健全完善；性格

测评、兴趣爱好测评、基本素质测评等属于现代人才测评，出现得较晚，只是近代才有的事，许多方面存在不足；而能力测评，部分是传统的，部分是现代的。从人才测评的范围宽窄程度看，人才测评又有广义和狭义之区分。广义的人才测评，是指对人才的精神层面、物质层面以及行为层面等一切内在的或外在的因素进行测量和评价，比如素质测评、体能测评、业绩评价，民意考察是测评，试用期阶段考察也是一种测评。狭义的人才测评，仅指人才素质测评，即凝结在人才自身上的知识、技能、个性、气质、价值取向、职业兴趣、领导风格、团队合作意识、决策和沟通能力等能力因素的测评。

人才测评是衡量人才的一个很重要的尺度。在企业人才测评中用得最多的有以下几种方法：

一、心理测试

心理测试是招聘测试中的一个重要方面。许多企业在招聘中，往往运用心理测试这一手段。

所谓心理测试，就是指通过一系列的科学方法来测量被测试者的智力水平和个性方面差异的一种科学方法。心理测试是心理学研究的一种方法，但是现在在许多领域中都应用这种方法，在企业招聘中应用的范围尤其广泛。

心理测试的内容有以下几种分类：

1. 能力测试

能力测试是衡量一个人学习及完成一项工作的能力。包括一般智力测试、语言能力测试、非语言能力测试、数字和空间关系能力测试、反应速度和准确性测试、归纳能力测试、机械知识测试、理解能力测试等。

2. 人格测试

人格测试包括对人的态度、情绪、价值观、气质、性格等方面特征的测试。这些对一些需要经常与人打交道的工作更为重要。根据心理学家对人格的划分不同，测试的类型也不同。普遍的可以将人们的人格分为16类：乐群性、聪慧型、稳定型、恃强型、兴奋型、有恒型、敢为型、敏感

型、怀疑型、幻想型、世故型、忧虑型、实验型、独立型、自律型和紧张型。

3. 兴趣测试

兴趣测试可以测量一个人最感兴趣并最可能从中得到满足的工作是什么。根据心理学家对兴趣的不同划分，测试的类型也不同，普遍的可以将人们的兴趣分为6类：现实型、智慧型、常规型、企业型、社交型和艺术型。

心理测试可以了解一个人的潜力以及他的心理活动规律。在企业界，心理测试主要用在招聘、人事安排和职业咨询方面。当前的市场竞争，归根结底是人才的竞争。人才的竞争很重要的一点，就是使每个人都能发挥他的潜在能力。而心理测试正是可以了解潜在能力的一种科学方法。因此，心理测试在招聘中的运用，可以了解一个人是否符合该企业某一岗位的需要，了解一个人的实际能力，这样，决策者可以把适当的人安排在适当的岗位上。

在进行心理测试时，还要注意以下内容：

（1）要对个人的隐私加以保护。因为心理测试涉及个人的智力、能力等方面的个人隐私。这些内容严格来说应该只能让被测试者以及他愿意让其知道的人知道，所以，有关测试内容应该严加保密。

（2）心理测试以前，要做好预备工作。心理测试选择的内容、测试的实施和计分，以及测试结果的解释都是有严格的顺序的。一般来说，主试及被测试者要受过严格的心理测量方面的训练。

（3）主试事先要做好充分的准备。包括统一地讲出测试指导语；准备好测试材料；能够熟练地掌握测试的具体实施手续；尽可能使每一次测试的条件相同。这样测试结果才可能比较正确。

二、知识考试

在企业员工招聘中，知识考试被广泛应用。知识考试简称考试，主要指通过纸笔测验的形式对被测试者的知识广度、知识深度和知识结构进行了解的一种方法。根据招聘的需要，有的时候对被测试者的知识广度做全

面的了解，有的时候可能对知识的深度做深入的了解，但有的时候又可能对被测试者的知识结构做必要的了解，以全面了解被测试者掌握知识的水平。

在企业中，许多岗位都需要有必要的知识，缺乏某种必要的知识，上岗的员工工作起来会有困难。企业如果招聘了缺乏某种知识的员工，就可能增加许多培训费用。通过知识考试，可以甄别本企业需要的人选。

一般来说，知识面广的人掌握知识比较快。在科学技术不断发展的今天，企业中各种岗位的员工都需要掌握新的知识、新的技能，以此来适应新形势和市场的需要，这就迫使每一个员工学习较多的科学知识。这是知识考试的另一作用。

知识考试还可以比较迅速地筛选掉一些不合格的应聘者。有些应聘者对必要的知识一无所知，这些应聘者对于企业来说是不合格的，勉强聘用可能费用很高，而且效果不好。

知识考试种类许许多多，但是归纳起来，主要有以下三种：

1. 百科知识考试，又称广度考试，或者叫综合考试。考试内容很广泛，可以包括天文地理、自然常识、社会常识、数理化、外语、体育、文艺等。百科知识考试的目的主要是了解被测试者对基本知识的了解程度以及他掌握知识的水平。

2. 专业知识考试，又称深度考试。主要考试内容是指和应聘岗位有直接关系的专业知识。例如，招聘化学工程师，专业知识考试内容可以包括普通化学、有机化学、无机化学、分析化学、物理化学等，以此了解该应聘者化学知识掌握的程度、掌握的深度以及掌握的水平等。

3. 相关知识考试，又称结构考试。主要是了解应聘者对应聘岗位有关知识的考试。例如，应聘公关人员，相关知识考试内容可以有社会学知识、心理学知识、人文知识、历史知识、管理知识、人际关系技巧以及公关学等各方面的知识。

知识测试虽然有其必要性，但在实施过程中也会存在一些问题，主要表现在：

（1）试题可能不科学。有可能知识考试的试题出的是怪题、难题，对于应聘者来说是毫无意义的题目，这样虽然有些人考得比较好，但是并不说明他掌握了必要的知识，而有些人考得比较差，也并不代表他必要的水平比较低。

（2）过分强调记忆能力。有些试题往往是靠记忆、背诵来获取的，这样招聘的员工有可能是记忆能力比较强，而其他能力，例如思维能力、动手能力等比较差。

（3）阅卷不统一。有的时候因为没有标准的答案，或者是阅卷的人员素质比较低，所以阅卷时可能出现偏差，这样测试的结果也就不准确了。

（4）没有可比性。因为知识考试试卷都是针对某一项招聘内容而设计的，所以两次考试的结果是不可以比较的。

知识测试作为一个有用的选人工具，有着严格的要求。具体而言，知识测试必须符合规范性和标准化等要求。那企业如何在知识测试中做到规范性和标准化呢？以下几点可以作为参考：

1. 有条件的企业应该自己建立题库

所谓的题库也就是有关的、大量的知识的积累，这样在每次考试时，抽出有关的试题进行组合，测试就会比较科学了。同时还可以请有关的专家出题。

2. 设计好试卷

试卷的设计直接影响到知识考试的质量，因此企业一定要对知识考试的试卷设计予以充分重视。在设计试卷时，要注意以下一些原则：

（1）自始至终符合目标。知识考试的目标是什么，在设计试卷时要从头到尾贯彻执行，也就是说每一张试卷从头到尾都要符合目标，不要远离目标，这样才能收到应有的效果。

（2）各种知识考试类型可以结合起来运用。比如，在一张试卷上既可以有百科知识的内容，又可以有专业知识的内容，还可以有相关知识的内容。这样可以节省时间，在较短时间内全面了解一个应聘者各方面的水平。

(3) 充分重视知识的实际运用能力。企业员工招聘中的知识考试和学校中的知识考试有所不同，因此知识考试中，不要过分强调背诵记忆，而主要要考虑知识的运用能力。因此设计试卷时，要尽量多用案例以及讨论等方式。

3. 一定要严格执行考试操作中的各项原则，尽量防止各种不科学、不公平、不严格的现象出现，这样可以使知识考试在员工招聘中发挥较大的作用。

三、情景模拟

所谓情景模拟，就是指根据被测试者可能担任的职务，编制一套与该职务实际情况相似的测试项目，将被试者安排在模拟的、逼真的工作环境中，要求被试者处理可能出现的各种问题，用多种方法来测评其心理素质、潜在能力的一系列方法。

企业在员工招聘中运用情景模拟，有许多现实意义：

(1) 可以为企业选择到最佳人选。因为情景模拟不是只由一种方法组成的，而是由多种测评方法组成，因此可以全面地、多角度地观察、分析、判断、评价一个应聘者，这样企业就可能选择到最佳人选。

(2) 为企业节省了培训费用。因为情景模拟是模拟了即将上任的工作岗位的实际环境，而且考察了应聘者的实际工作能力和潜在能力，这样选拔的人员，一般可以直接上岗，不需要再经过培训，这样大量的培训费用就节省了。

(3) 使被测试者得到一次实际的锻炼。有时应聘者是本企业的员工，在这种情况下，企业为被测试者组织一次情景模拟，客观上就起到了一次有效的培训作用，使被测试者在情景模拟的测试中得到一次锻炼，使他们的实际能力有所提高。

(4) 使企业获得更大的经济效益。由于以上三点原因，因此企业如果通过情景模拟来招聘员工，从一段时间来说，可能投入的费用比较高，但是，从实际效果来说，因为他选择的人员符合本企业的需要，另外，招聘的人员素质比较高，这样从长期来看，企业会获得更高的经济效益。

情景模拟的内容主要有以下几个方面：

(1) 公文处理。公文一般由文件、信件、备忘录、上级指示的电话记录、报告等组成。应试者根据自己的经验、知识能力、性格、风格，对5~10份文件做出处理，比如做出决定、要求合作、撰写回信和报告、制订计划、组织和安排工作等。这种方法，尤其适合于测试应试者的敏感性、工作主动性、独立性、组织与规划能力、合作精神、控制能力、分析能力、判断能力和决策能力等。

(2) 谈话。谈话包括电话谈话、接待来访者、拜访有关人士。在观察应试者如何处理模拟活动的过程中，可以评价他的规划能力与组织能力、领导能力、推销能力、敏感性、倾听技巧、行为的灵活性、口头交流能力、坚韧性、分析能力、控制能力以及承受压力的能力等。

(3) 无领导小组讨论。这是一种通过讨论一个真实的管理问题，了解应试者人心理素质和潜在能力的测试方法。从中可观察应试者的权力欲、主动性、表达力、自信、说服力、分析力、抗压力等。最后，还可要求应试者写一份讨论记录，以分析其表达能力、归纳能力和综合分析决策能力等。

(4) 角色扮演。它要求应试者扮演一个特定的管理角色，来处理日常管理问题，借此，可以了解应试者的心理素质和潜在能力。

(5) 即席发言。给应试者一个题目，让其稍做准备，即席发言，以了解应试者的反应理解能力、语言表达能力、言谈举止、风度气质和思维方式等。

企业内部选拔人才有原则

一个人在一个单位待的时间越长,别人看他的优点越少,而看他的缺点越多,尤其是在他被提拔的时候。

企业内部选人是指在单位出现职务空缺后,从单位内部选择合适的人来填补这个位置。内部选人主要有以下几种方法:

1. 提拔晋升

选择可以胜任这项空缺工作的优秀人员。这种给员工以升职机会的做法,会使员工感到有希望、有发展的机会,对于激励员工非常有利。从另一方面来讲,内部提拔的人员对本单位的业务工作比较熟悉,能够较快适应新的工作。然而内部提拔也有一定的不利之处,如内部提拔的不一定是最优秀的;还有可能在少部分员工心理上产生"他还不如我"的思想。一个人在一个单位待的时间越长,别人看他的优点越少,而看他的缺点越多,尤其是在他被提拔的时候。因此,许多单位在出现职务空缺后,往往同时采用两种方式,即从内部和外部同时寻找合适的人选。

2. 工作调换

工作调换是在内部寻找合适人选的一种基本方法。这样做的目的是要填补空缺,但实际上它还起到许多其他的作用,如可以使内部员工了解单位内其他部门的工作,与本单位更多的人员有深入的接触、了解等。这样,一方面有利于员工以后的提拔,另一方面可以使上级对下级的能力有更进一步的了解,也为以后的工作安排做好准备。

3. 工作轮换

工作轮换和工作调换有些相似，但又有些不同。如工作调换从时间上来讲往往较长，而工作轮换则通常是短期的，有时间界限的。另外，工作调换往往是单独的、临时的，而工作轮换往往是两个以上的、有计划地进行的。工作轮换可以使单位内部的管理人员或普通人员有机会了解单位内部的不同工作，给那些有潜力的人员提供以后可能晋升的条件，同时也可以减少部分人员由于长期从事某项工作而带来的烦躁和厌倦等感觉。

4. 人员重聘

有些单位由于某些原因会有一批不在位的员工，如下岗人员、长期休假人员（如曾因病长期休假，现已康复但由于无位置还在休假）、已在其他地方工作但关系还在本单位的人员（如停薪留职）等。在这些人员中，有的恰好是内部空缺需要的人员。他们中有的人素质较好，对这些人员的重聘会使他们有再为单位尽力的机会。另外，单位使用这些人员可以使他们尽快上岗，同时减少了培训等方面的费用。

一般来说，企业内部选人的途径主要有以下几种：

1. 是通过布告招标。布告招标是过去大多数企业内部招聘人员的一个很重要的途径，通常的做法是在公司或企业的布告栏发布工作岗位空缺的信息。现在已开始采用多种方法发布招聘信息。采用布告招标时允许雇员有一段时间去"投标"，"投标"时要求雇员填一张表格。在使用布告招标时，要满足以下几条要求：第一，至少要在内部招聘前一周发布所有的永久性工作雇用信息；第二，应该清楚地列出工作描述和工作规范；第三，使所有申请人收到有关申请书的反馈信息。

在西方，公布工作空缺和允许雇员投标这样一种方法主要用于蓝领阶层的工作，但其应用范围近年来正在扩大，它不仅在政府部门被广泛使用，而且也被私人企业广泛应用。布告招标有利于发挥组织中现有人员的工作积极性，鼓励员工在机构中建功立业。因此，它是刺激员工职业发展的一种好方法。同时，它的另外一个优点就是比较省时和经济。

2. 利用技术档案的信息。内部选人的另一途径就是利用现有人员技

档案中的信息。这些信息可以帮助企业管理者确定是否有合适的人选，然后，企业招聘者可以与他们接触以了解他们是否想提出申请。这种方法可以和布告招标共同使用以确保空缺的岗位引起所有有资格申请人的注意。

利用技术档案的优点是可以在整个组织内发掘合适的候选人，同时技术档案可以作为人力资源信息系统的一部分。如果经过适当的准备，并且技术档案包含的信息比较全面，采用这种方法就比较便宜和省时。

当然，企业内部选人的途径还有很多，如通过别人的推荐等。这里就不详细论述了。

其实，很多企业在选人时，都是着重内部优先的原则。这点从许多世界著名大公司的做法中可以看到，如美国通用电气公司和韩国的三星集团。

通用电气公司的历任总裁个个都可以和韦尔奇一样被称为他们那个时代的"变革大师"，而他们没有一个是从通用电气公司外部招聘的。通用公司有三个理由支持高级人才内部选拔。其一，从公司内部选拔人才是对人才的一个基本激励措施。如果公司经常把提升的机会让给公司外的人，那对公司员工的积极性无疑将是一个极大的打击。其二，优先考虑从内部选拔人才，将促使公司重视人才的内部培养。公司在任何时候都有丰富的人才储备，在选才用人时就可以掌握主动权，拥有更大的选择余地。另外一点更重要：由于人才是公司内部培养造就的，因而他更能深刻理解领会公司的核心价值观，同时因为他长期受公司文化的熏陶，已经成为公司文化的信徒，所以他也更能坚持公司的核心价值观不变。而核心价值观的延续性对于一个公司来说是至关重要的。

韩国的三星集团为了真正体现"用广阔的发展空间引进人才、用活人才、留住人才"，在选择干部时，并不迷信"外来和尚好念经"的观点，而是首先着眼于公司内部，大胆起用内部员工。

三星集团常常做出看似"出人意料"的任命决定，经常果断地起用人们眼中的"小人物""小职员"，甚至有"劣迹"的员

工。在三星集团,生产工人、业务员、技术员出身的科长、部长、经理,甚至总经理,都大有人在,而且直到今天他们的表现都十分出色。需要注意的是,三星虽然也很注重重用外部人员,但绝不唯"外"是崇,狭隘地认为只要是外来的优秀人才,就一定会比内部人员更适合本公司的一些空缺岗位,三星选用人的关键是看一个人的实际能力。

许多企业看中从内部选用人员,主要是因为和外部招聘相比,内部选人有以下优点:

1. 可信度高。由于对本部员工有较充分的了解,如对该员工的业绩评价、性格特征、工作动机以及发展潜力等方面都有比较客观、准确的认识,使得对内部员工的了解更加全面更加可靠,这样就提高了人事决策的成功率。

2. 适应性强。内部员工了解自己的公司,能够更好地理解职位的要求,同时对企业文化也更加认同。聘用一位内部员工意味着聘用的是一名工作能力有保证的员工,一个知根知底的人。因为公司了解他的工作业绩,工作习惯和个人品行;而他也了解公司对他的工作期望。所以员工就更容易适应新的职位,公司在招聘中所冒的风险也比较小。

3. 激励性更佳。从激励方面来分析,内部选人能够提供员工发展机会,强化他们的工作效率,也增强了员工对组织的责任感。尤其是各级管理人员的招募,往往会带动一批人晋升,从而能鼓舞员工士气。

4. 内部招聘方法最经济实惠。内部招聘的费用要比从外部招聘少得多。从内部招聘可以使企业节省诸如广告费、会务费、猎头公司代理费等开支,如果我们把管理者对外来者的聘用、分配和新员工熟悉企业所花费的间接成本考虑进去,那么节省的费用就更多了。

5. 内部招聘的成功率较高,且工作的稳定性更高。有调查表明,通过内部员工推荐被录用的雇员往往比通过其他方法招聘来的员工任职的时间更长。

6. 费用率低。内部选人可以节约高昂费用,如广告费、招聘人员和应

聘人员的差旅费等，同时还可以省去一些不必要的培训，减少了间接损失。另外，一般来说，本部候选人已经认可企业现有的薪酬体系，其工资待遇要求会更符合企业的现状。许多企业都特别注重人才的"本部制造"，尤其是企业的高级管理人才。

尽管内部选人有如上所述的优势，但在实施的过程中会出现很多问题，如以下所列：

1. 繁文缛节的内部晋升程序，往往会使内部的候选人感到沮丧。

2. 为补充内部的职位空缺可能需要将职位委任"推"给最佳的候选人。管理者会积极寻找内部人才的"内部选用"计划，也会把最合适的候选人安排到最合适的位置。大多数的内部职务委任系统都非常"僵化"，以致公司内部最好的人才得不到发现。公司内职位变动被动，消极的雇员（那些不自愿谋取空位的员工）通常不会去积极申请需要毛遂自荐的内部空位。

3. 张贴在公司布告牌上的内部职位招聘启事可能已经是个摆设，由于害怕被加上不忠诚的名声，有兴趣的候选人也许甚至连仔细看一眼也不愿意。员工的顶头上司，部门经理们也许会认为实际谋求职位的员工是"不忠诚"本部门的，因而惩罚那些申请职位的员工或阻挠他们的晋升。

4. 经理们也许需要"留住""即将被晋升"的人不放，以完成他们正在做的工作。这会使新职位补充延迟几个星期或几个月。

5. 允许经理否定一项职位调动，会使公司内部的候选人们感到失望和缺乏信心。

6. 内部晋升会引起"连锁"晋升出现（因为在一个人被晋升时，他的下属会得到晋升，下属的下属也会得到晋升，因此出现了多个空位）。事实上，由于如此多的人不得不在相对较短的时间里学习"新工作"，因此这会在一定程度上扰乱公司的正常运作。

7. "未获晋升者"会沮丧，出于早已存在的妒忌心，可能会暗中干扰被晋升者的工作（若雇用外部人员也会发生这种现象，但不这么普遍）。

8. 晋升那些最有经验和技能最好的人并不总是意味这个被晋升者会成

功。对于一个优秀的选手与一个优秀的教练，技能要求是不一样的。和外部雇用人员相比，许多公司更加不愿意解雇（或降职使用）一个内部的晋升者。

总的来说，企业内部选人的弊端有以下几个方面：

1. 可能造成内部矛盾。从内部选用人才需要竞争，而竞争的结果是失败者占多数。竞争失败的员工可能会心灰意冷，士气低下，不利于企业的内部团结。内部选拔还可能导致部门之间"挖人才"现象，不利于部门之间的协作。此外，如果在内部选拔中按资历而非能力进行选择，将会诱发员工养成"不求有功，但求无过"的心理，就会使优秀人才流失或被埋没，削弱企业的竞争力。

2. 容易造成"近亲繁殖"。同一组织内的员工有相同的文化背景，可能产生"团队思维"现象，抑制了个体创新。尤其是当组织内的重要职位是由基层员工提拔的，更会加剧思维意识的僵化，不利于组织的长期发展。如通用电气20世纪90年代所面临的困境就被认为与其长期实施"本部制造"策略有关。

3. 失去选取外部优秀人才的机会。一般情况下，外部优秀人才是比较多的，一味寻求"本部制造"，就会降低外部"新鲜血液"进入本组织的机会，表面上看是节约了成本，实际上是对机会成本的巨大浪费。

4. 如果没有很好的发展或培训计划，内部晋升者不会在短期内达到对他们预期的要求，这样内部发展计划的成本比直接雇用外部适合的人才要高。且多个被提升员工由于"彼得原理"可能还不能很好地适应工作，这就会影响组织整体的运作效率和绩效。

上篇：三分制度

企业外部选人有方法

外部招聘是指根据企业战略规划，从企业外部把优秀、合适的人才招聘进企业，把他们放到恰当的岗位上。

外部选人就是通常所说的招聘。所谓招聘，就是企业根据其用人的需要及人才储备的情况，通过多种渠道来吸引人才，并最终录用合适人选的过程。企业进行招聘无非有三个目的：一是吸引高素质的合适的候选人；二是统一整个企业的人力资源规划，做到人尽其才；三是统一整个企业的职员任用，借招聘考核、面试等形式进行候选人的筛选，以尽可能选择最适合的人才到公司任职。这目的是为了提高整个企业的人员素质，使整个企业的人力资源尽量优化。

外部选人有很多种方法，如通过在媒体上刊登招聘广告、借助中介机构、进行现场招聘等。

外部招聘是指根据企业战略规划，从企业外部把优秀、合适的人才招聘进企业，把他们放到恰当的岗位。与内部选人相比，虽然外部招聘成本较高，而且也存在较大的风险，但也有其优势。外部招聘的优点有：

1. 有利于树立企业形象。外部招聘是一种有效的对外交流方式，它会起到广告的作用：在对外招聘的过程中，企业在其员工、客户和其他外界人士中宣传了自己，从而形成了良好的口碑。

2. 带来新理念、新技术。从外部招聘的员工对现有组织文化有一种崭新的、大胆的视野，而少有主观的偏见。典型的内部员工已彻底被组织文化同化，他们既看不出组织有待改进之处，也无进行改革和自我提高意识

的冲动，整个组织缺乏竞争意识和氛围。通过从"外部引进"优秀的技术和管理专家，从而产生"鲶鱼效应"。无形中给组织中原有员工施加了压力，激发了他们的斗志和潜力。

3. 有利于招到优秀人才。外部招聘的人才来源广泛，有充分的选择余地，同时能引进许多杰出人才，特别是某些稀缺的复合型人才。从而能够节约内部培养和业务培训的开支。

4. 可以缓解内部竞争者间的紧张关系。由于空缺职位有限，企业内可能有几个候选人，他们之间的不良竞争可能导致钩心斗角、相互拆台等问题。一旦某一员工被提升，其他候选人可能会出现不满情绪、消极懈怠、不服从管理。"外部引进"可以使内部竞争者得到某种心理平衡，避免了组织成员间的不团结。

同样，外部招聘也有其不足：

1. 筛选时间长，难度大。企业希望能够比较准确地测量应聘者的能力、性格、态度、兴趣等素质，从而预测他们在未来的工作岗位上能否达到企业所期望的要求。而研究表明，这些测量结果只有中等程度的预测效果，仅仅依靠这些测量结果来进行科学的录用决策是比较困难的。为此，一些企业还采取诸如推荐信、个人资料、自我评定、工作模拟等方法。这些方法各有各的优势，但也都存在着不同程度的缺陷，这就使得录用决策耗费的时间较长。

2. 进入角色状态慢。外部招聘的员工需要花费较长的时间来对其进行培训和定位，才能使其了解企业的工作流程和运作方式，这就增加了培训成本。

3. 招聘成本高。外部招聘需要在媒体发布信息或者通过中介机构招募时，一般需要支付一笔不小的费用，而且由于外部应聘人员相对较多，后续的挑选过程也非常烦琐与复杂，不仅花费了较多的人力、财力，还占用了大量的时间。

4. 决策风险大。外部招聘只能通过几次短时间的接触，就必须判断候选人是否符合本企业空缺岗位的要求，而不像内部选人那样经过长期地接

触和考察。所以，很可能因为一些外部的原因（如信息的不对称性等）而做出不准确的判断，进而增加了决策风险。

5. 影响内部员工的积极性。如果企业中有胜任的人未被选用或提拔，即内部员工得不到相应的晋升和发展机会，内部员工的积极性可能会受到影响，容易导致"招来女婿气走儿子"的现象发生。由此可知，外部招聘一定要慎重。

目前企业选人很大一部分是通过外部招聘进行的，但是企业招聘工作使很多管理者感到很头痛，由于人才竞争的激烈和其他客观因素，使得招聘工作越来越难。但是外部招聘是企业选人的一个不可忽视的重要途径。有关于外部招聘的细节，将在以后的章节中详细提到。

企业在进行招聘时，要进行综合考虑，具体要从企业自身情况出发，系统分析人才市场的状况，相关人才政策与法规、行业人才状况和薪资等外部环境，再结合企业自身经营战略和管理风格以及现有人力资源状况，综合考虑内外部招聘的优缺点，选择适合企业自身状况的、特定时期和特定条件的招聘方式。

公平用人创造良好氛围

领导者用人，不可能在各个方面使每个人都满意，只要是出于公心，出于事业发展所需，最终都会赢得尊重，赢得人心。

公平用人制度，是领导者在用人时必须坚持的。只有这样的领导者才能任用贤人，不任人唯亲，不拉帮结派；才会用人所长而不浪费人才；才

能真心为组织谋良才。

特别是在一些大企业里,有才华、有能力的人很多,领导者用什么样的人,用谁都是非常棘手的,如果不加以选择而贸然行事,必将引起方方面面的矛盾,不利于团结和工作。因此,现代企业领导者在用人上要有一个原则,那就是要出于公心。要以有利于领导组织发展和组织成员积极性的调动为出发点,不讲私情,不搞妥协,不回避矛盾。真正将愿为领导组织做贡献而又有真才实学者提拔任用到各级领导岗位上,以推动组织目标的高效实现。领导者用人,不可能使每个人都满意,但只要是出于公心,出于事业发展所需,最终就会赢得尊重,赢得人心。因此,领导者在坚持公平选用人才的过程中要克服以下几种不良的用人心理。

一、任人唯亲心理

任人唯亲心理指的是用人者不管德才如何,只是选择那些和自己感情好、关系密切的人或者任用自己的亲属等。主要表现在以下四个方面:

一是"以我画线"。谁拥护他、吹捧他,就提拔谁。

二是"唯派是亲"。凡是帮朋派友,不管是否有德有才,都优先加以考虑。

三是"关系至上"。有"关系"的人起用,没"关系"的人靠边。

四是以血缘关系作为用人的标准,致使组织呈现家族化的倾向。人事上的"近亲繁殖",扭曲了用人标准,压抑了他人成长和能量的释放。

任人唯亲会严重危害企业的发展。其表现在四个方面:

一是阻止了优秀人才的加盟,不利于企业素质的提高。

二是使经营者大权独揽,独断专行,顾此失彼。

三是导致员工不思进取,缺乏创新和忧患意识。

四是导致企业内部争权夺利,缺乏凝聚力。

很多私人企业的治理结构原始落后,任人唯亲,企业高层领导者对亲朋好友重点提拔,而对圈外人另眼相看、不予重任,生怕自己的权力被人剥夺。

这样的企业怎能招聘到人才,留住人才?

二、偏信谗言的心理

在相当多的组织中，总是有那么一些心术不正的人，为达到卑鄙的目的，采用不正当手法，散布流言蜚语，干扰决策者的用人决心和意图。使决策者难辨真伪，产生偏信谗言的心理状态。造成的恶劣后果是：

压抑优秀人才，良莠不分。给兢兢业业、埋头苦干和有魄力、有能力，敢于冲破阻力、开拓进取的人造成伤害。

使组织氛围恶化，抑正纵邪、是非不分、忠奸倒置，好人受气、受屈，心术不正之辈弹冠相庆，使组织舆论导向、价值导向偏离正常组织目标。

损害决策者威信。由于信、纵谗言，导致人际圈子越来越小。

三、怕担风险的心理

在一些人眼里，年轻人办事不牢靠，个性强的人容易捅娄子，这两种人被提拔进领导班子总是不那么容易通过。尤其在一些国有企业里，年轻人即使进了领导班子也是往后排，个性较强的有魄力的"野马"要进领导班子当然就更难。怕担风险的另一种表现是用人不讲时效。

四、论资排辈心理

这种心理是指领导者把资历深浅、年龄大小和辈分高低作为提升和使用人才的主要依据。提拔干部时，不管他有多大才干，总是机械地按年龄资历从上往下排座次。

虽然资历是历史的记录，在一定程度上反映了人们的实践经验，但我们不能把它绝对化，不能把资历与能力等同起来。人的才能高低与工龄长短、资历深浅有着一定的联系，但资历并不完全与实际才能成正比，成反比的现象也并不罕见。领导者用人论资排辈会给组织带来如下危害：

阻碍大批中青年人才的成长，与现代科学文化发展规律背道而驰。

阻碍人才竞争，挫伤人才的积极性和创造性，使有真才实学的人被压抑、被埋没，有才难展，有志难酬。

易使资历深、辈分大的一些人滋长居功自傲心理。

人才使用有一个时效问题，一个人的才能不是一成不变的，而是一个

抛物的过程，从才能显现到炉火纯青，再到才能衰减。一般认为，领导工作的年龄曲线在50岁为峰值年龄；技术工作的年龄曲线在45岁为峰值年龄；科学研究工作的年龄曲线在37岁为峰值年龄。这就要求我们破除论资排辈的旧观念，抓住各类人才的最佳年龄阶段，不拘一格选拔人才。

以上几种不良的心理状态是领导者在坚持公平用人制度过程中很容易忽视的，领导者要克服种种不良的心理状态。选拔人才、使用人才都要出于公心，出于组织的长远利益。为了组织的发展，而不是为了自己或小团体的利益，这样才能为组织发展储备丰富的人才资源。

适时扩大下属的职责

责任到底是什么呢？工作人员有完成工作的义务，假若无法完成或工作成果不好时，就要将失败之处加以弥补，使其造成的不良影响降至最低，而且要找出失败的原因，绝不再重犯。

每个人都喜欢有责任性的工作，很多员工都有如此的想法，"让我从事责任更大的事吧"或者说"责任感愈重之事做起来越有价值"。

为什么员工想负这么多的责任？最大原因在于愈有重责则表示此员工愈有能力。不过给了某员工责任之后，相对来讲也要赋予相应的权限。在此权限内，可以依照自己的方法做事。底层工作人员或从事单纯、辅助性工作的人员，即使能圆满完成任务，也不觉得有什么自豪感，这是因为他们不能依自己的理想做事。

每个人都有强烈的表现欲，希望别人看重他，故想多负担一些责任。

因为负担了责任，自己就有责任感。换句话说，给了某人责任与权限，他就可以在此权限范围内有自主性，以自己的个性从事新观念的工作，因此他就拥有了可自己处事的满足感与成就感。因此作为领导在制定一些规章制度的时候，一定要考虑到这些。另外，作为领导还要注意以下几点：

一、不要做啰唆的领导

领导若过于啰唆，无论大小细节都要说明、吩咐，只会徒增部属的烦腻，同时部属也会觉得自己根本无须负责，于是欠缺责任感，工作热情也随之降低。在啰唆的领导吩咐下的工作人员，其责任感较公司给予概括的指示，然后一切细节由工作人员自行负责者来得低。比如：

> 某公司里一位A股长调职，继任者是B股长。不到一年的时间，该部门生产量增加了16%。在此我们研究了A、B股长的作风。A股长一天到晚从楼梯爬上爬下，不厌其烦地指示部属；B股长作风却迥然不同，任何事仅指示大纲，一切细节则由部属自行负责，他也不限制部属的自由，完全尊重他们。部属因为依照自己的想法做事，因此愈做兴趣愈浓，便希望将该事做到完美的境界，因此取得了良好的效果。因两人作风不同，工作成效也大不相同。

照这个例子看来，不仅要让工作人员负责任，而且要赋予他们相应的权限，使其可依照自己的意志做事，如此才能提高工作效率。

二、权责必须均衡

责任与权限必须均衡。我们所说的赋予工作人员权限就是让他们在自己意识下工作。很多主管对属下只强调责任，而极少赋予权限，只是一次次地指示他们，以致部属根本没有机会依照自己的办法去做。在此状态下，无论如何强调责任都无法收到预期的效果。

在许多企业、机关中，责任与权限无法合二为一。权限都集中于上级，部属仅负责任而已。须知，无论何事，一旦欠缺权限则产生不了责任，因此责任与权限必须始终一致。

那么，责任到底是什么呢？工作人员有完成工作的义务，假若无法完

成或工作成果不好,就非要负责任不可了。但所谓的责任并非要提出辞呈,或者要等待受罚,而是将失败之处加以弥补,使其不良影响降至最低,而且要找出失败的原因,绝不再犯。

另外,部属做错了事,领导也不能免除责任。当自己的属下失误时,在处罚部属之前必须自己先反省一番,看看自己的做法是否妥当,导致失败的原因何在,并且要改正缺点,这才是主管人员的职责所在。

在与年轻人的交谈中,大家都认为:"任何一件事,上司若信任我们,放手让我们单独去做,我们必定会更加卖力。"新来的员工在经过一段时间的锻炼之后,逐渐积累了工作经验,新鲜感再加上适当的经验,使他越做越有味道。反之,若积年累月做同样的工作,时间一久会觉得枯燥无味,单调无比,原先的工作热忱也渐渐消失了。所以,领导应依照员工工作的熟练程度,由最基本的 D 级工作晋升做 C 级工作,再由 C 级跳到 B 级,如此一级级地赋予较高级的工作,他们做起事来也不致有厌倦感。

但是工作编排并不只限于纵的方面赋予高级工作,有时也可在横的方面赋予员工范围更广的工作,其中的道理都是一样的。

授权让员工能力得到充分发挥

在实践中,越是单线领导,在发布的指示中互相冲突的问题就越少,个人对成果的责任感就越强,这体现了一个企业领导者的管理才能。

在现代企业中,作为企业主管不可能亲自去实施一切计划。因此,在

执行计划的过程中,必须把权力下放给自己的下属,也就是人们常说的授权。所谓授权,就是由企业领导者将其所属权力的一部分授权给下属,从而给下级提供完成任务所必需的一种客观手段。同时,授权意味着赋予下属相应的责任。授权是企业管理者最重要的能力之一。授权不仅是一门科学,也是一种艺术。授权得当与否体现了一个企业领导者的管理才能。

在"福布斯"工作的人都有这种感受:在自己的职位上可以充分发挥想象力和创造力,可以自主地处理自己的业务,完全不必担心老板会对自己指手画脚,事事插手。事实的确如此,"福布斯"的总裁如布鲁斯和马孔·福布斯极少对下属的工作指指点点,而是完全交给他们放手去做,他们关键是要看员工的成果。在这方面,雷·耶夫纳感触颇深。他刚到"福布斯"工作时,公司就给了他很高的薪水,工作条件也十分优越。当时,雷·耶夫纳的任务是对福布斯的IAI附属机构进行调整,使该机构所出的《IAI周报》重振雄风。布鲁斯·福布斯给他的唯一指示是:一切由您全权处理,不过,事后要向我报告工作结果。

雷·耶夫纳每天早上到"福布斯"对面的餐厅喝咖啡,在那里和"福布斯"各部门主管轮流会谈,了解各部门的状况,决定哪些主管该和布鲁斯·福布斯面谈。"那是我第一次感到手中握有无限大权。"雷·耶夫纳如是说。精神抖擞的他对IAI采取的第一步行动是扩大版面,并且加大行间距离,以方便读者阅读。此外,他让手下有事直接向他汇报,不必像以往那样层层报告。6个月内,IAI果然重振往日雄风,雷·耶夫纳也从此声名鹊起。各界纷纷邀请他演讲,担任临时顾问,这一切和布鲁斯·福布斯给予他充分的信任是分不开的。

要认真贯彻授权的原则,就必须注意以下几点:

一、职责绝对性

由于职责作为一种应该承担的义务是不可能授予别人的,所以,即使通过授权也不可能逃避对下属的业务工作授权与委派任务的职责。同样,

下属对上级负责也是绝对的，一旦接受了委派和授权，就有义务去贯彻执行，而上级也不能逃避组织下属业务工作的职责。

二、权责对等

职权和责任必须相等。要求员工履行某些责任，就必须授予他相应的权力，才能使其较好地完成任务。否则，没有充分的职权，员工便无法有效地完成任务，也就没有因此而产生的责任，即不应受到指责。

授权的划分方式有：按职能界限划分授权，分等级授权，按预期目标授权。

三、统一指挥

在实践中，越是单线领导，在发布的指示中互相冲突的问题就越少，个人对成果的责任感就越强。职责实质上是对个人而言的，由两名以上的上级给一个下属授权很可能会产生职权与职责二者的矛盾。如果一位下属不是对一位上级而是同时对多位上级主管负完全责任的话，那就容易造成推卸责任，降低工作效率的后果。统一指挥原则有利于澄清职权与职责的关系。

当然，在授权过程中，必须绝对地信任授权对象，否则将会无功而返。

您认为怎样才能形成并在工作中执行这些理念？确定授权范围是进行授权的基础，也是成功授权的关键。职业经理人在确定授权范围时，还必须考虑如下问题：

一、确定可以授权的任务

（一）确定标准

可以授权的任务一般包含以下标准：

1. 下属可以适当处理的任务。

2. 做决策时，下属可以取得所有必需的信息。

3. 任务内容不只是计划或组织系统，还包括操作上的细节。

4. 任务所需的技术并非只有高层管理者才可以执行。

5. 员工可以完全掌握任务。

（二）可以授权的具体任务

1. 重新指派的任务。如果要重新指派一项专门的或技术上的任务，应该让成员充分了解委派的任务。也就是说，让某一个员工变成这项任务的专家，处理任务会比较迅速而有效率。如果任务枯燥乏味，而且执行需要一段很长的时间，那么最好让不同的人轮流执行。

2. 琐碎的任务。过度琐碎和不太需要做决策的任务，像计算这样的工作可以授权出去。通常这类任务不太会影响达到的目标，而且也不太需要用到技术，而且会占去很多时间。

3. 收集信息。需要在图书馆调查或在公司档案中搜寻信息的工作可以轻易地授权出去。需要直接从整个体制内，或从客户、从外部专家收集资讯的任务也可以授权。

4. 会议代表。授权下属代理出席会议。按照会议目的，下属可以公开代表参加。出席会议之后，下属可以转达任何重要的议题，或者在全体员工会议中报告议题。

5. 未来的责任。授权出去的任务有一部分是下属将来要完成的责任。如果一个重新编组过的企业已经计划好责任归属，比如说开始分配工作时，下属就需要执行往后的工作。如果下属向往另外的职位，可以授权他想要执行的任务。

二、明确不可授权的范围

有些特定的任务不应该授权出去，因为这些任务不仅需要特别的管理方式，而且这些任务有其特殊性。

（一）授权处理

授权过程不要假手他人。任何直接管理的工作都应该亲自授权和解释。任何其他的安排必然会引起沟通错误。

（二）成果评估

为分配的任务或年度评价作成果评估是职业经理人的责任。授权给下属的任务不应由其他人评估。评估通常是以最初讨论的结果、互相同意的标准，以及预期的结果为准。

(三) 纪律处分

处分下属，应由职业经理人处理，而且要在完全知道实情之后。有些职业经理人倾向避开他们工作上所有不愉快的事情，而且处分下属是很少职业经理人乐于处理的问题。虽然如此，纪律处分是任何管理职务必须执行工作的一部分。将这样的任务授予某人，会缩减信息的效率。大部分下属都会因间接地接受批评而烦忧不已。

(四) 制订和预估计划

有些细枝末节的工作涉及计划的制订和预估，像计算结果和调查是可以授权的，不过计划的制订和预估的概念是不可以授权的部分。当要决定部门的目标是否适合整体组织的目标时，最好单独下决定。

(五) 机密任务

涉及机密资料的任务不要授权，比如薪酬，除非这样的工作是某人工作特有的一部分。要以下属的需要决定让他们知道特定敏感的消息。一旦工作被归类为敏感的任务，职业经理人要亲自履行任务，或者将任务分派给一个适当的人选。如不得已，可把任务分为几个部分，这样才不至于让他人一目了然。

(六) 复杂形势

如果形势非常让人困惑，以至于不能清楚地了解时，最好不要期望下属可以处理该任务。只有知道并且了解那些问题的范围时，才可以分派任务给别人。授权一项自己不甚了解的任务是没用的，因为下属会提交回来要求你澄清。

(七) 敏感状况

不要分派敏感的活动，比如解决政治冲突或从别的体制中得到敏感的信息。要完成这样的任务，下属并不是最好的选择。

应该说，确定合理的授权范围要根据具体的情况和具体的授权对象才能确定。在授权过程中，职业经理人应该确定合理的授权范围。

与众不同的用人制度

麦当劳，这个国际知名的企业，在中国成功地进行了市场推广。它能取得如此成功，靠的是怎样的用人机制呢？

麦当劳在定期招收员工的时候，主要是通过比较简单的面试来考察应聘者最基本的素质。因为每个新员工都需要从头学起，工作难度也不大，所以进入麦当劳工作非常容易，无论年龄、性别和学历，麦当劳都不会有歧视。同时，由于麦当劳员工大多数是兼职，进出的机制管理比较宽松，所以这里的员工，特别是其中的一些年轻人，流动性特别大。年轻人在这里得到了锻炼，其中的一些人会因为其出色的表现很快得到晋升机会。

在麦当劳工作，最基本的任务是了解公司——了解公司的理念和政策，了解工作伙伴，了解各种日常的工作制度，积极学习和寻找更好的工作方法。麦当劳最崇尚的是"坚毅"，用麦当劳总裁克罗克的话来概括："世上没有东西可取代坚毅的地位，才干不能，有才能而失败者比比皆是；天才不能，才华横溢又毫无进取者众多；单靠教育不能，受过教育却潦倒终身者充斥世间；唯有坚毅与果敢者能够无所不能，得到成功。"麦当劳文化还包括很多，例如QSCV，即企业最重视的质量、服务、清洁和物超所值，这是餐饮业最受顾客重视的部分；向顾客提供100%的满意，尽量满足顾客的一些特殊要求；在内部员工交流上，不论是普通员工还是管理组成员，大家都是平等的，强调"沟通、协调和合作"，员工有意见可以随时和管理组沟通。

麦当劳的制度,严格而且奖惩分明。奖,对于工作积极的员工,对于成绩突出的或者进步较快的员工,有各种不同的奖励;罚,对于违反公司政策、做出有损公司形象事情的员工,也有相应的惩罚措施。相应地,麦当劳的激励机制运用得很充分。每天,麦当劳都会按照具体情况为每个不同岗位的人制定目标,一旦达到目标,就可以得到公司内部的积分奖励。举例来说,每一段时间麦当劳都会推出新活动以利于促销。麦当劳规定促销出新产品,前台服务员下班以后就可以按照管理组制定的目标拿到相应的奖券。假如一共卖了25套促销的套餐,就可以得到5元奖券,35套可以得到15元,依此递增,全部积攒下来到月底或年底兑换相应价钱的奖品。员工内部的奖品有手表、雨伞、手电、腰包等,这就需要每天都尽力做到最好,得到尽量多的奖券。这种积分奖励方法,在麦当劳内部营造了比较持久的竞争气氛。

众所周知,麦当劳与一般企业不同的是,大部分员工都是兼职人员,所以没有人是8小时的正常班。因此,每个员工都要提前与经理沟通,让经理了解自己下星期可以上班的时间段,以便经理提前排好下星期的班。当然,排好班以后如果想改,还可以和当班经理进行沟通,另外偶尔还可以请假或者让别人替自己上班。所以,麦当劳的制度还是比较人性化的。员工在熟悉一个岗位以后,可以申请再学习其他的工作岗位,经理也会主动帮助安排。当你学会了所有岗位的工作,加上平时积极和良好的工作表现,你就可以得到晋升的机会,也就是可以去学习一些管理方面的实践知识了。麦当劳里面的管理层人员,有相当一部分是从普通服务员做起,通过努力一步一步晋升的。

在人力资源开发和管理方面,麦当劳并没有什么秘密,累积了60多年的发展经验,在顾客满意、沟通合作、奖惩分明、提供机会等方面可谓步步提高。员工在感受到企业的诚意、活力和价值以后,当然更加忠诚。在成功打造出百家北京麦当劳店和更多的中国麦当劳店的过程中,它们的用人制度绝对功不可没。

第五章
科学合理的决策让管理更有成效

通俗地讲，决策就是出主意、想办法、做决定的活动过程。美国学者马文曾经在部分高、中层领导者中做过"你认为每天最重要的事是什么""你每天在哪些方面花费的时间最多"等调查。结果90%以上的答案都是决策，简单而有效的决策技巧被看作是提高经营管理水平和质量的重要途径。

决策科学让管理更有成效

在若干预备方案中挑选一个最好的方案，有时是比较容易的事，但遇到多个方案的优劣很难评出上下时，优选就不是一件容易的事了。

决策的正确与否，决定着组织行为的成败。正确的决策，能指导组织沿着正确的方向、合理的路线前进；错误的决策，就会使组织走上错误的道路，甚至可能导致组织的失败、消亡。

在一次《财富》全球论坛上，新希望集团董事长刘永好谈及中国企业家失败的原因时说："70%~80%是在于投资失败，而投资失败源于决策失败。"最后，他还反复说道，此次上海之行最大的收获，是学到了国外CEO们是怎样决策的。把决策失败列为中国企业家的头号失败原因应该是可以成立的。飞龙总裁姜伟闭门思过、修炼内功，反省出的二十大失误，头三条赫然是"决策的浪漫化、决策的模糊性、决策的急躁化"，可见决策失误给姜伟带来的切肤之痛，而其他国内企业家在反思失败时，也无一例外地检讨自己的决策错误。

一般来说，有效的决策要达到目的性、可行性、经济性、合理性、应变性的要求。因此，领导者在决策过程中应当遵循一个合理的决策程序，通常这个合理的决策程序依次包含下列六个步骤：

一、发现问题与机会

首先要研究企业的外部环境，认清楚企业面临的挑战与机会。然后要分析企业现有的自身条件与优势，认识企业的长处和短处，优势与劣势。在寻找企业的问题时，应当明确造成问题的原因，也就是说要把现象和原因两者区分清楚。现象是指首先引起人们注意到存在问题的某种特征或事态发展。例如，某公司出现亏损，然而，亏损并不是该公司的问题所在，而是问题的现象或后果。那么，该公司的问题到底是什么？答案可能有多个。例如，公司的产品质量不好、产品定价太高、公司广告计划执行得不好等。要把现象和原因两者区分清楚，就必须研究公司为什么出现亏损。研究的结果可能是因为公司的销售总额低于生产的盈亏平衡点。

二、找准决策目标

找准决策目标很关键。目标确立不当，必然会影响到其后一系列措施和行动的合理性。企业领导与有关人员应根据收集的企业内外部情报和信

息进行集体讨论和研究。如果在目标研究过程中出现了不同意见，要尽量做到统一。经反复研究仍不能取得一致意见时，不同的意见可作为几个不同的决策方案，通过分析比较做出选择。

三、拟订预备方案

每个决策目标至少要有两个行动方案。拟订这些预备方案时要充分发挥智囊团的作用和企业下属的创造性。

四、理想方案

在若干预备方案中挑选一个最好的方案，有时是比较容易的事，但遇到多个方案的优劣很难评出上下时，优选就不是一件容易的事了。倘若此时决策者在时间不允许的情况下犹豫不决，必然会贻误战机，给企业造成不必要的损失。不同类型的决策问题，其选择标准也不同。期望值标准、最小损失标准、收益最大可能性标准和机会均等的合理性标准等都是风险型决策中常用的标准，而确定型决策则常用价值标准、最优标准或满意标准。

不管用什么科学的方法对预备方案进行评估和优选，最终的决断还得依靠决策者的素质、经验和能力。

五、执行方案

最佳方案确定后，就要制订计划开始实施方案，积极贯彻实施。这是使决策达到预期效果的重要过程。

为了做好决策方案的实施，必须把决策的目标和实现目标的措施向企业下属公布，动员下属为实现既定目标做出贡献。在实施过程中，决策者要做好计划、组织、沟通、协调等多方面的工作。

六、效果评估

在决策方案的执行过程中，还要追踪检查，及时反馈，不断地修正原方案，使其更加完善。决策方案的执行过程，实际上是对方案评估、修改和完善的过程，也是对决策本身深化的过程。在方案执行完之后，还要总结经验教训，为以后的决策提供借鉴。

充分发挥智囊团的决策作用

领导者既要充分发挥智囊团的作用,又要使自己具有最终决策的独立性。既要科学地运用智囊团的参考方案,又要保证自己决策的有效性。不懂得依靠智囊团的领导就不是一个成功的领导者。

决策中的智囊团,也称为"头脑公司""外脑系统""思想库"等,是专门为领导提供决策服务的比较高层次和专业性的咨询机构。在这种组织中,集中了不同专业的自然科学家、社会科学家和其他各个方面的专家或专业人才,他们在各自的专业领域中有自己的专长甚至在年龄上也有自己的特点,他们组成一个庞大的综合知识库,为领导者出谋划策。

大名鼎鼎的美国克莱斯勒汽车公司总裁艾柯卡所创造的神话般的经济奇迹,就曾得益于智囊团的大力相助。克莱斯勒汽车公司在艾柯卡上台之前,由于没有意识到世界石油危机可能给企业带来的冲击,照样生产耗油量大的大型汽车,结果在1979年9个月中亏损7亿美元,打破了美国有史以来公司同期亏损的最高纪录。艾柯卡上台以后,大胆转型生产哈尔·斯珀利奇领导的公司咨询组设计的K型车,并在K型车的基础上推出了系列车型,重新打开了市场。经过三年的努力,艾柯卡不仅挽救和重建了克莱斯勒这家朝不保夕的公司,而且,1984年该公司盈利2.4亿美元,提前偿还了12亿美元的政府贷款。其股票从1981年的每股3美元上升到1984年的30.75美元。

由此可见，面对激烈的竞争，领导者如果从单一的或纯粹经验的专业方向出发，采取独裁的决策方式是无效的，必须着力于建立智囊班子及智囊机构辅助自己的决策。

智囊团的工作是根据领导者的目标要求而进行的，但是对于智囊团本身而言，它有自己的内在规律和工作程序，并有自己一套行之有效的方法。就其工作程序来讲，可分三步进行：

第一步，接受决策咨询任务，组建智囊团班子。

首先，智囊团的工作一般都是围绕着领导人提出的研究任务进行的，主要是了解领导人的意图和目标，全面掌握领导人提出该问题的背景和关键环节，明确研究问题的目标。其次，智囊团应根据问题的性质和所要研究的专题内容，选用、配备专业人员，组成智囊团班子，并有人专门负责。最后，智囊团应该在接受咨询任务之后，展开初步工作，进行初步调查，并根据初步调查情况制订工作计划。

第二步，全面进行调查研究，设计决策的评估方案。

调查工作计划确定之后，智囊班子即可按计划对所要研究的问题进行全面、深入的调查，收集数据、资料。有数据资料库的，可先检索有关摘要，然后根据需要检索原文再了解有关情况。如果展开市场调查，就必须深入到市场中去，了解与研究项目相关的信息，诸如价格、质量、产地、性能等，从而才能够对领导人提出的问题和有关指标体系进行分析、对比、研究，进而制定各种方案，并对各方案进行分析和评估。

第三步，多方征求意见，提出决策参考方案。

在对各种方案进行分析评估的基础上，经过反复论证，提出一个初步的研究方案，并召集有关人员，听取他们对该研究方案的意见和反映，有可能的话还可以与领导人进行思想沟通，听取领导的初步反映。然后，智囊团再根据各方面的意见和反映作相应的修改和调整，力求整个决策方案能够充分符合领导的要求和实际情况。大家集思广益，内部再进行反复的讨论与磋商，最终形成一个可行的决策参考方案，送呈领导者，供其决策参考。

当然,智囊团作为领导的"外脑",为领导提供决策参考,他们的职能和任务仅在于研究领导者提出的问题,为领导提供各种可供选择的方案,领导者则从中择优决断。决断是领导的职能,也是整个决策过程的最后结果。那么,领导应该如何对智囊团提供的决策参考方案进行择优决断呢?这其实是领导如何运用智囊团做正确决策的问题。

领导人在听取智囊团意见时,通常的情况是大家的意见大相径庭,这就要求领导者找出共同点。首先,要求领导者对各种方案虚心听取,不做任何判断,并在各种方案的不同点中找出共同点来。接着,设置处理、分析不同意见,使其趋于一致,汇集成为一个新的方案。这种求同存异的方法有几种技巧可用,具体如下:

第一,边际分析法。

这种方法是增加决策智囊人员人数,看他们对不同意见的看法,如果新增人员较多地趋于一种方案,则该方案较优。

第二,利弊分析法。

由于各种方案迥异,领导者可引导大家对各种方案进行利弊分析,促使各方以利补弊,弃弊趋利,互相取长补短,达成共识。

第三,冷却法。

让争论双方暂时停止争论,冷静下来进行反思,隔一段时间后再组织起来加以讨论。这样能够使大家有一个清醒的认识,反复权衡,选择出最优方案。

总之,领导者既要充分发挥智囊团作用,又要使自己具有最终决策的独立性;既要科学地运用智囊团的参考方案,又要保证自己决策的有效性。不懂得依靠智囊团的领导就不是一个成功的领导者。在激烈竞争的当下,领导者应该充分发挥智囊团的作用,灵活、有效地运用智囊团,使自己的决策处于合理的构架之中并在实践中立于不败之地。

上篇：三分制度

决策过程中要讲究的方法

现代科学证明，企业经营决策不可避免地要涉及大量的模糊问题，采用模糊思维方法进行决策是决策者的一项必备能力。

毛泽东曾经说过："领导者的责任，归纳起来，主要是出主意、用干部两件事。"这句话高度概括了领导者的关键任务，而这两件事都有一个共同的核心——决策。每一个领导者，甚至每一个员工，每天都要面对多个决策的机会。只知道决策理论并没有什么用，关键是在现实中如何切实提高决策水平。

西汉有个周亚夫，治军作战是个高手，汉文帝视察细柳营时看到了这一点，称其为"真将军"，并且在临终前跟他的儿子景帝交代，将来万一打仗，这是用得上的人物。"即有缓急，周亚夫真可任将兵"。很快，吴楚七国之乱爆发，周亚夫统兵上阵，与吴楚乱军对峙，充分发挥了他的军事才能。

这时，周亚夫面临着一个决策的两难选择。吴楚乱军剽悍凶猛，利在速决。周亚夫屯兵中原，以逸待劳。乱军打不过周亚夫，就去猛攻"居膏腴之地"的梁孝王。梁孝王吃紧，十万火急地向周亚夫求救，景帝也下达诏令让周亚夫救梁。周亚夫的日子就不好过了。如果救梁，等于放弃了起初制定的基本战略，这正是吴楚乱军所希望的。而如果不救梁，梁孝王是汉景帝的亲兄弟，万一有个闪失就得吃不了兜着走。对此，周亚夫的选择是抗

· 103 ·

诏不救梁，坚持原来的坚壁清野、固守不出战略。最后，这一战略果然取得了成功。吴楚乱军的粮道一断，军需匮乏，兵败如山倒。梁孝王死守睢阳，虽然万分危急，但总算挺了三个月，获得了胜利。

同样，在有限的人力、资金资源之下，企业要想完成各项企图达成的目标，关键就要看决策的好与坏。企业的关键决策过程一般包括以下几种方法。

一、果断

现代企业要求决策具有一定的效率，因为只有这样才能适应瞬息万变的市场竞争。决策时的犹豫不决、有意或无意地拖延常会降低决策的效率。在犹豫不决时，决策者首先要找出拖延的主要原因，才能对症下药，着手改进。

可以首先列出几个悬而未决的决定，然后认真分析，看这些问题为什么会进入决策系统，是从哪里进入的，并且要找出共同的原因。接下来要判断问题的解决是否在自己的权力范围内。如果是，就立即动手解决；如果不是，问题的解决还要依赖其他人的支持。这时可以设法制造一个能使决策过程的改进变得迫在眉睫的事件，并且要准备与对改革有最大影响力的人公开对话，不要漏掉每一个对改革有影响的人。可以将自己的改革建议与理由写成文稿，并举出特例，以增强说服力，而且自己的改变建议应包括两三个可供选择的方案。

在改革决策过程的方法中，可以有以下几种选择：

1. 组建高效率的团组，以便依靠团组的力量形成更好的决策方法。这个小组应当反映那些使决策过程被拖延的各个团组和部门的状况。

2. 使重大决策的范围缩至最小。这个范围应能保证取得很大的成功，以便树立信心，为下面的改革提供支持。

3. 下调决策制定的层次。发掘企业中能守信、有责任心、高素质的人才，给予他们相应的决策权，同时也要有制衡机制，防止这些人才做出对企业不利的决定。

4. 把决策过程划分为逐步递进的小步骤。让决策者做出第一阶段的决策，给予他们制定决策的机会，培养他们制定决策的能力，注意在与他们的交往中介绍情况，提供建议。当他们成功地制定了决策时，鼓励他们。

在你设法改进决策过程时，还要注意以下问题，以免出现差错。

首先，你不要把犹豫不决、拖延看作是别人的过错，不然，就没有人敢于提出自己的想法了。认真分析几个决策过程后，你会发现，事先准备得充分与否、呈报时的陈述方式都会对决策产生很大的影响，有时甚至是阻碍决策的主要因素。因此，有必要培养每个人的能力，让他们学会如何使重要的信息引起别人的注意，怎样写文稿，怎样将自己的想法、计划、提议或报告向读者明确清晰地阐述。

其次，要注意是否是全体下属都有躲避行为。如果是，就让大家共同讨论，想办法使全体下属学会采取行动，迈出前进的步伐。最好的办法是让大家共同参与，共同设想如何采取办法抛弃对躲避行动的容忍。

二、凭直觉

从前，几乎每一种主要的 MBA 的培养计划，都集中于向学生教授大量的决策模型。推动这一方法的指导原则似乎是如果不能使之定量化，它就不存在。

不过，这一理性决策方法的缺陷是显而易见的。因为实际情况可能是复杂多变的，理性模型的本质在于用系统性的逻辑取代直觉，以大量的固定模型来预测和决定一些未来的事，这可能会有很大的偏差。所以，直觉决策正在赢得商学院和管理人员中许多新的追随者的青睐。专家们不再不加以分析地假定直觉的运用是制定决策的一种非理性的或无效的方法了。越来越多的领导者开始相信，理性分析到了被强调得过了头的趋势了，在某些情况下，决策的制定能够通过决策者的直觉来改善。

直觉不是要被理性分析所取代——而是这两种方法是相辅相成的。在决策开始时使用直觉，决策者努力避免系统分析问题。他让直觉自由发挥，努力产生不寻常的可能性事件，以及形成从过去资料分析和传统行事方式中一般产生不出的新方案。而决策制定结尾的直觉运用，有赖于确定

决策标准及其权重的理性分析以及制定和评价方案的理性分析。目前，领导者最有可能使用直觉决策的八种情况如下：

1. 存在不确定性时。
2. 极少有先例存在时。
3. 变化难以科学地预测时。
4. "事实"有限时。
5. 事实不足以明确指明前进道路时。
6. 分析性数据用途不大时。
7. 当需要从存在的几个可行方案中选择一个，而每一个的评价都良好时。
8. 时间有限，并且存在提出正确决策的压力时。

三、模糊思维方式

现代科学证明，企业经营决策不可避免地要涉及大量的模糊问题，采用模糊思维方法进行决策是决策者的一项必备能力。

所谓模糊思维，首先，就其思维对象而言，它是关于模糊事物的理性认识。越是复杂多变的事物，模糊思维发挥作用的可能性越大。模糊思维的逻辑基础是模糊逻辑，使用模糊概念判断和模糊推理进行思维。其次，就其思维的方法而言，它虽然不像精确思维可以作精确的定量化、完全形式化表述，编成严格的程序，由机器来模拟再现，但它也有量的特征，有形式结构和逻辑顺序性，用近似模糊的方法在一定程度上加以形式化、数量化处理，是定性分析和定量分析的综合。

模糊思维是人脑思维的一个特点，也是其优势，这是电子计算机远不能比拟的。人脑能按并行线路进行平行的、整体的思维活动，它能取得尽可能多的信息，同时进行加工处理。虽然它还只能达到相当低水平的精确度，但却有相当高的可靠性。同样，现代企业面临着瞬息万变的外部环境，如果一切按定量精确计算，反而会贻误时机。相反，学会运用模糊思维方式却往往能避免这种情况的发生。

上篇：三分制度

提高管理决策的准确度

过去的辉煌已变为历史，过去的决策不一定就适合当前已经变化了的世界。如果你仍用以前的框框来指导目前的生意，期望从中找到共同之处，那只会使你失去更多认识新事物、把握其特殊性的机会。

钢铁业巨头肯·埃佛森说："从哈佛取得工商管理硕士可以说是不错的了，可是他们所做的决策有40%都是错误的。最糟糕的领导者做出的决断则有60%是错误的。"在埃佛森看来，最好的和最糟的之间只有20%的差距。即使经常出现差错，也不能因此就惧怕做出任何决策。埃佛森认为："管理人员的职责就是做出种种决策。不做决策，也就无所谓管理。管理人员应该建立起一种强烈的自尊心，积极地敦促自己少犯错误。"

20世纪90年代，在美国享有极高声誉的两家制笔公司展开了一场空前激烈的竞争。出人意料的是，实力雄厚、财大气粗的派克公司竟输得一败涂地，走向衰落，而克罗斯公司则乘机崛起，成了美国制笔业的新霸主。

知情者说，克罗斯公司的兴盛，关键是其反间计高出派克公司一等。

被称为"世界第一笔"的派克笔，于1889年申请专利，到那时已历经100余年而长盛不衰，年销量达到5500万支，产品销至全世界120多个国家和地区。克罗斯笔有90多年的历史，年销量有6000多万支。所不同的是，派克笔占领的是高档的市场，克

罗斯笔则热衷于低档的市场。这两家公司的产品流向并不是一开始就这样的，而是经过几番竞争才形成的。数十年来这两家制笔公司虽然在表面上井水不犯河水，但在暗地里却不断加强自己的力量，双方斗智斗勇，各使绝招。派克公司派出间谍多次策反克罗斯公司的技术人员，而克罗斯公司以牙还牙，利用收买对方关键人员和窃听等手段不断获得派克公司的经济情报。

20世纪90年代初，钢笔市场的竞争日趋激烈，为了在激烈的市场竞争中进一步拓展市场，派克公司任命了新的总裁彼特森。与此同时，克罗斯公司也在采取对策，除调整营销策略外，还加紧收集彼特森的兴趣、爱好以及上任后所要实施的营销策略。

由于种种原因，钢笔的高档品市场呈疲软状态，为了不使公司的经济效益受影响，也为了打响上任后的头一炮，彼特森意欲在拓展市场方面下一番功夫。正密切注视彼特森决策动向的克罗斯公司获悉这一信息后，立即召开会议研讨对策，决定实施反间计，和派克公司展开一场殊死的较量。

克罗斯公司通过一家有名气的公共关系信息咨询公司向彼特森提出了"保持高档市场，下大力气开拓低档产品市场"的建议。这正中彼特森下怀。咨询机构的权威建议，使彼特森没有把主要精力放在针对市场变化上，来改进派克笔的款式和质量，巩固发展已有的高档市场，而是采纳了开拓低档产品市场的建议，趁高档产品市场疲软之时，全力以赴地开拓低档产品的市场。

听到这个消息，克罗斯公司欣喜若狂，赶紧实施第二步计划。一是装模作样地召开应急会议，做出一副恐慌、胆怯状，制定出了和派克公司争夺低档产品市场的措施，给人的印象是克罗斯公司非常害怕派克公司前来争夺低档品市场，全公司上下一片恐慌，而且没有制定行之有效的应变措施。二是由公司总裁给派克公司总裁致函。声言两家产品市场的流向是有协议的，派克不

能出尔反尔，逾行规行不义之事。克罗斯公司这么一番逼真的表演，愈发坚定了彼特森的决策信心，紧锣密鼓地开始向低档钢笔市场进军。为了不使派克公司看出破绽，窥出有诈，克罗斯公司还做了几次广告，制造竞争的紧张气氛，摆出一副决战的架势。这一切使派克公司看在眼里，急在心头，为了抢先一步，派克公司凭借财大气粗和名牌效应，投以巨资大做广告，制造声势。

克罗斯公司见已达到预期目标，便倾全力向空虚的高档钢笔市场挺进。

尽管派克公司花了不小的力气，市场效果却收效甚微。试想，派克笔是高档产品，是体面的标志。人们购买派克笔，不仅是为了买一种书写工具，更主要的是一种形象，一种体会，以此证明自己的身份。派克价格再昂贵，人们也乐意接受。而现在高贵的派克笔却成了3美元1支的低档大众货，这还有什么名牌可言呢？派克公司顺利地打进了低档市场，但没有达到预期目的。

不仅如此，消费者像受了愚弄似的，拒绝接受廉价的派克笔。

作为一个决策者，如果掌握了正确的思路，决策者完全可以把错误率降低。正确的思路即是对决策的难易程度做到心中有数。尤其处理棘手问题时一定要格外谨慎。身为决策者，尤其要注意在决策时务必全面掌握信息，有时候出于种种原因，决策者还没来得及掌握全面的情况，就不得不凭直觉做出各种决策，在这种情况下做出的决策极可能是错误的。

另外，身为决策者，还要注意下列几个方面的问题：

1. 切莫过分自信。自信给人勇气，能使人做出大胆的决策。过分自信则是自不量力，毁人毁己。在体育界，这样的事例不少。

2. 不要墨守成规。许多人在做出决策的时候往往只凭经验，不去想环境发生了什么变化。他们会凭几年前的失败经验告诉你："老兄，5年前我就这么做了，根本行不通。"他们没有想到，5年后情况发生了变化，以前不适用的做法现在没准是恰逢其时。

还有一种人，他们死死抱住以前的规矩，不敢越雷池一步。他们顽固地认为"这个方法5年前有效，现在当然还有用"。在他们眼里，世界是静止的。

3. 情况不明。有位经理从不认为与之打过交道的人都会记住自己的名字。因此，每当第二次见面发现对方已记不起自己时，总是主动上前自我介绍，以避免重提过去的事使人感到难堪。

类似情况时常在商务谈判中出现，有人因为初次见面感到拘谨而不好意思将自己不清楚的地方提出来就参加谈判，甚至不认真思考就匆忙决策，他们没有仔细反省一下这样是否妥当。

4. 真理并非都掌握在多数人手中。靠团体的意见来决策并不能保证完全正确。在讨论中，坐在会议室的人都讲同样的话并不是件好事。这里面必然有其他因素作怪。当老板讲完或同仁发言时，迫于老板的威严，或不愿与同仁争执而伤和气，不少人总是予以附和，讲出雷同或不痛不痒的意见。这往往会使会议主持者和决策人难以了解真实情况，靠此作决定自然会脱离实际。

这种随大流的思想，不过是犯了"多数人的想法不会错"这种认识上的错误。正确的做法是，听取大家的意见后，经过论证和思考，等人都走后，自己再做决定。

5. 别被美妙的饰词迷惑。有两个投资合作项目，一个成功的机会是80%，另一个有20%失败的可能，你选哪一个呢？实际上这两个项目成功与失败的概率对等，只不过前者只提成功，后者强调了失败。在常理中，多数人总会选中前者，原因很简单，成功的字眼顺耳，使人兴奋。精明的销售员会用自己的口才去向顾客描述产品的优质、齐备的功能，以讲"好"来推销。但聪明的顾客是不会被这种表面现象和推销技巧所诱惑的，他会根据多方面的观察做出自己买与不买的决定。

6. 不过分迷信经验。许多商人总爱用老办法来处理新问题。过去的辉煌已变为历史，过去的决策不一定就适合当前已经变化了的世界。如果你仍用以前的框框来指导目前的生意，期望从中找到共同之处，那只会使你失去更多认识新事物，把握其特殊性的机会。

上篇：三分制度

7. 不忽略基础数字。当主管的人都有这样的体会，与基层的职工在一起交朋友，会使你得到更多的从高级职员那里听不到的信息。真正准确的报表应该是来自各个车间、工段。有不少经理往往忽视了报表的作用，对来自各方的信息和数字，只要与自己的主张对路，就认为业务上没有问题了，而不愿多下些功夫去挖掘更深一层的情报资料。例如，总经理问销售经理："这个月汽车销售情况如何？"销售经理回答："行情不错，已有50辆车被客户预订了。"如果掌握的信息更多，他就会汇报说这个月销售量与上个月或与去年同期相比情况怎样，与竞争对手比较又是如何。从50辆车的选型看，哪种品牌、哪种价格的车行情看好，应采取哪种促销手段就能卖出更多数量的车等。这些情况，对于每一个承担推销任务的人来说，都应该经常掌握。

人性化管理需要高效决策

企业管理的关键是决策，决策的关键是要人性化。同时，决策的人性化要有信息的人性化与之相适应，没有人性化信息的支持，人性化的决策是很难做到的。

很多人不知高效决策从何做起，而一些决策的书籍与理论又过于复杂与抽象，或者囿于高深的数学计算，这些在现实环境中并不好应用。

企业管理的关键是决策。管理决策的人性化可以从两个方面来认识：

一、决策目标从最优化准则向满意性准则转变

科学管理理论中的决策理论认为，决策目标的选择应遵循最优化准则，即寻求一定条件下的最优解。最优化准则是一种刚性准则，它的应

· 111 ·

用,只有在"决策时所有措施和方案都是已知的,而且第一方案所能取得的成果也是可以确定的"时候,才能实现。但是在现实生活中由于所处的环境和条件的复杂性,决策者既不可能找到一切方案,也不可能比较一切方案,因而"最优化准则仅仅存在于逻辑推理之中,没有实践价值"。

二、决策程序要求决策的科学化必须以民主化为基础

决策过程中民主化与科学化的关系类似于"多谋"与"善断"的关系。"多谋"体现民主化,"善断"体现科学化。

决策的科学化必须以民主化为基础。企业中重大问题的决策决不能只凭"长官意志"、一个人说了算,而必须由"一言堂"转向"群言堂"。

"一言堂"式的决策属于"刚性决策",它很难避免主观、片面、武断,危害极大。

"群言堂"式的决策是由相关人员独立自主地自由发表意见和建议,再以此为基础,进行综合分析,择善而从而形成的。由此形成的决策,称为人性化决策。另外,为了在决策中较好地实现民主化与科学化的有机结合,应建立"谋""断"既相对分开又相互制约的现代决策体制。这种体制的主要特点是平行地建立决策系统与决策支持系统两个相对独立的系统,以后者作为前者的"外脑",为决策系统最终进行科学决策充分发挥"智囊团"的作用。

企业管理的关键是决策,决策的关键是要掌握大量的信息,并对之加以科学分析,去伪存真,去粗取精。因而,决策的人性化要有信息的人性化与之相适应,没有人性化信息的支持,人性化的决策是很难做到的。

"一言堂"式的决策属于刚性决策、"群言堂"式的决策属于人性化决策。另外,单一化的信息可称为刚性信息,灵活、多样化的信息可称为人性化信息。人性化管理决策所需的信息是复杂多样的,而不是单一的。

这种复杂多样的信息可归为不同的科类,如数量信息与质量信息;财务信息、与非财务信息;静态信息与动态信息;内部信息与外部信息等。当然,这种信息的分类也有其不确定的一面,其表现是往往同一信息可归入多种不同的分类中。例如,用退货、返修次数反映的顾客满意程度既是数量信息,也是质量信息;既是内部信息,也是外部信息;既是物质层面

的信息，也是精神层面的信息。

（一）决策的天条是"客户需求"

"客户需要我们怎么做"应成为企业所有决策的标准。"我们做出这样的决策，对客户有什么好处？会怎样影响客户？我们还有没有更好地增进客户价值的方法？"我们必须在决策前回答这些问题。大到商业模式、企业战略制定，小到放假时间等细节安排，都要从客户需求出发来考虑。

本质上，企业的战略是否有效并且可持续、商业模式是否有竞争力，取决于它是否满足了客户尚未被充分满足的需求。该需求越重要，企业成功的概率就越大。

如家快捷酒店的成功看起来很简单——它只是发现了商务差旅人士高性价比的住宿要求：床睡着舒服、干净，洗浴方便，而娱乐、高档餐饮等是不需要"奢侈"的。所以，如家按照这个目标顾客群的需求设计自身的商业模式，既取悦了这个客户群，还有效降低了运营成本，取得了巨大的成功。看似"平淡无奇"的成功，根源是准确地把握了客户需求。

（二）客户的隐性需求往往是企业赢利的源泉

美国卡地勒健康公司（Cardinal Health），从一个进退维谷的药品经销商发展成位列世界500强、年销售收入近500亿美元的巨型服务公司。这个蕴含着无数次决策的成长过程的核心，就是一个不断满足客户隐性需求的过程。"客户的困难与烦恼，往往就是你的机会。"他们深入研究了他们的客户——医院的需求，不像传统经销商一样止步于把药品送到医院仓库，而是将服务触角不断延展到药房管理、病人药品分发、自动补货与结算、废药的环保处理等所有与药品有关的环节，甚至向上游延展到了药品的测试、封装等，帮助医院处理与药品相关的繁杂事务。帮助客户成长就是企业的商机，如果能够帮助客户对他的客户提供更好的服务，想不赚钱都难。

IBM对全球和中国CEO的调查也显示：4/5的最佳创新思维来自企业外部。企业外部中合作伙伴、客户成为主要的创新来源，表明了客户对于企业的战略决策是多么重要。

而像放假安排这样的细节规定，也应取决于客户的需要。

　　一些公司每年春节的放假安排并不按照国家规定，他们只问客户需要我们怎样安排才能支持他的业务运作。有一次，公司人力资源部提议圣诞节时下班很堵车，能否提前到4点下班，以提高员工满意度。老板首先表扬了该经理能够主动思考，其次问了两个问题：第一，那时客户放假了吗？第二，客户需要我们怎样为他服务？该经理经过客户访谈调研后，取消了提前下班的议案。这样一来，决策变得更为简单，在组织中也更容易获得共识。

（三）洞悉决策中的假设与前提

　　任何决策都存在假设与前提。你可能很清楚这一点，也可能在潜意识里有这个概念，但也可能对此一无所知。把握决策的假设与前提，对提高决策质量至关重要。而且，决策的假设与前提随着时间、环境等因素的改变而发生变化，此时往往需要进行相应的决策调整。

　　管理大师德鲁克认为，人们的决策是从其本人的见解开始的，所谓见解就是"尚待证实的假设"。例如，我们会假设客户有什么样的需求，竞争对手会做出什么样的反应，市场会以什么速度增长，等等。这些看似简单的假设对决策的影响却是根本性的。清楚地列出自己决策中的"假设"是一个很好的开始，因为我们可以通过搜集事实、争论去验证这些假设是否成立，从而改善决策质量；而且，在实践中我们要时时关注这些假设是否仍然成立，并相应地进行调整。

　　　索尼在发明随身听前进行了广泛的市场调研，但客户反馈令人沮丧：多数人认为他们不需要随身听这个产品，但是索尼依然决定继续开发，由此创造了一个伟大的产品和公司。当时索尼做出继续开发的决策需要巨大的勇气，其"假设"是"消费者需要随时随地地收听音乐和信息，因此他们应该会喜欢这个新产品"。最终，这个假设成立了。

　　因此，很多"假设"难以调查，往往是对趋势的一种判断，或者被称为赌博。越是创新的事物，其"假设"越无法调查，甚至无法准确判断。也因此，创新项目常需要风险投资来分担风险，同时分享判断准确后的巨

大收益。互联网圈里流行一个说法："大家都同意做的、都看得懂的业务就不要做了,因为别人肯定已经在做了。"这看似有些绝对,但却表明了创新业务的与众不同。

由此,引出一个决策的重要问题:保持弹性。一旦"假设"没有如预期那样成立,或"假设"发生了变化,决策也应有针对性的调整。因此,管理者对决策的"假设"必须非常清楚,而不是含含糊糊,不考虑"假设"就做出决策。最危险的决策就是存有大量的"假设"而不自知,或者根据大量想当然的"假设"做出决策。

另一方面,突破一些所谓天经地义的"假设",也是创新的重要方法。

(四)人性化决策可以发挥"异议"的宝贵作用

决策过程中,不同意见的作用至关重要。特别是在国内企业中,常常出现"一言堂"的模式,此时异议管理的价值更为重大。

德鲁克对决策中的异议管理有很多精彩论述:好的决策,应以相互冲突的意见为基础,有效的决策者甚至有意"制造"相互冲突的不同意见。他还论述了决策中"异议"的三点作用:唯有反面意见,才能保护决策者不致沦为组织的俘虏;反面意见本身,正是决策所需的"另一方案";反面意见能激发想象力,好比拧开"水龙头"才会流出水,激发争辩的"反面意见"正是想象力水管的水龙头。

在决策中发挥"异议"的作用,首先要求领导者有宽广的胸怀,能够突破自己的面子,能够实事求是。这说来容易,却不是轻易能做到的。

除了突破面子关,领导人还要有意识地去树立"对手",听一听"反面的声音"。例如,尽量不要自己提议案,而应由下属代提,这样引发争论的可能性才会更大——敢于直接与老板争论的人在国内是罕见的。一定要不厌其烦地多问几次"你有不同意见吗""你肯定你同意吗"等。

但最难的是管理者必须让周边环境(下属、下属的下属)也要接受与认同"异议"的价值,否则他们要么闭口不参与,要么依附于领导的观点,一旦有争论甚至误解高层之间有矛盾,就可能会被演绎为派系斗争。因为企业中缺乏争论的传统,"异议"对于很多领导者来说是陌生而可怕

的。因此，如何循序渐进地、透过充分沟通来推动组织成员接受与认同"异议"，进而在组织中逐步建立起"决策中的异议管理"机制，对中国企业领导者是一个现实的考验。

当然，异议是一个过程、一种方法，不是目的。如果不能达成共识，管理者就要有决断力与掌控力，需要"民主集中制"。决策产生后，虽然你未必完全同意这个决策，但所有相关人员都必须全力支持这个决策的执行。这就要求相关人员具有相当强的职业素养。

生意有成有败，人生有起有落，而"异议"是可以长期坚持的一种方法论，或者是一种帮助我们离成功更近的良好习惯。

（五）人性化决策决定决策者不应是"管理人"

人性化决策中，企业决策者应从"管理人"无限逼近于"理性人"。

IBM公司在中国建立了分析决策中心（BA）——一个集IBM硬件、软件、咨询服务能力于一体的虚拟机构。这是短时间内IBM在全球建立起来的六大分析决策中心之一。通过此类机构，IBM试图兜售"决策能力"。

举个简单的例子，一家银行要考虑如何在一个区域内进行网点布局设计，这涉及人口、地理、经济、时间和空间的多纬度变量。几年之前，在IBM中国位于北京上地的中国研究中心内，一帮年轻单身的软件工程师和一些数学家，开始尝试建立一个数据模型，以便在录入所需的变量之后，系统就能够给出一个最优选择。

用"管理人"假设代替"理性人"，最初是由决策理论派提出的。在后者看来，以往的管理学家往往把人看成是以"绝对的理性"为指导，按最优化准则行动的理性人。而决策理论派的代表人物赫伯特·西蒙认为，事实上这是做不到的，应该用"管理人"假设代替"理性人"假设。"管理人"不考虑一切可能的复杂情况，只考虑与问题有关的情况，采用"令人满意"的决策准则，从而可以做出令人满意的决策。

决策理论是在"二战"之后发展起来一门管理理论，它是以社会系统论为基础，吸收了行为科学、系统论的观点，运用电子计算机技术和统筹

学的方法而发展起来的一种理论。其定义决策分为搜集资料、拟订计划、选择计划和评价计划四个阶段。

虽说决策理论自诞生之日起，就一屁股坐在电脑机箱上，但像西蒙等学派开山人物却没有畅想过，有朝一日，计算机的能力能够使决策的制定逼近于完美的理性人决定。

（六）人性化决策的一般程序

企业经营人性化管理决策的一般管理程序要求，主要有六个方面：

1. 确定所做决策在企业整个决策内容体系中的位置，以避免顾此失彼而造成的失误。

2. 选择确定决策的分析方法，使决策建立在科学分析、优化论证的基础上。

3. 强调决策的每一个环节和步骤都要求在周密规划的基础上进行，以消除决策行为的随意性。

4. 细分决策过程和决策责任，做详尽的决策过程记录，以使参与决策的人能够以他对这个企业所实现的经济福利和权利、地位来承担责任。

5. 做详尽的决策过程记录，以便事后能明确决策的不同阶段、不同环节的责任人。

6. 严格企业决策管理，建立和完善决策管理制度规范。

保证决策得到正确执行

许多领导者都觉得改变主意是种无能的表现，而实际上恰恰相反，及时改变错误主意是明智的举动。这非但不会遭人耻笑，还能赢得人们的尊重。

成功的决策者绝对不会高估自己，他们会三思而后行，绝对不会为似是而非的好消息盲目乐观。

一次，一位富商想买一支球队。当时球队要价特别高，而他认为只要有钱什么都不用担心。过分自信迷惑了他的视线，使他看不到球员的巨额薪金和日渐下降的电视收视率，做这样的投资实在不如把钱放在银行里。然而还是有人在不断地下赌注，收购球队。过分自信使他们觉得自己承受得起这种昂贵的消费。他们相信风水会变，自己不会惨败，但结果往往是他们一败涂地。

对于决策者而言，在决策方案确定之后，并非决策已经完毕。相反，这只是其中一部分，如何实施决策，仍旧是非常关键的部分。就和水烧到了99℃但缺少最后1℃的火候，仍旧不是开水一个道理。没有切实可行的决策实施方法，这个决策必然会遭到失败，因此必须掌握一些技巧。

一、能够坚持

干任何事业，决策之后很可能都会碰到许多不曾想到的困难。这时，敢于坚持自己的决策是第一位的。未来事业的成功与否，也在于意志的坚定和百折不挠的精神，这一点对于决策者来说尤为重要。

二、学会改变

坚持自己的决策也要有一定的前提。当自己的决策明显偏颇的时候，就不能坚持错误，而是应该果断地寻求改变的策略。许多领导者都觉得改变主意是种无能的表现，而实际上恰恰相反，及时改变错误主意是明智的举动，这非但不会遭人耻笑，还能赢得人们的尊重。当然，如何圆满地改变自己的决策，其中也大有"学问"可言。

1. 选择一定的时机。如果情况发生变化，那你在一分钟内改变想法也无可厚非。不过在改变决策以前，最好还是选个最佳时机。

一般来说，做出决策与改变决策之间的时间越长，这种变化就越容易被人们所接受。因为，时间会使环境发生变化，环境又能让人发生变化，而且时间久了，人们也就渐渐淡忘了你以前所持的态度。

设想在一次会议开始时你赞成某事，而会议结束时你又持否定意见，那么在别人眼里你没准会是个反复无常的怪物。而要是在会议期间，情况发生了新变化，那么在别人看来，你这种改变实在是明智之举。

同样，在以上情况下，把宣布改变决策的工作放到会后，效果会更理想。你改变想法之前，经历的时间越长，你的新决策就越显成熟，看起来像是经过了深思熟虑。而且时间一长，人们会觉得那是你做出的一个新决策，而不是什么改变主意的结果。

2. 列出充足的理由。明确地罗列出你之所以改变决策的理由，别人就不会认为你朝令夕改。理由越多，大家就越相信这不是个草率的决策。这个道理再明白不过了，可是许多管理人员只凭直觉妄下断言。当部下问起为什么改变想法的时候，得到的只是诸如"因为我想这么做"或"我愿意选"那样硬邦邦的回答。从这些回答里，人们只能看到一个飞扬跋扈的老板形象。

总之，当你自己都说不清楚为什么要改变决策的时候，最好不要急于改变自己的想法。

3. 试着做一次武断的决定。假如你既没有拖延时间的借口，又找不出足够的理由，在这样的情况下，不妨试着做一次武断的决定。显然，这样的决策一旦宣布，肯定会招来一片质疑，可对于你来说理由总归是有的。

也许你手头掌握着一系列事实促使你改变决策。可现在时机未到，还不能把它们公之于世；也许这样的决策会损害公司的短期利益，但实质上却是个大有可为的长线投资；也许这完全是个根据事实推测出来的结论。在这样的情况下，你只好武断一次，尽管这种做法看上去不会很受欢迎，既称不上公道，又不易被人理解。

但你可以请求周围的人相信你。如果在此之前，你一直特别善于运用前面提到的两种改变决策的艺术，那么偶尔地武断一次也无伤大雅。

第六章
规范制度，让执行工作不跑偏差

在企业管理中，我们不能将执行只理解为落实目标，它是一个系统，贯穿于组织制定的整个战略实施当中，只有通过制度的监督才能确保目标达到、计划落实。在实际工作中，制度发挥着十分现实的一面。

管理制度有缺陷执行就不力

对不同级别、不同岗位的员工进行有针对性的培训，可以使员工避免许多常识性的错误，最终提高队伍的整体素质和工作能力。

在企业的管理实践中，通常会采取有效监督、不断跟进、充分授权等落实企业执行力的措施，对于规模比较小的企业来说实施起来要容易一

些，也容易取得成效，但是对于分支机构遍布全国的大规模企业，以上措施实行起来就比较有难度了。如何对逐渐膨胀的各级组织进行有效监管、发现执行过程的漏洞？如何对区域性的分支机构组织充分而有效地授权？如何保持各部门步调一致，对市场做出快速反应？如何在不影响员工业务水平的前提下，合理控制培训成本？这些影响到员工执行力的关键性问题成为许多大型企业管理层急于解决的问题。这些问题解决不好，不但不能解决员工执行力差的问题，而且还有可能给企业带来危机。

曾经在我国的保健品行业创下奇迹的三株公司由辉煌到沉寂的发展历程，从反面说明了越是大规模的公司越需要解决好各层组织执行的细节问题。

1994年8月，随着三株口服液的研制成功，三株公司正式成立，当年销售额就达到了1.25亿元。到了1996年，短短的两年时间内，三株的销售额已经发展到80亿元，业绩达到辉煌的顶端。此时的三株企业将销售组织发展到全国，一直深入到广阔的农村市场，在中国所有大城市、省会城市和绝大多数地级市注册子公司600多个，县级地方办事处达2000多个，乡镇一级的工作站则膨胀到13500个。为了追求高速度，三株广招人马，直接吸纳的就业人员为15万人以上，从此一个高密度覆盖全国各级城市和乡村的销售网络完全建立起来，其规模之大仅次于中国邮政网络。1997年，三株开始向医疗、精细化工、生物工程、材料工程、物理电子和化妆品等行业发展，一口气吞并了20多家制药厂，投资达5亿多元。

随着三株企业规模的不断扩大，重重危机已经逐渐凸显，管理上的失控就是其中的危机之一。随着组织规模的发展壮大，公司管理上的紊乱已经到了失控的边缘：销售部门浪费现象严重；销售人员腐败事件频繁发生；大量货款滞留在渠道里没有及时返回总部，造成资金大量流失；种种夸大功效、诋毁对手的事件频频发生。公司的营销执行力没有随着规模的扩大而增强，反而急

剧下降，使得三株销量出现大幅度滑坡，1997年比上年锐减10个亿。吴炳新在年终大会上痛陈"十五大失误"，其中包括大企业的"恐龙病"严重以及财务管理出现严重失控等。到1998年，一个年销售额达80亿元的保健品帝国倒塌。组织结构的庞大和复杂无疑会带来管理上的难度，导致决策执行不到位或者在执行中被扭曲的问题。其实三株企业的总裁吴炳新是个很推崇儒商的人，他的很多观点至今看来都是非常优秀的。但是，面对几十万的销售大军，他的思想很难准确无误地传达到基层，致使上面的政策得不到很好的贯彻执行。三株集团的灭亡，给后来者留下一个值得深深思索的问题——那就是大规模企业该怎样解决执行难的问题。

对于规模较大、管理层级较多的企业要在市场竞争中获得成功，不仅需要有正确的战略，而且还要保证正确的战略得到有效的执行，这就要做到：

第一，必须做好财务管理。组织层次复杂，人员庞杂，很容易出现资金上的流失。为避免这种弊端，可以将回款与员工奖金紧密挂钩，建立月内回款三次的考核制度，当天回款当天报告制度，坚持48小时回款制度。这些措施的施行可以有效地控制财务风险，保证资金正常、安全周转。

第二，必须加强员工培训。对不同级别、不同岗位的员工进行有针对性的培训，可以使员工避免许多常识性的错误，提高员工队伍的整体素质和工作能力。

第三，必须时时加强监控。组织机构和人员的任务越复杂、分布地区越广、权力越大、扩张速度越快，就越是要加强人员监控，大型企业可以建立专门的监察部门，不定期在全国各地的分支机构巡视，检查账目和钱物，及时发现问题，防微杜渐，也可以成立专门的保安部门，一旦发现员工的不法行为，可以追究其法律责任。

由此可见，对于那些人员多、分支机构多的大规模企业要将执行力落实到位，就要着重加强组织的可控性和行动的有序性，堵塞管理漏洞，预防尾大不掉的后果。

上篇：三分制度

把制度记在心里，执行才会到位

在一片没有路的土地上，开辟一条路是要花费时间的，如果我们把自己走过的路进行归纳和总结，让别人踩着自己开辟的路走过去，就能给别人节省很多时间，为社会创造财富。

在企业量化管理中有时量、数量和质量三个要素，它们是从上到下安排任务的执行标准。"时量"主要是指完成任务的时间，"数量"是指所完成任务的数量，"质量"则是任务要达到的标准。

这三个要素相互依存，如同三维空间中确定一点位置的三个坐标，缺少任何一个都会出现偏差，影响到准确性。

麦当劳规定：在鸡腿烤出20分钟后，如果没有卖掉就一定要丢掉，对于很多餐馆来说，别说20分钟，就是过了2个小时也舍不得扔掉。鸡腿烤出20分钟内就要消费，这就是标准，这就是麦当劳能够在全球迅速扩张的真正原因。

请仔细想一想，要做到这样一条看似简单的标准，背后需要做多少细致的工作啊！比如，客人太多汉堡不够卖时，现烤肯定来不及，而要让客人等，很可能会失去顾客；而客人少烤的鸡腿太多时，又只好扔掉，这会大大增加经营成本。

所以，既不能让客人等，又不能烤得太多而浪费，这就需要对顾客需求进行详细的纪录，找到客人数量与烤鸡腿数量的合理的比例关系，这样才能保证两者不误。这单单是烤鸡腿一项，其

· 123 ·

他食品以及服务还有相应的标准要去执行，可见这其中的细节是多么复杂。

为了使大家能够更细致地了解自我量化管理的方法，下面将把工作任务的标准做进一步分析。这实质上是一个把规则印在脑中的过程。

第一，必须了解工作任务的种类。

在量化任务之前，我们需要对每个岗位的工作任务有一个定性的认识，明确任务属于什么类型，只有做到心中有"数"，才能进一步地对任务进行操作。岗位工作任务从内容和性质上可分为管理性岗位和技术性岗位，从发生概率和频率可分为可见性任务和突发性任务。

第二，必须分解工作任务。

在分解工作任务时，我们可以把以前的工作任务进行总结，然后再分解成多个细节。在这里有一点是值得注意的，就是这些工作细节必须是由不可再分的点组成的，主要包括：

——工作任务名称，它可以告诉员工"做什么"的工作特点。

——完成任务所要达到的标准。比如数量、时间等，这一步骤是最为关键的部分。越详细越好；并要记住这些数据，以便做到心中有数。

——简明的内容和过程，概括说明本项工作任务的相关指标、方法和操作步骤等，要做到明白易懂。

第三，必须把细节加入工作行动。

把分解后的工作细节一一应用到工作行动中，在进行中每一步都紧靠细节要求。

只要按照这三个步骤完成工作任务，总体来讲就可以有效地避免"上级不满意""下级无功绩"的现象，不必让领导在安排任务时总说一些"赶快去办""抓紧去办"之类的催促之词。在现实生活中，我们经常会遇到这样的情景：一个向另一个刚接手一项新任务的人问：你到底能不能干，心里有没有谱啊？这个谱其实指的就是对规则和方法的把握，心里没有这个谱，十有八九工作要办砸。

在企业中，如果每个员工都建立一套自我量化管理法，一定会在工作

中起到有效的防范作用，使工作成绩变得可观。

在厦门航空公司曾经发生过一起飞行事故，飞机升空后起落架无法收回。问题处理过后，厦门航空公司写下了第一张 SOP。其中说明了飞机起飞前不要忘记起落架上面的插销，因为那次事故就是插销没有拔。飞机机身有任何地方在维修，都要系上一条红丝带。另外插销要怎么拔，拔了以后要后退几步，手要怎么举起，飞行员怎么看到，大家怎么打手势等都有十分详细的标准。再出现任何问题就可以查阅 SOP，找出问题的所在。

不管我们把一件事情做得怎么样，是成功还是失败，我们都该从中学到东西。一个懂得学习的人会进行认真总结，一个杰出的企业会把做完的事系统化。

很简单，以写说明书为例。微软产品的说明书都非常厚，因为它在实践中不断总结经验。而国内企业生产的如果是同样的一个产品，说明书就只是很薄的一本小册子。

我们总觉得，这么简单的东西哪里需要写得这么详细？这简直就是在浪费时间！其实在一片没有路的土地上，开辟一条路是要花费时间的，如果我们把自己走过的路进行归纳和总结，让别人踩着自己开辟的路走过去，就能给别人节省很多时间，为社会创造财富。如果每个人都想自己开一条路，不管是羊肠小道，还是崎岖山路，只要自己觉得能过去就行了，而不管后人，那我们的社会永远不会进步。

让每一件做过的事都形成系统的习惯，并不是一件容易的事。因此，把工作系统化不是一朝一夕的事情，需要长期的坚持，一个月不行，三个月，三个月再不行则更久，慢慢地就可以养成一种习惯。习惯了，就更容易坚持，偶尔不做反而会感觉缺少点什么。

我们每个人都应该把做完的事系统化，在建立个人的工作系统之前，要坚持这样三个原则：第一要规范，第二要认真，第三要研究。只有每一件小事都以认真的态度，规范的方法去研究它、做好它、让它形成系统，才有可能做出大事业来。

没有制度，企业运作无法规范

在企业运作实际过程中，真正由于制度本身不合理而导致制度执行力不强的状况并不是主要的问题，更多的问题是由于制度本身缺乏可执行性。

由于企业不同，企业执行力的侧重点就会有所不同。因此，同样的制度对不同企业的执行力制约力是有所区别的。按照对企业依赖的中心不同，可以将企业的执行力分为以下三类：

第一类，创新执行力。即对于已经取得一定竞争优势和市场强势地位的企业来说，能够超越原有运营规则而进行不断创新的能力。

对于许多执行力比较强的企业，尤其是已经取得一定竞争和市场强势地位的企业，需要通过创新执行力来不断提升企业的经营优势。

创新执行力需要企业员工能够突破现有的执行状况，根据企业和行业发展的具体特点，对原有的企业运营模式进行重新思考，进一步发现适合企业的新的运营模式，以维持企业在行业中的长久竞争力。

韩国三星电子公司的做法就比较值得借鉴。三星电子早期是一个依靠低成本扩张的企业，在市场上树立了廉价品牌的形象，而到了20世纪90年代，面对中国企业的低成本扩张态势，三星电子意识到靠低成本无法获得竞争优势，针对数字化技术的发展态势，三星电子毅然提出了要从数量为主转为以质量为主的经营模式，它们在市场上树立高端的品牌形象，于是企业的运营模式发生了转变。根据美国专业品牌调查机构 Interbrand 公司和《商

业周刊》合作的"2002年度世界100大品牌"排行显示，三星电子的品牌价值为83亿美元，居世界100大品牌的第34位，成为全球百大品牌中成长幅度最大的赢家。不仅超过了众多国际知名品牌，而且还成为上榜的亚洲公司中唯一一家非日本企业，从而与丰田、本田、索尼及任天堂一起成为亚洲五大品牌。

第二类，制度执行力。即主要依赖企业的制度，将企业制度严格贯彻和认真执行的能力。

相对于号令执行力，制度执行力的欠缺是大多数中国企业的软肋所在。制度执行力欠缺具体表现为：制度较多，但执行情况较差，有法不依的情况时有发生。

具体而言，制度执行力的高低取决于制度的合理性、可执行性、企业对制度执行的考核力度以及领导者对制度执行的身体力行程度4个方面。

第一，制度本身的合理性。如果一个制度本身制定不合理，那么员工必然会对这些制度产生怨言，员工执行这些制度的动力就不足。一旦制度执行过程中出现一点儿问题，员工就有了不执行制度的理由，从而拒绝执行制度，最终导致制度执行力的不足。

在企业运作实际过程中，真正由于制度本身不合理而导致制度执行力不强的状况并不是主要的，更多的是由于制度本身缺乏可执行性。

第二，制度的可执行性。长期以来，许多企业已经具有了比较完备的企业制度，但是具体操作起来，会发现这些制度的可操作性是比较差的。

从制度的可执行性方面，比较好的做法是以比较简单的方法来表示这些制度。例如工作流程，将相关的工作程序以流程图的方式表现出来，并注明具体的工作任务、涉及的部门、负责的部门和岗位以及需要进行的决策等。这样可使工作程序一目了然，这样操作起来也就便利可行了。

中国企业在业务流程化方面存在较多的问题。有的企业已经形成高效的业务流程，但在制度方面并没有予以表现，而仅仅停留在一些大部头的制度文本上。有的企业业务流程本身就比较混乱，有待于进一步地优化。

所以企业要提高制度的可执行性，必须建立相关的工作流程，而不是

按照过去的职能模式将规定写出来就万事大吉了。

第三，企业对制度执行的考核力度。有的企业建立了全面的制度，但没有相应的考核体系或者考核力度不够，使得员工遵守和不遵守制度没有相应的奖惩。长期下去，员工也就丧失了遵守制度的积极性。

一个好的考核体系，应该包括考核部门、考核标准以及奖惩标准。大多数企业在这方面做得不够全面，通常会出现考核部门、考核标准或者奖惩标准不够明确，这些都影响制度执行考核的顺利进行，最终导致企业制度执行力的下降。

第四，领导者对制度执行的身体力行程度。领导者对制度执行的身体力行程度在某种程度上反映了企业具有什么样的企业文化。一个好的企业应该具有制度执行力较强的企业文化。只有具有这样的企业文化，企业才能万众一心，朝着预定的目标前进。

优秀企业的领导者都是能够以身作则的，他们身体力行地带头建立这样的企业文化。很难想象，一个领导不能带头遵守公司制度的企业，员工能够遵守制度。要想提高企业的制度执行力，领导者应以身作则，在企业中塑造一个强有力的执行力文化氛围。

第三类，号令执行力。即主要是对人的依赖性，公司领导者一声令下，员工齐心协力将事情做好的能力。

对于一个企业而言，号令执行力可以分为个人号令执行力和团队号令执行力。由于号令都是由领导者发出的，号令执行力在某种程度上反映了领导者进行正确决策的能力和领导者在下属中的威信。

在不同的企业中，宣传和突出的重点不同，号令执行力的表现也不同。有的企业善于宣传和突出最高领导者个人，这时企业的号令执行力往往就是个人号令执行力，而以团队为导向的企业，其号令执行力往往就是团队号令执行力。

一个依靠个人号令执行力的企业，往往存在较大的经营风险。在中国企业中，这种强大的号令执行力更多的是个人号令执行力，其来源于优秀的企业领袖，例如海尔的张瑞敏、联想的柳传志和长虹的倪润峰。而大家

讨论较多的企业接班人的问题,实际上是个人号令执行力转换的问题。过去的企业领导人的个人魅力和决策能力使得他具有很强的个人号令执行力,一旦新的接班人上台以后,他的个人魅力和决策能力暂时无法为企业员工认可和接受,他的个人号令执行力将无法树立。这时,企业运作往往会出现较大的动荡。

而优秀的成熟企业的号令执行力则表现为团队号令执行力,即高层管理团队所表露出来的号令执行力。团队号令执行力一般不会因为领导者个人的变更而产生较大的影响。而从个人号令执行力向团队号令执行力的不断过渡将是企业从不成熟迈向成熟,从成功迈向卓越的具体表现。

在初创型的企业中,号令执行力往往是比较强大的。因为这一时期,人们的团结精神十分突出,而且这时企业尚没有建立完善的制度,那么企业的运作主要依赖于领导人的英明决策。只要员工认可了领导者的决策,就会不遗余力地执行。

而在一个大企业中,号令执行力的强弱可以反映出一个企业领导班子的团结程度和领导层的决策能力。事实上,优秀的大企业,号令执行力都是十分强大的。

制度执行力永远是企业长远发展的基石,任何一个企业如果没有强有力的制度执行力做保障,企业的运作也就无法规范,企业的许多优势也就不能维持,企业的稳定发展更是无从谈起了。

执行制度绝不能有例外情形

服从制度,不能有任何借口。领导者不能抛开制度打招呼、批条子,更不能以借口或特殊贡献为某些违规行为开"绿灯"。

三分制度七分执行

在平时工作中，为何有些老板总有这样的感觉：制度非常严密，规章也非常细致，为什么在一些领导身上还是会出现一些违反企业制度的行为，而让员工不能满意呢？究其原因，这主要是在执行制度时有了例外。因此，要堵住违纪，领导作风建设能开展得实实在在，让员工对我们的干部队伍作风建设满意，真正做到以人为本，就必须做到服从制度时不能有例外。

在制度面前人人平等。领导应该是服从制度的模范，领导是决策者，更应该有服从制度的严肃性和主动性意识，而不应该超越制度、凌驾于制度之上。那样，既破坏了民主，也亵渎了法规制度。制度如果成为某些人随意搓揉的面团，员工便会丧失对领导的信任。因为领导有了例外，也就会有人进行模仿。为何我们在办事时，不是凭制度、凭规章，而首先想到找熟人、托关系，这实际上也昭示了制度可以放在一边，通过找关系或找熟人把不能办成的事办成的不正常现象的存在。这种领导者在服从制度时的例外，具有极大破坏性的示范和教唆作用。

服从制度，不能有任何借口。领导者不能抛开制度打招呼、批条子，更不能以借口或特殊贡献为某些违规行为开"绿灯"。领导者嘴上要求严格服从制度，但一旦碰到特殊情况，就借口说某某对我们有贡献、某某是上级领导，以后在资金、项目上能够多多关照我们。那么上级又凭什么在服从制度时随意而"自由"？难道奖金的下拨和项目的确定，就是个别人说了算的？这不是在服从制度时有了例外，让个别人享有特权吗？

《明史杂俎》记载，朱元璋有一次问群臣，天下何人最快乐？有人说功高盖世者最快乐，有人说金榜题名者最快乐，有人说富甲一方者最快乐，而一个叫万钢的大臣回答："天下守法者最快乐。"朱元璋听后大悦，夸赞万钢"见解甚是独到"。

可以说"天下之事，成于惧而败于忽"，只有有所敬畏，才能做到"有所为、有所不为"，才能保持清醒头脑。与个人作用、个人责任相比，制度更带有根本性、全局性、稳定性和长期性的作用。因此，要着力在领导中树立规范面前人人平等、制度面前没有特权的意识。把"越规者，规

· 130 ·

必惩之；逾矩者，矩必匡之"作为警戒。

有了小方面的例外，就会有大方面的借口。一些领导者就从小处开始，先是为熟人开后门，办些小事，再到为亲朋好友提拔任用拍板，无不是从服从制度有例外开始。也正是因为有某些领导这种"带头"精神，在企业内也就有许许多多违法乱纪的行为发生而不能及时被发觉。况且，服从制度的例外，也不是普通人能"例外"得起来的。即使想例外，也得找领导者或权力部门才能例外得起来，这当中就会产生必然的违纪行为了。

因此，应该倡导在制度面前人人平等的精神，无论谁都不应该有特权和例外，领导者不仅要在服从制度上做表率，还要在全社会营造出严格服从制度的氛围，让大家做服从制度的模范，做服从制度的监督者。破除例外，尽显公平，这才是我们享有尊严和拥有体面的基础。

执行不力是因为监督不到位

有些事情不及时加以监督，就会给组织造成直接或间接的损失。但是，监督和控制若是操之过急或是力度不足，同样会产生反作用。

很多企业在执行实践中，常常会出现执行不力的情况，一般有两条：一是执行不力的恶果反馈，一是监督考核的发现。第一种发现是被动的，第二种发现是主动的，这种发现更具有意义。

监督就是追踪考核，确保目标达到、计划落实。虽然谈到监督会令人产生不舒服的感觉，然而在实际工作中，它却发挥着十分重要的作用。有些事情不及时加以监督，就会给组织造成直接或间接的损失。但是，监督

和控制若是操之过急或是力度不足,同样会产生反作用:监督过严会使下属口服心不服,监督不力则可能使现场的工作纪律也难以维持。

一、监督是对制度的提醒和强调

工作的监督如果得不到严肃的对待,清晰而简洁的目标就没有太大的意义。很多事情就是因为没有及时监督与控制,而错过了解决问题的有效时机,小问题变成了大问题。

这里面有两种情况:一是没人监督,二是监督的方法不对。前者是只要做了就行,做得好与坏没人管;或者是有些事没有明确规定该由哪些部门去做,职责不明确,所以无法考核。常见的如企业中的管理真空或者管理重叠问题,后者是监督或考核机制的不合理。

1997年,美国安然公司为了保证员工不断进步,采用了一套绩效评估程序:对同层次的员工进行横向比较,按绩效将员工分为5个等级,这些级别将决定员工的奖金和命运。

但是,事与愿违,这套系统实际上形成了个体重于团队的企业文化。有位老员工说:"原因很简单,如果我和某人是竞争对手的话,我为什么要去帮他呢?"

到后来,这种压力拉动型的绩效评估机制也就逐步转化为一种拉帮结派的官僚系统。有些经理开始捏造问题、篡改记录,赶走那些自己看不顺眼的员工。公司的衰败也就不可避免了。

在组织目标落实中,问题的出现是不可避免的,问题对执行过程会造成不利的后果,此时,在查找问题时要先查找制度问题。

二、监督是落实的灵魂

监督是落实的灵魂,所有善于落实的人都会去监督组织所制订计划的落实情况。

监督能够确保一个组织按照规划的时间进度表去实现目标。不间断地监督和跟进,就能够有效地暴露出规划和实际行动之间的差距和问题,并迫使管理者采取相应的行动来协调和纠偏整个工作的进展,以完成阶段性和整体性的目标。

三、监督控制的方式

工作监督控制通常有三种方式：其一是管理者依据工作计划进度与事先预计安排自己在合适的时间去跟踪检查；其二是约定执行者在什么时候、什么情况下，应该汇报工作进度与相关情况及相关原因；其三是相关职能人员应在什么时候进行跟踪监控与回馈信息或递交报告等。

四、监督结果的处理

好的结果要给予表扬、肯定、甚至奖励，并总结成功经验；对于坏的结果则要及时纠正。要总结经验教训，同时要追究责任。

追究当事人责任包括为什么会是这种结果，是什么原因导致的，怎么去预防和改善，要当事人做出承诺和依情节轻重给予适当的处分两个层面。对表现不佳者的纵容几乎是所有公司管理者的通病，这将导致这种坏习惯像"瘟疫"一样四处扩散传播和复制。这种现象导致的破坏性影响是极为深远的，一定要认真对待才行。

监督的作用是为了及时、有效地发现执行不力的倾向，及时提供正确的制度保证。

第七章
制度的关键在于落实责任

工作就意味着落实责任,要想落实到位,责任意识是基础。强烈的责任感和事业心是提高执行力的内在动力,只有拥有"在其位、谋其政、尽其责"的责任意识,才能尽心尽责做好每一件工作。

一流的执行离不开一流的把关

尽管有明确的制度,但如果只是贴在墙上,没有落到实处,责任当然就会不到位,执行必然会出问题。

责任要彻底到位,还需要一流的把关作为保证,否则即使执行不缺位,也有可能因为疏忽或考虑不周而导致执行得不完美。

所谓一流把关,就是对交到自己手上的工作,要检查再检查,细致再

上篇：三分制度

细致，考虑再考虑，以确保执行得万无一失。

雷英夫是周总理的军事秘书，曾经担任总参作战部长。他就是一个能够帮助领导把关、高度负责的人。

有一次，周总理带领我国政府代表团出访某国，将与该国政府签订一个很重要的协定。

经过一系列的工作，协议写得很好，眼看第二天上午就要举行签订仪式了。这时候，随行的雷英夫却找到周总理，说他看出了协定文本中的一个问题。

原来，国与国之间重要协定的签署，按国际惯例都是用法文作为正式的文本，因为只有法文的表达才是最准确的，但雷英夫部长在最后一次审定文本时发现正式文本上少了一行文字，便找到周总理。

周总理便问雷英夫，好像你不懂得法文啊，你怎么知道有问题呢？

雷英夫说，我虽然不懂，但我看出法文本的协定比中文本的少了一行字，这不是小事。

周总理十分重视，马上布置对文本进行了重新校对，直到万无一失，才与某国签订协议。

事后，周总理对雷英夫大加表扬，称赞他是一个高度负责任的人。

一流的把关，不仅来自执行前的再三检查，也来自执行中对多种可能性的了解和考虑，以随时做出调整。

美国著名演说家格里·富斯特讲过一个发生在自己身边的故事，通过这个故事，我们可以更好地理解"一流把关"的含义。

作为公众演说家，富斯特意识到自己成功最重要的一点，就是让客户及时见到他本人和有关他的材料。为此，公司还专门为他配了一名助手负责。

前后两任助手——琳达和艾米的不同表现给富斯特留下了很

深的印象。

8年前,富斯特去多伦多参加一个会议。在芝加哥换机时,他给琳达打了一个电话,以确认是否一切都已安排妥当:

"琳达,演讲的材料送到多伦多了吗?"

"6天前我就已经将材料寄出去了。"

"他们收到了吗?"

"快递公司说他们保证两天后送到。"

尽管如此,富斯特还是有点放心不下。从表面上看,琳达已经将该做的都做了,甚至还提前几天将材料交给了快递公司,为意外情况留下了时间。

但似乎还是有疏漏,那就是她没有确认结果——材料是否已经送达。

结果,当富斯特赶到会场时,他的材料还没有送过来,为此,他不得不将重要的话题挪后,直到材料送来。

8年后,富斯特又一次前往多伦多参加会议,同样是在芝加哥,换机时,想到8年前的经历,他心中有些忐忑不安,于是他拨通了后任助手艾米的电话:

"我的材料到多伦多了吗?"

"会议负责人丽西亚说材料三天前就到了。"

接着,艾米又说:

"另外,丽西亚告诉我听众人数可能比原来预计的多400人,为此我又多寄了600份材料,这些材料也已经到了。

"还有,她问我您是否希望演讲开始前让听众手上都拿到资料。我告诉她您通常是这样做的,但这是一个新的演讲,所以我也不能确定。

"所以,她决定在演讲开始前才发资料,如果你不同意这样做,可以提前告诉她。我这里有她的电话号码,您可以记下来,随时跟她联系。"

艾米的一番话，让富斯特彻底放下心来。

富斯特的这个故事，充分说明了一流的执行力必有一流的把关的道理。

毫无疑问，琳达也是一位负责任的员工，她不仅寄了材料，而且为了保险起见，还提前了几天。但由于对结果没有把好关，而让富斯特陷入了很被动的境地。

而艾米则恰好相反，处处把关，不放过任何一个细节，让富斯特处处占主动。

从这些优秀的执行者身上，我们学到了什么才叫有责任心：

一、不管是不是自己的"本分事"，只要与单位的工作有关，就要认真负责

如雷英夫，协议的文本照理与他无关，但是为了对国家的事情负责，自己主动去做检查。

二、能力重要，但责任心比能力更重要

雷英夫不懂法文，可是他却能发现法文文本中的错误。这说明了什么？很多问题的发现和解决，首先靠的是责任心，而不是专业能力。

有责任心缺乏专业能力，可以想办法去发现和解决问题；有专业能力但缺乏足够的责任心，也有可能难以发现和解决问题。如果有了责任心再有专业能力，那就如虎添翼，可以达到最佳效果了。

三、执行一定要问结果

执行千万不能像琳达那样，只重过程，不问结果，而要学艾米，一定要对结果进行确认。这样，万一出现什么意外，也能及时查明原因，采取补救措施。

四、要及时了解事情的变化，以便迅速地做出调整，保证每个细节都万无一失

正因为及时了解到听众可能会比原来预计的多400人，艾米才能及时将不够的材料寄过去，不至于措手不及。

很多单位都强调员工的自觉性。但责任要到位，光靠自觉是不行的，

必须用制度来保证。

但制度也得落实到位。很多时候，单位的制度只是贴在墙上给人看的，并没有真正落实到执行中去。

要想责任到位，制度就不能形同虚设，而必须从墙上走下来，用到工作中的每一个环节、每一个细节当中去。

在现实中，有很多因为制度形同虚设而导致执行出问题的案例。

"雪印"曾是日本首屈一指的牛奶制品厂家。

它创立于1925年，在日本拥有34家奶制品工厂，年销售额在54亿美元左右，居同行业之首。

然而，自2000年6月27日开始，大阪、京都、奈良等日本关西地区的居民因喝下"雪印"相继出现呕吐、腹泻、腹痛等食物中毒症状，仅一天，大阪市卫生部门就接到200多起投诉电话。

紧接着，"雪印"的另一种鲜奶制品喝后也出现了中毒事故，而且中毒现象多达1.4万起。

中毒事件立刻引起了日本全社会的震惊，大阪警方立即着手进行调查。

中毒原因很快查清，"雪印"大阪工厂生产的鲜奶中含有金黄葡萄球菌霉素，这些细菌滋生在生产牛奶的输送管道阀门内壁以及阀门附近管道的内壁。

内壁为什么会滋生细菌？警方通过调查发现，原因是雪印乳业公司大阪工厂的工人没有按规定操作。

据调查，雪印乳业公司有严格的卫生制度规定，生产线要每天进行水洗，每周进行一次手洗杀菌处理。

但大阪工厂职工在回答警方询问时却表示"这几年基本没有按规操作"，并且承认："3个星期没有清洗。"

几乎一夜之间，"雪印"这个日本奶制品王牌就名誉扫地了。

我们不难想象，要想在这次灾难之后重建公众对"雪印"的信心，企业要花费多大的精力、物力和财力？

上篇：三分制度

尽管有明确的制度，但却只是贴在墙上，并没有落到实处，责任当然就会不到位，执行必然会出问题。

"雪印"因为制度没有落实到工作中而酿成了悲剧，同时也有很多企业因为严格执行制度而保持了经久不衰的活力，如麦当劳。

麦当劳的制度非常严格，比如坚持用100%的纯牛肉，供应来源必须符合国际标准，要通过40多项指标的严格测试；如炸出来的薯条在保温槽中摆放的时间超过7分钟就必须扔掉……

正因为将制度严格落实到了每一个细节，麦当劳才能始终如一地保持良好的品质。

所以，制度一定要从墙上走下来，为了保证这一点，需要做到：

1. 有了制度，就必须落实到执行的层面。

2. 如果没有执行，就一定要对不执行的人采取惩罚措施，以强化执行。

将责任深深地种在脑袋里

在这个世界上，没有不需承担责任的工作，相反，你的职位越高，权力越大，你肩负的责任也就越重。

吉列公司董事长兼CEO吉姆·基尔特斯是一个善于拯救那些濒于崩溃企业的行家里手。

当基尔特斯在2001年2月接手企业时，吉列是一个生产消费品的烂摊子。这家Mach3剃刀、金霸王电池和Oral-B牙刷的制造商曾经业绩辉煌，但却连续14个季度没有盈利。五年来，销售收

· 139 ·

入和盈利均没有增长，三分之二的产品市场份额下降；这家位于波士顿的公司的股票已从过去的热门变得无人问津，其价值在1997年至2000年间下降了30%。

基尔特斯认为，处理问题的第一步就是：让公司问题成为你个人的问题。到吉列的第一天，他就试着让人们了解这一点。"你必须有责任感"，他安然地坐在位于波士顿培基大厦48层的吉列总部的办公室里这样解释道，他双手交叉放在桌上，神情严肃，让你联想起一位小学校长，"人们总是喜欢说'是管理层让我这样做的'。好吧，我们全都是管理人员。"

在一次各部门全体负责人参加的会议上，他要求大家举手发表意见："你们中间有多少人认为我们的成本过高？"房间里的每个人都立刻举起了手。然后他问："你们中间有多少人认为自己的部门成本过高？"没有一个人举手。基尔特斯认为，这是"问题"企业经理们的一个普遍回答：每个人都知道存在问题，但是没有人认为是自己的问题，而这就是基尔特斯开始的地方——他要使问题成为他的问题。

所有与基尔特斯共事的人都知道，这位芝加哥人非常严格，要求非常高。现在和原来的同事们都使用同样的形容词描述他，"要求严格"、"要求高"和"高效率"等词语一再出现。基尔特斯对预算的审核极其严格，不论一个项目花费5000美元或500万美元，他都会仔细审查所花的每一分钱。如果你的业绩不能达到他的要求，他就会去找能够达到这一要求的人。

在他30年的职业生涯中，基尔特斯设计出了一个拯救"问题"企业的"蓝图"。基尔特斯坦率地谈论了这一"蓝图"，以及他如何将其应用到吉列。正像他本人承认的那样，这不是尖端的火箭科学，但这也是一个一丝不苟和步步到位的过程。他没有梦想吉列宏伟的远景，而是晚上工作到深夜，考虑卖电池应该使用6只还是8只包装。他没有集结全体员工大讲吉列如何能够改

变世界,他做的是放幻灯片,与竞争对手比较费用的高低。这并不引人入胜,也没有特别的吸引力,这仅是一个正统的经商之道,而这的确奏效了。

在正式上任6个星期以前——基尔特斯就对吉列的问题进行了详细调查。他审查以往的年报、华尔街的研究以及业界的评论。他行程数百英里与吉列的销售人员一起出差,走访商店,视察仓库和制造厂。他研究吉列的广告,并仔细阅读消费者的反馈。

在拜访吉列的一家大的零售商时,一位客户坦率地告诉他,如果要从吉列那里采购,他会等到每季度结束的那周。"因为我知道,为了成交,吉列在那个时候总会压低价格。"正像基尔特斯发现的那样,吉列的销售人员普遍采用一种称为"快速交易"的有害商业行为。为了完成每季度的定额,他们乐于做任何事情——在交易时提供大幅度的折扣,提供新的产品包装以及其他的种种优惠。这种做法并不违法,在许多行业也很普遍,但通常不是一种精明的商业行为——所以吉列不应该采取这种做法。

吉列开始了基尔特斯式的严格管理。在最初上任的六个月里,基尔特斯推出评分制度,停止"快速交易"行为,彻底检查公司的财务报告系统。每天早晨,基尔特斯和他的高级管理层都会得到前一天刀片、电池和牙刷销量的准确报告。为了加强财务约束,基尔特斯还实行了他称之为"人头费零增长"政策。

现在各部门负责人必须与同行业中最强的竞争对手在费用方面进行比较,结果,基尔特斯发现公司财务部门的费用比竞争对手高出30%~40%,人力资源部门的费用高出15%~20%。基尔特斯让每个部门自己想办法,将费用降低到行业水平,每个部门都必须做到。

这位首席执行官也彻底检查了吉列的供应链,在他上任前,吉列各部门单独采购厚纸板、铝、钢和塑料等原材料。事实上,

直到基尔特斯要求各部门进行统计之前,没有人准确了解公司在全球各地采购的支出(接近几十亿美元),各个部门间缺乏协调。吉列部门现在统一采购,意味着节省了大约2亿美元的开支。

通过这一系列的改革,吉列公司走出了困境,步入了迅速发展的快车道。

"你必须有责任感",基尔特斯的话语可谓一语中的。工作就意味着责任,在这个世界上,没有不需承担责任的工作。相反,你的职位越高,权力越大,你肩负的责任也就越重。将公司问题视为你个人的问题,你才能全身心地投入到问题的解决当中去,你才能将问题出色地解决掉。

一个合格的管理者首先要有责任心和使命感。既然公司授予了我们职权,我们就要承担起相应的责任,为公司解忧,把公司的事当作自己的来做。责任感不仅是管理者立足于社会、获得事业成功的必要条件,也是管理者至关重要的人格品质。

任何时候都把责任放在首位

只有把责任感放在第一位,才能责无旁贷地承担起任务,才能千方百计、穷尽一切可能,保证执行完成、到位。

任何执行要到位,最重要的是责任要到位。只有把责任感放在第一位,才能责无旁贷地承担起任务,才能千方百计、穷尽一切可能,保证执行完成、到位。责任到位包括单位的工作,更包括执行者本身的努力。更明确一点说:执行者的责任感到位,是执行到位最重要的保证。

很多人永远都不会忘记1976年7月28日这个日子,这一天,唐山发生大地震,24万多人被这场突然而来的灾难夺去了生命。

上篇：三分制度

在很多人的印象中，这次地震的第一报信人一定是唐山市委或市政府的领导。

但实际上，给党中央报信使党中央准确了解震中位置和情况的，是一位煤矿的普通干部，一个叫李玉林的唐山人。

整个报信的过程是这样的：

当天凌晨三点多，正在熟睡中的李玉林被地震震醒了，他跑出去一看，立即被眼前可怕的景象惊呆了。当时他的第一个念头就是赶紧去矿上看看工人怎么样了。

在去煤矿的途中，他经过了自己父母的家，但是为了争取时间，他没有进去。

一路上，四周静得可怕，房子全倒了，只剩下一片废墟。到了矿上，李玉林看到的又是一片狼藉。他转身又朝市委大楼跑去，到了那里，他才发现市委大楼也已经被夷为平地。

军人出身的李玉林突然意识到：必须尽快向党中央汇报灾情，只有部队才能应付眼前的局面，而只有党中央才能调动部队。

这时，矿上的救护车正好开了过来，李玉林马上将车拦住。

碾过瓦砾，救护车驶入起伏不平的道路，在寂静与黑暗中颠簸、摇摆，拼尽全力一路奔驰向西，直奔首都北京。

经过千辛万苦，李玉林终于到了中南海，向几位副总理汇报了唐山的情况，而在此之前，中央没有收到关于唐山地震的任何具体情报。不仅如此，李玉林还迅速画了一张地图，标明了出入唐山的各个路口，还大致标明了各机关、厂矿的位置。

就这样，李玉林的报信为党中央指挥开展救灾工作赢得了宝贵的时间，也因此挽救了无数唐山人的生命，而他自己，却在这场地震中失去了14位亲人。

在这个故事中，我们看到了一个如何用责任感保证执行完成任务的典型。

一、责无旁贷："这就是我的责任"

为什么那么多人，只有李玉林想到了要去向党中央报信？因为面对突

如其来的灾难，李玉林首先想到的是：让党中央知道情况，赶紧开展救援工作，是我责无旁贷的责任！

二、当仁不让：主动执行

按常理，发生这么大的灾难，首先报信的应该是唐山市委、市政府，但当时市委大楼已夷为平地，而交通和通信又全部中断，这时候，哪怕有一个人能早一分钟去报信、多一个人汇报情况，对党中央早一点儿开展救灾工作、进行更周到的部署都是极为宝贵的，于是，李玉林当仁不让地主动承担起了执行任务。

三、先公后私

李玉林在地震中失去了14位亲人，甚至在路过父母家时，他都没顾得上进去看一眼，这并不是他没有感情，而是因为肩上那份沉甸甸的责任。

对工作负责，就是对自己负责。

更确切地说，对工作负责，就是对自己的成长和发展负责。

如果执行中总想着"这和我无关""那不是我的责任"，那么，不仅当不好一个执行者，而且会成为单位中最不受欢迎的人。

一天，一家珠宝店来了两位客人，他们在一个柜台前坐了下来，说要看看钻戒。

于是，销售员就将几枚贵重的钻戒拿出来让他们挑选。

就在两位客人仔细挑选时，又进来了一位客人，要求销售员将一条项链拿给他看看。

项链在柜台的另一端，于是销售员就走过去拿项链。趁着这个时候，两个看钻戒的客人迅速将两枚钻戒放进口袋里离开了，而看项链的人也随之离开。

当销售员发现钻戒丢失时，为时已晚，3个人早已不见踪影。

珠宝店因此损失了十几万元。

销售员警惕性不高、责任心不强固然是造成这次失窃的主要原因，但让人匪夷所思的是：她旁边两个柜台的同事当时都没有客人，而且也看到了这一幕，但却没有制止。

原来，这两位同事之所以视而不见，是因为之前她们和失窃柜台的销售员闹了点小矛盾，于是想借机"惩罚"她一下。

结果，3个人都被珠宝店辞退了。

毫无疑问，员工责任心不强是导致珠宝店损失的主要原因：对于如此贵重的钻戒，销售员应该每次只给客人拿一个，而同时拿出好几个，无疑就让对方有了可乘之机，而且，不管遇到什么情况，都不应该擅自离开。

而对于她的两位同事来说，因为不懂得"团队的事就是自己的事"这个道理，结果搬起石头砸了自己的脚。

无论是对自己的工作缺乏责任心，还是对别人的事情漠视，结果都会阻碍自己的发展，甚至四处碰壁。

对工作负责就是对自己负责，是因为：

1. 你是单位的一员，关心单位和做好工作就是你的本分。

2. 有责任心的人，往往会得到更多的机会。相反，你就会成为单位里可有可无甚至不受欢迎的人。

3. 对工作的责任感会成为我们能力提升的激发器和加速器。

只有当我们想将工作做好、将执行做到位时，才有动力不断想办法、动脑筋，让自己的能力得到最快速的提升。

责任到位，执行才能到位

执行中最怕说"这是你们所有人共同的责任"。所有人都负责，结果往往是所有人都负不起责。有了问题你指望我、我指望你，结果是谁都不去解决，出了问题互相推诿。

执行要到位,首先责任要到位。责任不到位,执行必定缺位。只有责任落实到了每一个细节当中,才会打造出一流的执行者。

近年来,有关"豆腐渣工程"的报道不时见于报端。

2007年8月20日的《报刊文摘》上摘登了一篇名为《老城经600年不倒新墙才数月已塌——明皇故城午门修建工程被指"豆腐渣"》的报道。

报道中称:国家重点保护文物、安徽凤阳县明中都皇故城午门修建工程7月9日大面积倒塌,引起当地群众普遍不满:"明皇故城历经数百年风雨不倒,而整修城墙却因一场梅雨坍塌!"这不仅使国家数百万元投资付诸东流,也使这一宝贵文化遗产遭受损毁。

皇故城午门修建工程总造价820万元。据事故调查小组介绍,东、西翼楼几面墙体完工最早的仅年余时间,最晚的才半年多。

与此形成鲜明对比的是,午门西边不远,是600多年前修建的皇故城西华门,尽管已历经几百年风雨,但城墙整体仍相当完好。

为什么一边是历经600年风雨不倒,另一边却是刚刚建成就已倒塌?按理说,现在的建筑技术、材料远远超过600年前,但质量为什么反而不如以前?

答案只有一个:责任一缺位,执行必缺位。执行要到位,责任先到位。

这不由得让我想起几年前在江苏参加世界华商大会时的一个细节。

整个大会组织得非常好,但让我最难忘的是在参观六朝故都南京时看到的一个情景。

在一面建于明朝的古城墙上,我发现了一个非常特别的现象:每一块砖上,都标有名字。

后来经导游介绍才知道,这面城墙建于明太祖朱元璋时期,

砖上的名字，都是负责砌城墙的工匠的名字。

几百年过去了，城墙还保存得非常完好，恢宏的气势、坚固的墙体，依旧可以感受到当年工匠砌墙时的用心。

当责任已经刻入了每一块砖，执行就不可能不到位，墙体就一定能坚固，就绝不会出现"豆腐渣"工程。

在古城墙砖上刻下名字的做法，确实值得我们借鉴和学习。

不仅重大的工程要责任到位，工作中每一件事都要做到责任到位。

责任不到位的执行，就像一盘散沙，散掉的不仅是执行的效果，而且还会散掉人心，造就一支松松垮垮的团队。

那么，如何才能让责任不缺位？

1. 让所有员工明白"所有人都有责任，实际上就是所有人都没有责任"。

执行中最怕说"这是你们所有人共同的责任"。所有人都负责，结果往往是所有人都负不起责，有了问题你指望我、我指望你，结果是谁都不去解决，出了问题互相推诿。

2. 必须让员工明确"这就是你的责任"。

也就是将执行的责任分解到每一个人，明确告诉执行者执行的范围和标准，哪一点、哪一个环节出了问题，那么"就是你的责任"。

3. 员工出了差错，一定要有相应的惩罚措施。

尽管南京明故都古城墙的砖上只标出了工匠的名字，但毫无疑问，这背后必然跟着的是相应的惩罚措施，哪块砖出了问题，都能查到相应的责任人，进行相应的处罚。

责任细到了每块砖上，谁敢掉以轻心？

如果有了上面这三点作保证，那么，责任就必然到位，员工在执行中就不会再缺位。

实际工作中，之所以会出现一些重大决策没有很好地落实到位，一些重要政策在落实过程中打了折扣，一些重大工程在实施过程中进展缓慢等现象，究其原因，往往不是方向不明、道理不清、招数不对，而是失之于

用心不够、责任不清。

广州一个家电制造有限责任公司曾发生过这样一起"事故":3号车间有一台机器出了故障,经过技术人员检查,发现原来一个配套的螺丝钉掉了,怎么找也找不到,于是只好去重新买来。

在购买时发现市内好几家五金商店都没有那种螺丝钉,采购员又跑了几家著名的商场,也没有买到。

几天很快就过去了,采购员还在寻找那种螺丝钉,可是工厂却因为机器不能运转而停产。于是,公司的管理者不得不介入此事,认真打听事故的前因后果,并且想方设法地寻找修复的方法。

在这种"全民总动员"的情况下,技术科才想起拿出机器生产商的电话号码。打电话过去对方却告诉他:"你们那个城市就有我们的分公司啊。你联系那里看看,肯定有。"

联系后半个小时,那家分公司就派人送货来了。问题解决的时间就那么短,可是寻找哪里有螺丝钉,就用了一个星期,而这一个星期公司已经损失了上百万元。

很快,工厂又恢复了正常的生产运营。在当月的总结大会上,采购科长将这件事情又重新提了出来,他说:"从这次事故中,我们很容易就能看出,公司某些工作人员的责任心不强。从技术科提交采购申请,再经过各级审批,到最后采购员采购,这一切都没有错误,都符合公司要求,可是结果却造成这么重大的损失,问题在哪里?竟然是因为技术科的工作人员没有写上机器生产商的联系方式,而其他各部门竟然也没有人问。"

企业组织的岗位与岗位之间、员工与员工之间,都是责任与责任的关系,他们之间就犹如一台高速运转的机器中一个个相互啮合的齿轮,每一个齿轮的运转,都对整个机器的运转担负着重要的作用。很可能一个齿轮的缺失,将导致整个机器停止运行。小螺钉缺失,将产生机器运转的缓慢和危险。责任不落实,一个小小的责任就可能酿成大祸,使企业蒙受巨大

上篇：三分制度

的损失：吉林中吉百货大厦就是毁在一个职员没有踩灭的一个小小的烟头下！

最宝贵的精神是落实的精神，最关键的落实是责任的落实。落实任务，先要落实责任，因为责任不清则无人负责，无人负责则无人落实，无人落实则无功而返。落实责任，是抓好工作落实的重要保证。

只有落实责任，才是落实任务、对结果产生作用的真正力量。只有靠落实责任，个人的潜力才能得到无限的开发，个人才能一步步地走向成功；只有靠落实责任，我们的单位和企业才能更加欣欣向荣；只有靠落实责任，战略才能隆隆推进，崭新的未来才能扑面而来。

信守责任，让执行更完美

对于一个成功的人来讲，他身上所体现出的最耀眼的光芒是他强烈的责任心。并且这缕光芒是能信守自己的责任，将责任落实到自己的工作中。这样才能在工作中充满动力，能以一种愉悦的心情工作。

在面对困难和挫折的时候，我们应该挺起胸膛，信守自己的责任，凭借责任感渡过难关，这样，我们将取得更加卓越的成就，表现出更加完美的人格。

一位战败的将军牵着受伤的战马走进了树林，他带领全族的人出城杀敌，然而只有他一个人幸存了下来。悲伤至极的他决定了却自己的生命。当他拿起宝剑时，突然听到有人喊："将军，请先不要死，你死在这里会挡住我的去路，让我先过去！"将军

· 149 ·

回头一看，原来是一个上山打柴的老翁，他挑着柴担向山下走来。

老翁打量了将军一眼，放下柴担，坐在旁边用帽子扇起风来。"老先生，您怎么不走啊？"将军苦着脸问道。"那你又是为何呢？堂堂男子汉，为什么要自杀呢？"老翁反问道。将军对老翁讲明了原因，老翁听后不但没有同情他，反而哈哈大笑。

将军疑惑地问："您何故发笑？"老翁看了将军一眼，说："我每天到山上打柴，我的责任是供养妻儿，即使刮风下雨也不能阻止我。供养妻儿是我的责任，我要信守我的职责，就算我老得担不动柴了，都不能改变！"老翁继续说道："驱逐侵略者，让百姓过上安定的生活是你的责任，你的族人都是为这个责任牺牲的，你不能信守责任就是背信弃义之人！"老翁站起身，说："将军，你现在可以死了！我的家人还在等着我呢！"老翁说完转身离去！

将军突然感到他要坚守自己的责任：为国家，为人民，驱逐侵略者！他走遍附近的村庄，召集了很多人，再次举起了反抗侵略者的大旗。他经历了多次失败，但都没有放弃责任，在最艰难的时刻，他总能记得：信守自己的责任，就一定能达到目标！逐渐地，他的队伍不断壮大，终于驱走了侵略者，实现了他的目标。

对于一个成功的人来讲，他身上所体现出的最耀眼的光芒是他强烈的责任心，并且能信守自己的责任，将责任落实到自己的工作中。正是这种负责的精神，才能使他在工作中充满动力，能以一种愉悦的心情工作。这样，不但提高了工作效率，而且能使自己的工作更加完美。这样既为未来发展铺平了道路，又赢得了老板的青睐，使自己得到提升。

一辆列车高速行驶着，突然，车厢中响起了广播："各位旅客，七号车厢中有位孕妇要临产，哪位旅客是医生，请马上到七号车厢。"林娜听到广播后站起来，走到七号车厢。"列车长，我

是一名外科医生,但我刚毕业,在医院实习期间发生过医疗事故,刚被医院开除。"林娜对列车长说,"我很想帮忙,希望能给医生做个副手。""不!这里只有你一个医生,虽然你离开了医院,但你还是一名医生,你有能力完成你的使命!我们相信你!"列车长鼓励她。

"是的!我有能力,重要的是医生是我的职业,救死扶伤是我的使命,是我的责任。"林娜对自己说。她决定为孕妇接生,孕妇的丈夫告诉林娜:"大夫,我妻子以前生过一次孩子,但因为难产,孩子没有保住。"林娜听后感到负担更重、责任更大了。作为医生,她应该让母子平安。林娜说道:"我会努力的!"过了半个多小时,车厢里传来了婴儿的啼哭声。

林娜成功了,她凭着强烈的责任心,完成了工作和使命。她信守责任,经历过医疗失败后,重新振作起来,光荣地完成了她的责任,证实了自己的人生价值。

其实一个人本身就是一个责任的集合体,身上肩负着对工作、家庭、亲人、朋友的责任,一个人的价值的展现就在于能信守自己的责任,完成自己的责任,只有这样,才能使自己的人生更有价值。

企业,就如一台高速运转的机器,员工就如同机器中相互啮合的齿轮,每一个齿轮都肩负着自己的责任,都直接面向与自己啮合的其他齿轮。如果某个员工没能坚守自己的责任,停止了运转,那么将导致整台机器停止运行。即使是一个小小螺钉的缺失,也会使整台机器出现故障。

三分制度七分执行

责任心为执行撑起一片天

员工勇于承担责任是一种美德,一种勇气,是无私无畏的表现。勇于承担责任的人更容易赢得领导的尊重,成为同事的楷模和样板。

现如今,很多企业都提倡"提高执行力"。但为何成效不大?这很让人深思。执行力不好的原因是多方面的,管理没有常抓不懈、出台管理制度不严谨、缺少针对性和可行性、缺少科学的监督考核机制等。

多年来,我们一直在学习新的管理理念和经验,其最终目的还是为了提高执行力,实现高效管理,真正从管理上出效益。我们的企业也有着从严治厂的优良传统,"三老四严""四个一样"这些传统,至今在许多单位仍发挥着不可替代的作用。说到底,无论是继承发扬老传统,还是学习引进新理念,都是为了提高执行力。然而,有了这些理论经验,执行力就真的提高了吗?我看也未必。

说到底,理论经验要变成实实在在的行动,才谈得上加强企业执行力,而加强执行力,就是加强人的执行力。如此一来,人的因素是最重要的。提高执行力不在于管理经验的多少,重要的是依靠每个人对制度措施的不折不扣的贯彻执行,最终还是得靠每个人的责任心。

某县有位干部因业绩突出欲被调往省城,而他却自愿留守县城,虽干得有声有色,却也辛苦至极。别人问他:"值得吗?"他答道:"既然留下来,就有责任干好。"这是责任的力量。也常见各部门因职位高下、利益不均,有人就推三阻四、拖沓怠工;可也有人照样无利而往、披星戴月地

工作，单位兴旺发达了，他们仍默默无闻，只是一个幕后英雄而已，可他们的出发点很简单——干这份事，就得为此负责。由此可见，在企业发展阶段，企业员工的责任心更能影响企业的生存和发展。而责任心有了，才会凡事严格要求自己，制度执行中不打折扣，措施实施中不玩虚招，做到令行禁止。

遗憾的是，现实生活中的情形并不完全乐观。

有一个人给一位企业老板发送一封电子邀请函，连发几次都被退回，向那位老板的秘书查询时，秘书说邮箱满了。可4天过去了，还是发不过去，再去问，那位秘书还是说邮箱是满的。试想，不知这4天之内该有多少邮件遭到了被退回的厄运？而这众多被退回的邮件当中谁敢说没有重要的内容？如果那位秘书能考虑这一点，恐怕就不会让邮箱一直满着。作为秘书，每日查看、清理邮箱，是最起码的职责，而这位秘书显然是责任心不够。

人们还经常见到这样的员工：

电话铃声持续地响起，他仍慢条斯理地处理自己的事，根本充耳不闻。一屋子人在聊天，投诉的电话铃声此起彼伏，可就是不接听。问之，则说："还没到上班时间。"其实，离上班时间仅差一两分钟，就看着表不接。有些客户服务部门的员工讲述自己部门的秘密："5点下班得赶紧跑，不然，遇到顾客投诉就麻烦了——耽误回家。即使有电话也不要轻易接，接了就很可能成了烫手的山芋。"

这些问题看起来是微不足道的小事，但恰恰反映了员工的责任心。而正是这体现员工责任心的细小之事，关系着企业的信誉、信用、效益、发展，甚至生存。

那么，员工为什么会缺乏责任心呢？

首先是管理者不知道该如何体现和增强员工的责任心。这是经验少、智慧不够、思维能力不足的表现。

其次是企业的管理者思想懈怠或疏于管理监督，员工自然跟着懈怠。

领导懈怠一,员工能松懈十。

最后是源于人的懒惰天性。企业原本规章制度执行得很好,时间一长自然懈怠,思想上一放松,责任心就减弱,行为上自然就松懈,体现在日常的工作中就是执行力下降,很多问题均由此而生。

责任心体现在三个阶段:一是执行之前,二是执行的过程中,三是执行后。怎样提升责任心呢?第一阶段,执行之前要想到后果。第二阶段要尽可能引导事物向好的方向发展,防止坏的结果出现。第三阶段,出了问题敢于承担责任。勇于承担责任和积极承担责任不仅是一个人的勇气问题,而且也标志着一个人是否自信,是否光明磊落,是否恐惧未来。

员工勇于承担责任是一种美德,一种勇气,是无私无畏的表现,更容易赢得领导的尊重,成为同事的楷模和样板。员工如有能力以一种负责的、职业的、考虑周全的方式行事,对于公司来说是一种竞争优势,对于个人而言是一笔财富,是提高执行能力的最佳途径。

勇于承担责任不是大家心中所想的那样,好像自己要付出多大的代价。在公司里主动承担责任只会给自己带来好处,虽然有时候会牺牲自己的利益。从另一个方面来讲,勇于承担责任是每一名员工的职责所在,是义不容辞的事。

你有没有意识到这一点:你害怕承担责任,害怕自己的利益受到损失,害怕自己的前途受到影响。所以,你学会了推卸责任,学会了临阵脱逃,学会了"明哲保身"。可就在你扬扬得意的时候,你的前途却被你亲手毁掉了。

职责所在,义不容辞。只有这样你才能知道自己能力的缺陷在什么地方,才能去学习,才能去不断提高自己的执行力。

下篇：七分执行

第八章
好制度没有执行一切都是空谈

工作中，大多的"急事"都是拖延的结果。因为"拖"而错过了解决问题的最佳时机，甚至使矛盾激化。拖的时间长了，即使问题得到了解决，效果也会大打折扣。执行中，关键在"落实"，贵在"马上"。

执行不力通常是问题的根源

对于企业来说，想要解决问题、避免失败，就必须坚决落实，落实不力的结果只能是失败。在工作就要尽量避免落实不力的现象，这样才能铲除妨碍问题解决的障碍，保证工作的顺利进行。

在实际工作中,往往存在很多落实不力的现象,这是解决问题的最大障碍。作为个人,不能坚持落实,结果就会失去发展方向;企业不能坚持落实,结果就是业绩持续下降。

一个和尚为了能喝到水,自己挑水坚决落实;两个和尚就开始产生分歧,但还能抬水喝,使问题勉强解决落实;三个和尚时就开始相互推托,都不愿意去打水,最终谁也喝不到水。这就是"一个和尚挑水吃,两个和尚抬水吃,三个和尚没水吃"的故事,这个故事中问题得不到解决的根本原因就是落实不力。对于企业来说,想要解决问题、避免失败,就必须坚决落实,落实不力的结果只能是失败。

成立于1985年的安然公司是美国能源业巨头,其总部位于得克萨斯州的休斯敦。该公司鼎盛时期年收入达1000亿美元,曾经是世界上最大的天然气交易商和电力交易商。其员工两万多人,在欧洲、亚洲和世界其他地区都有业务,在全球财富500强中位列前50名。

安然公司拥有很多石油管道,还拥有10多个发电厂,其发电主要是用天然气。后来,安然公司逐渐进入一个新的领域——从事有关能源方面的贸易以及相关公共事业,从以往单一从事能源方面的工作转变成为一个贸易公司。其实这一转变算不上成功,因为这个公司的一些部门已经开始慢慢丧失利润。

不过,安然公司对此不理不睬,继续发展业务,逐渐吸引大量投资,从1997年到2000年,仅3年时间安然股价翻了两倍。可是在2001年10月,其突然宣布第三季度的亏损达到6亿美元,半个月后又宣布它将会重新公布前三年的利润,也就是说安然公司利润下降了6亿美元,并且公司还承认将面临7亿美元的债务。这个令人震惊的消息是由一位投资者发出的,因为他发现安然公司并没有真实反映公司的经营状况。

安然公司没有反映真实情况这一消息放出后,安然公司的市

价仅两个月时间就从300亿美元骤降到零，接着公司很快宣布破产。

安然公司在如此短时间内就宣告破产，这一事实让所有人感到震惊，是什么原因令其沦落到如此地步呢？落实不力是安然公司失败的直接原因。

当安然公司发现问题，逐渐意识到某些部门开始丧失利润时，他们没有及时纠正错误，对落实不到位的情况，他们没有重视，而是采取了不理不睬的态度。

可见，执行不力已成为解决问题的最大障碍。反思历史上那些执行不力的教训，对我们有深刻的警示作用。

因此，我们必须要抓住执行不力的根源，这样才能抓住问题的症结所在，以便对症下药，真正抓好落实。实践证明，执行不力的根源主要表现在以下两个方面：

第一，企业中很多成员缺乏强烈的落实意识。

第二，很多企业或员工没有掌握将工作分解和汇总的好方法。

现在我们既然已经了解了执行不力的根源，那么在工作中就要尽量避免，这样才能铲除解决问题的障碍，保证工作的顺利进行。

让执行的观念深入人心

不要因暂时的失败而成为一位懦夫。即使尽了最大的努力还没有成功，也不要放弃，只要坚持下去，重新寻找突破口，就一定会取得成功。

· 158 ·

下篇：七分执行

每个人都希望自己在工作上做得比现在更好，可是经历一次或几次失败后，许多人就失去了信心，要么停滞不前，要么进步的速度变得缓慢。生活中失败是在所难免的，但我们一定要有站起来的勇气。

凡是卓越的执行者都愿意以自己的生命为代价去获取成功，即使"不能"，他们也会创造机会为实现伟大的目标而不断地努力。"能"与"不能"在很大程度上取决于你的信念，也就是我们所说的必须要树立落实的观念。你认为自己"能"，你就"能"。如果你在思想上认为自己能够做好一件事，那么你才能真正做到；如果你认为自己不能做到，你在行动上自然不会去做；或者不会积极主动、尽心尽力地去做，最终也就不会有什么收获。

全球汽车市场在2000年时一片萧条，日产尼桑公司也同样陷入了困境。于是公司高层聘请了有"营救大师"之称的法国人卡洛斯·戈恩，希望他能够使公司起死回生。

针对公司现状，戈恩经过多方考察和总结，宣布了一个惊人的计划——"180"计划。他说，这三个数字分别代表了日产将实现的三个目标：截至2004年，日产的全球销售量要增加100万台；其运营利润率要达到8%；汽车事业净债务要为0。戈恩在演讲台上坚定地告诉所有人："我要实现这三个目标，如果任何一点没有做到，我就出局！在这三个目标前，我没有说一个假如——假如有了支持，假如经济环境良好，假如日元汇率降低。这表明我已经决定，并已经承担责任，这是我对日产公司的承诺！"戈恩的决心反映在了业绩上，在他的领导下，日产不仅扭亏为盈，而且一天比一天欣欣向荣。业界为之震惊，人们发现奇迹总是在这位营救大师的身上出现，那么他必然有其成功的秘诀，于是很多人去请教这位大师。

有一次，一位记者问戈恩，为什么上台之初就要坚定地锁定目标，不给自己后路呢？戈恩回答说："人们都喜欢结果，因为它简单，谁都能明白，谁都可以去衡量。当我给了对方一个结果承诺，人们对你的态度就会积极起来。人们会说：'OK，这很公平，给他一个机会吧！'我们按承诺执行，他按承诺兑现，没有任何借口，一切为了结果。"记者接着问："我觉得您的目标简单来说，就是能够尽快地让日产扭亏为盈。但是对于一个连续亏损了那么多年的国际性企业来说，要完成这样的一个目标，不是一件容易的事情。他们相信您能够完成这个任务吗？"戈恩回答道："我觉得在开始的时候，人们肯定是持怀疑态度的，但不是持否定的态度。他们或许认为戈恩这个外来人根本不了解日产，才夸下大话。我相信这种怀疑态度会存在，但是我希望他们能放更多的信心在我的身上。我做出的承诺不仅仅是我想要如何如何，更重要的是我定要如何如何。"

在戈恩的计划中没有"假如"两个字，只有必须，一定，他从一开始就下定决心，一定要实现结果。这就是戈恩执行的逻辑，也是他成功的原因——不为自己留一条后路。在那样大义凛然的决心下，便只能前行。"假如"这个词有太多的变动，放掉那些假如，放掉想要，从一定要的角度出发，便拥有了那种对结果永不放弃的决心。既然锁定了目标，锁定了结果，那么对于结果，就不是想要，而是一定要！

也许你会怀疑，说一定要，就能保证自己一定成功吗？事实上，"一定要"这三个字为你提供了一个坚定的立场，一种可化为动力的压力。只要你"一定要"，在遇到困难时就一定会有方法克服困难而实现自己的目标。正所谓"成功一定有其方法，失败也一定有其原因"。假如你还在探索的路上，那是因为你方法还没有找对，假如你目前还停滞在泥潭中，那么一定有些失败的原因你没有觉察。

总是失败的人之所以没有办法突破的一个重要原因，是他每次都在想那些自己不具备条件的事情。譬如有些人担心收入不够日常开销，于是在投资或者做某件事情的时候他总在琢磨，万一钱不够了该怎么办？其实，当他这样想的时候，就不会考虑其他解决办法或途径了，就已经注定他钱不够了。当他那么想的时候，事情可能就已经按照他所想的方向发展了。为什么就不

能把思考这些无用的想法的时间用在努力工作的实际行动中呢?

所以,一定要坚定你的信心,对于自己向往的目标、结果,要毫不犹豫地告诉自己"我一定要落实,达到目的"。很多时候,一个不坚决的想法就已经会让你失去大半自信,它让你在潜意识里告诉自己你的想法很有可能会无法实现;而一个坚定的落实观念却能够大大激发你的信心,在给你带来巨大压力的同时还会给你带来无穷的动力,在这种必胜的落实观念支持下,你自然会取得成功。

做正确的事,让执行有效率

在工作中当自己忙碌得有些无奈的时候,想想看这样做是不是有意义,哪些可以收获现在和未来,哪些是重要的,哪些不是,按照自己的价值取向做出选择。

这是一个追求效率的时代,满大街都是忙忙碌碌的身影。有的人不停地撒网,但却捞不到鱼,而有的人只出手一次,但收获颇丰。两者相比,结果会说明一切。忙,不要瞎忙,一定要忙到点子上,这样才会得到好的结局。

生活中最聪明的人往往是那些知道做正确事情的人,他们对无足轻重的事情无动于衷,他们很清楚该做什么,不该做什么,知道什么事情可以改变命运,也知道什么事情只会消耗青春。这样的人对那些较重要的事务无一例外会感到兴奋,同时他们也善于把无关紧要的事情搁置在一边。用经济学家的话说,在资源稀缺的情况下,选择是至关重要的。

对于企业而言,倡导"正确做事"的工作方法和培养"正确做事"的

人与倡导'做正确的事'的工作方法和培养"做正确的事"的人,其产生的效果是截然不同的。前者是保守的、被动接受的,而后者是进取的、创新的、主动的。

管理大师彼得·德鲁克曾在《有效的主管》一书中简明扼要地指出:"效率是'以正确的方式做事',而效能则是'做正确的事'。效率和效能不应偏废,但这并不意味着效率和效能具有同样的重要性。我们当然希望同时提高效率和效能,但在效率与效能无法兼得时,我们首先应着眼于效能,然后再设法提高效率。"

在这段中,彼得·德鲁克提出了两组并列的概念论述效率和效能,正确做事和做正确的事。

有一个很自信的健壮青年来到一处伐木林场找工作,看见门口高悬着一块告示,上面记载了某个人一日劈柴的最高纪录。这位青年很有把握地向林场主表示:虽然他没有算过自己的纪录,但只要给他三天的时间,他自信能够打破最高纪录。林场主听了很高兴,便给他一把利斧,并表示愿意提供高额的破纪录奖金,大家也对他寄予厚望。

第一天,年轻人很努力地劈柴,果然不负众望,只比最高纪录差一点点。他心想:只要我明天早点起床,再努力点,打破纪录一定没有问题。

第二天,他起得很早,并且更卖力,但没想到成果却比昨天差了。他心想:一定是睡眠不足,体力减退的关系。所以他当晚很早就睡了。

第三天,天未亮,他便精神抖擞地开始劈柴,比前两天更认真,但一天下来,他劈的柴却比昨天更少了。

那位年轻人觉得很奇怪,自己那么努力,为什么劈的柴却越来越少?林场主也很纳闷地和大家一起思考。最后大家发现,虽然给了年轻人上好的斧头,但这把斧头一连三天都没有磨过,所以越用越钝。

· 162 ·

故事中的年轻人一味蛮干，这是笨人才会做的事情。不肯动脑筋思考事情的重点在哪里，从何处着手才能收益最大，而仅仅是苦干，那么往往是费力不讨好。但是，几乎所有人都习惯于忙碌，却忘记了一件最重要的事——工作价值判断。许多人投入大量时间、精力，做的却可能是所谓的"垃圾工作"。所有人都忙碌的企业并不是真正有效能的企业，这样的企业虽全力为现在奔忙却没有未来，它失去了保持组织灵活性和创新性的"空间"。

工作中总是有一堆事情要做，人们总想着去提高效率，将垃圾尽快清理掉，然后可以做点有意义的事情。然而这种方式，有效，却有限。垃圾永远是清除不光的。提高清理垃圾的效率，带来的后果是需要清理更多的垃圾，而非想象中可以腾出手来去做更有价值的事情。

明白了哪些是需要做的，哪些可以不做之后，你仍然有可能陷入瞎忙的陷阱。这时候，你需要学会抓住重点，才能卓有成效地落实。在现实生活中，无论是企业的商业行为，还是个人的工作方法，人们关注的重点往往都在于前者：效率和正确做事。但实际上，第一重要的却是效能而非效率，是做正确的事而非正确地做事。正如彼得·德鲁克所说："对于企业而言，不可缺少的是效能，而非效率。"

"正确地做事"强调的是效率，其结果是让我们更快地朝目标迈进；"做正确的事"强调的则是效能，其结果是确保我们的工作在坚实地朝着自己的目标迈进。换句话说，效率重视的是做一件工作的最好方法，效能则重视时间的最佳利用——这包括做或是不做某一项工作。

正确做事，更要做正确的事，这不仅仅是一个重要的工作方法，更是一种很重要的管理思想。任何时候，对于任何人或者组织而言，"做正确的事"都要远比"正确地做事"重要。对于企业的生存和发展而言，"做正确的事"是由企业战略决定的，"正确地做事"则是执行问题。如果做的是正确的事，即使执行中有一些偏差，其结果可能也不会致命；但如果做的是错误的事情，即使执行得完美无缺，其结果对于企业来说也肯定是灾难。

"正确地做事"与"做正确的事"有着本质的区别。"正确地做事"是以"做正确的事"为前提的,如果没有这样的前提,"正确地做事"将变得毫无意义。首先要做正确的事,然后才存在正确地做事。试想,在一个工业企业里,员工在生产线上,按照要求生产产品,其质量、操作行为都达到了标准,那么,他是在正确地做事。但是,如果这个产品根本就没有买主,这就不是在做正确的事,那么这时无论他做事的方式方法多么正确,其结果都是徒劳无益的。

麦肯锡资深咨询顾问奥姆威尔·格林绍曾指出:"我们不一定知道正确的道路是什么,但却不要在错误的道路上走得太远。"这是一条对所有人都具有重要意义的告诫,他告诉我们一个十分重要的工作方法,如果我们一时还弄不清楚"正确的道路"(正确的事)在哪里,那就先停下自己手头的工作吧。

磨刀不误砍柴工,眉毛胡子一把抓只会把人累死,却不能保证任务的完成。做事情做到点子上,就会带动事件整体的推进,使我们离目标的实现越发靠近。学会如何从千思万缕的工作中抓重点,学会统筹,学会科学地安排,是成功的关键。

具备绝对的竞争力离不开落实

制度确定之后关键在于抓落实,落实到位,企业就会有后劲,就会迎来飞速发展的机会。可以说,落实与企业的兴衰有着密切的关系。

下篇：七分执行

很多时候企业在竞争中靠战略取胜有一定的难度，因为战略是很容易被复制的。而企业在竞争中的胜负往往取决于战略是否能够落到实处。企业的兴衰与落实有密不可分的关系。企业的发展与每个人的落实是分不开的，每个人的落实共同加快了企业在竞争中取胜的步伐。

企业想要保持长盛不衰，制度确定之后关键在于抓落实，要在工作实践中树立起落实的观念。要坚持把工作执行下去，不折不扣地贯彻落实。

任何一项工作、任务的完成，都是抓落实的结果。如果没有落实，再完善的制度也是一纸空文，再正确的政策也不会发挥其应有的作用，再理想的目标也不会实现。对于一个企业而言，战略目标一旦确定，其关键问题就是要落实、落实、再落实。

落实不是单凭嘴上简单地一说就可以的，它是要靠行动来证明的。制度是制定了，是不是用端正的态度去对待了呢？会不会真正地做到落实了呢？企业要想长久发展下去，有制度约束是十分重要的，但除了要靠完善的制度做保证外，还要用端正的态度来对待。

在如今竞争激烈的社会中，一个企业想要在本行业中长期占据统治地位是十分困难的。企业对客户的承诺就成为客户衡量企业的标准。企业承诺的就要落实到位，这表现出的就是诚信。几乎所有的企业都在喊诚信、讲落实，但真正为大家所认同的企业却寥若晨星。其原因就在于没有真正做到落实。相反，把承诺当作企业生存的命脉，踏踏实实把承诺落到实处，这样的企业才会得到社会的认可，从而长久稳固下去。

近几年来，江滨化工二厂取得了骄人的业绩：年产硫代硫酸钠4万吨，产量位居全国之冠，每年出口的硫代硫酸钠将近1万吨，占全国出口总量的一半以上。在这些成绩的背后，引出的是一个又一个讲诚信、勇执行、求落实的故事。

有一次，厂里为一位大客商李某生产50吨硫代硫酸钠。在接近交货期时，却发现其中有5吨产品外观达不到要求，虽

· 165 ·

不影响产品的使用,但董事长陈广涛还是果断地撤回了这批产品,并组织工人连夜加班重新生产,确保按时交货。由于该厂对产品质量的一丝不苟,从而赢得了广大客户的信赖,订单络绎不绝。

在企业改制之后,曾有员工劝董事长陈广涛:"当今社会有很多私营企业在逃税、避税,我们何不也在账面上少反映一些销售、利润等情况,这样对企业、对股东都有实惠。"陈广涛对这种建议并不领情,他说:"遵纪守法、按章纳税,是每一个企业和公民应尽的义务。再说,我们之所以有今天,离不开改革开放的好政策,离不开各级政府为我们营造的创业环境。"20多年来,江滨化工二厂从来没有拖欠过国家一分钱税款。这几年,他们每年还会拿出20多万元,用于村级农网改造、道路建设、扶贫济困等社会公益事业。

近年来,国家严格控制新批硫代硫酸钠生产企业,这无形之中给江滨化工二厂带来了大好机遇,产品一直处于供不应求、带款提货状态。有人建议陈广涛,趁此机会适当提一些价。当然,陈广涛也曾算过这笔账,如果每吨价格上浮50元,按全年4万吨产量计算,就是200万元呀!陈广涛在股东大会上说:"这样做,对我们在座各位当然有好处,但企业几十年来所创立的声誉将受到影响。这难道是200万元就能弥补得了的吗?"

江滨化工二厂能够一直在同行业中保持领先地位,与他们一心一意求落实的积极态度是分不开的。保质、保量落实客户的要求,为它们赢得了客户的好评;每年拿出资金落实到公益事业当中,赢得了群众的赞誉;把实惠落实到实际当中,取得了社会的认可。一心一意地落实,就是企业长盛不衰的保证。

每一份基业的创建都是艰辛的,事实上创业就是一个艰苦的落实过程。在竞争中取胜的企业或多或少都会经历这样的艰辛,因而,保持基业在竞争中取胜就显得更有意义。很多企业在市场的竞争中只是昙花一现,

原因就在于他们没能将落实的理念坚持到底。

在企业的发展过程中，会遇到许多艰难的抉择。这时候最好的选择就是落实，落实好了，企业就会迎来飞速发展的机会；落实不好，企业就可能会从此失去发展的机会，一蹶不振。

将"想要"，变为"一定要"

信心是心灵的第一号化学家，当信心融合在思想里，潜意识会立即拾起这种振动，并把它变成等量的精神力量，再转送到无限智慧的领域里促进成功思想的物理化。

如果你甘愿做一块丑石，那么你注定永远是一块丑石；如果你坚信自己是一块宝石，那么你终将会成为一块宝石。同理，如果你没有自信，你就很难获得成功；如果你相信自己能够获得成功，那么你极有可能获得成功。

曾经有一位语文特级教师，他带领的班级在学校所有竞赛中总是名列前茅。有一次，很多老师参加了他们班组织的班会。在班会上，有的老师向他请教秘诀，他走到黑板前写下两个大字："想要"。然后问全班同学："我们该怎么办？"所有的学生马上大声回答："把'想要'变为'一定要'。"

是的，这就是答案了，将"想要"变为"一定要"就变成"能"了。

同样，我们的每位员工也需要这样的教导，我们必须随时提醒自己，把"想要"变为"一定要"，这就是我们取得成功的秘诀。如果"不能"这个词在心中扎根，最终你会发现，即使是你最擅长的工作，你也可能会

在激烈的竞争中败下阵来。

高斯是一个刚刚18岁的中专毕业生,他在报上看到招聘启事上有一份适合他的工作,欣喜不已。第二天,当高斯准时前往招聘地点时,却发现应征队伍中已排了十几个看起来跟他差不多同样优秀的男孩。

然而高斯并没有像许多碰到类似情况的人那样转身离去,他相信自己需要这个工作并且能够把它干好。于是,他在一张纸上写了一句话,然后走到负责招聘的秘书面前很有礼貌地说:"小姐,麻烦您尽快把这张便条交给老板,这件事很重要,谢谢你!"

秘书不无欣赏地看着高斯,因为他看起来精神愉悦、文质彬彬。也许换作别人她可能不会放在心上,但是这个男孩不一样,她不愿意拒绝他,所以她立刻将这张纸交给了老板。纸条上面是这样写的:"经理,我是排在最后的那个人。在见到我之前请不要做出任何决定,因为我才是最棒的。"

结果,这份工作毫无疑问地属于了无比自信的高斯。他没有理由不成功,虽然他年纪很小,但他相信自己一定能得到这份工作。

自信能够使人坚强,使人不向困难低头。一家著名大公司的总裁在向他的员工演讲时说到自信对克服困难的神奇作用:"自信能够克服遭遇的困难,只是需要你付出时间,付出精力,这就像一日三餐,你只管坐到餐桌前张开嘴巴,你就会吃饱。不要把困难看得多么可怕,它就是一块面包或者是一块牛排,只要你自信能够吃掉它,那你就一定会吃掉它。"

自信能够产生强大的力量,能帮助我们实现结果。记得在一次马拉松比赛中,有一位选手第一个冲过终点,记者围上去采访,问他获得冠军采用了什么战术。没想到这名选手说:"我并没有采用什么战术,我只是相信自己能够获得冠军,所以我只管一路跑下去,就这样我第一个冲过了

终点。"

正是因为他相信自己是跑得最快的选手,所以他的身体才产生了神奇的巨大力量,最终使他从容地率先冲过终点。这正如拿破仑·希尔所说:"信心是心灵的第一号化学家,当信心融合在思想里时,潜意识会立即拾起这种振动,并把它变成等量的精神力量,再转送到无限智慧的领域里促进成功思想的物理化。"

自信能够使人坚定地追求成功。有一位保险业务员,每天早上出门工作之前,总要在镜子面前用5分钟时间看自己,并且对自己说:"我是最优秀的保险业务员,今天我就能证明这一点。"他还叮嘱自己的妻子在他出门时要这样告别:"你是最棒的业务员,今天你就要证明这一点。"后来,这个业务员凭借优异的销售业绩晋升为业务经理,并把自己这套挖掘自信的方法传授给了公司的每个业务员,使每个业务员的心理素质大大提高,每天都坚定地去实现自己的目标。

难度太大,往往是我们在工作中拒绝努力的第一理由。但是,问题真的那么难解决吗?

被誉为"把美国带到轮子上的人"的汽车大王亨利·福特,一次,他想制造一种V8型的发动机。

当他把这个想法跟工程师交流时,工程师们都认为这只能在图纸上设计,但绝对不可能在现实中制造出来。

尽管如此,福特仍然坚持说:"一定会有办法制造出来的。"工程师们很不情愿地开始了尝试。几个月后,他们给福特的回答是:"我们无能为力。"

然而,福特还是说:"相信自己,继续努力!一定能制造出来的!"

一年多过去了,还是没有结果,所有的工程师都觉得无论如何都该放弃了。但福特仍然坚持"一定要做出来"。

不久,有一位工程师突发灵感,竟找到了解决办法。

就这样"绝不可能"成功的V8型发动机被制造出来了。

为什么工程师们认为"绝不可能"的事情,最后竟然在福特的坚持下解决了呢?这关键在于要把"想要"的戒律放在一边,而只去想我自己一定要完全尽力地追求结果,想尽一切办法、一切可能。如果每个员工都能将心灵的焦点对准"一定要",头脑就会加速运转,尽最大努力,尽力挖掘自己的潜能,这样反倒容易达到结果。

一个员工在工作中难免遇到各种各样的问题。当你遇到问题时,运用积极的心态去思考是非常关键的。如果一个员工渴望成功,就必须调整心态。能不能战胜自己,达到目标,都直接取决于你能不能把否定思维转化为肯定思维。

工作和事业是依靠强烈的自信支撑起来的,如果一个人遇到不利于自己的情势,就畏难发愁,甚至逃避,工作也就不可能有理想的结果了。另外,一旦我们在工作中失去了自信、违背了自己的本性,不敢面对一切挑战,我们就会消极、迷惘,不知道自己工作的结果是什么。正如卡耐基所说:"自信是成功的第一秘诀。"一个员工,只有把潜藏在身上的自信挖掘出来,时刻保持强烈的自信心,才有可能在工作中有所收获、有所成就。

"文山会海"不落实等于零

大大小小的"文山会海",如果不去落实的话就等于零,只有好的战略远景还远远不够,还要有好的执行和落实,才能得到想要的结果。没有落实的行动永远都是纸上谈兵。

下篇：七分执行

　　开会，对于我们而言是再熟悉不过的了。因为开会早已成为工作中不可缺少的一部分，我们早已养成了遇到问题，开会讨论、研究的习惯。但同时，我们又不得不承认，其中有很多会议并没有起到它应有的作用：开会的决议本应很好地促进工作的开展，但在实际工作中其实并不见成效。究其原因，主要是没有将会议的内容予以落实。如果只顾开会，而没有落实，那么，一切都等于零。

　　鼠国的成员每天都在减少，原来都是被猫吃掉了。于是，老鼠大王组织召开了一个老鼠会议，紧急商讨怎样对付可恶的猫的问题。

　　会议上所有老鼠都踊跃发言、出主意、提建议，可是会议开了几个小时，也没有确定一个可行的办法。这时，一只号称最聪明的老鼠站起来说："事实证明，猫的武功太高强，我们死打硬拼不是它的对手。对付它的唯一办法就是——防。""怎么防呀？"大家提出疑问。"给猫的脖子上系个铃铛。这样，猫一走动铃铛就会响，听到铃声我们就可以躲进洞里去了，它就没有办法捉到我们了！""好办法，好办法，真是个好主意！"老鼠欢呼雀跃起来。

　　老鼠大王听了这个办法以后，认为令他们头痛的事情解决了，当即宣布散会举行大宴。可是，第二天醒酒以后，他突然觉得不对劲，于是又召开了紧急会议，并宣布："给猫系铃这个方案我批准了，现在开始落实。""大王就是大王，说干就干，真好真好！"群鼠仍然激动不已。

　　"那好，谁愿意接受这个任务就请赶快报名吧。"一个小时过去了，会场里一片寂静。于是，老鼠大王命令道："再给大家半小时的考虑时间，如果没有报名的，我就点名了。"

　　半小时后，大家还在沉默着。"小老鼠，你机灵，你去系铃。"老鼠大王指着一只小老鼠说。小老鼠一听，浑身抖作一团，

· 171 ·

战战兢兢地说:"回大王,我平日里虽然表现得很机灵,但那些都是小聪明,再说我太年轻了,没有经验,最好找个经验丰富的吧。"

"那么,最有经验的要数鼠爷爷了,您去吧。"紧接着,老鼠大王又对一只爷爷辈的老鼠发出命令。

"回大王,我这老眼昏花、腿脚不灵的,怎能担当得了如此重任呢,还是找个身强体壮的吧。"鼠爷爷磕磕巴巴,接近哀求地说道。

"那谁去呢?"于是,老鼠大王派出了那只出主意的最聪明的老鼠。这只老鼠"哧溜"一声离开了会场,从此,鼠们再也没有见到它。老鼠大王一直到死,也没有实现给猫系铃的夙愿。

解决问题的方案确定了下来,然而铃铛系不到猫脖子上,问题就无法得到解决,老鼠就避免不了被猫吃的危险。必须明确落实到位,这样才有明确的责任,出现过错失误才可以追究。作为企业,想要达到某种目的,必须要有可行的方案;然而仅有方案还不够,还应落到实处。大大小小的"文山会海"如果不去落实就等于零,只有好的战略远景还远远不够,还要有好的执行和落实,这样才能有好的结果。开了会,制定了方针政策,就必须毫无借口地落实责任。没有在行动上落实永远都是纸上谈兵。

现在有很多部门对于上级的工作要求往往是"高度重视",总召开轰轰烈烈的会议,传达精神、强调意义、部署工作、严格要求,可此后便再无下文,于是"开会就是落实"成了形式主义的代名词。有首关于开会的顺口溜正好揭示了这一现象:

有事要开会,没事也开会,大会接小会,神经快崩溃。

每周有周会,每月有月会,随时检讨会,年底是年会。

上午有早会,午后有午会,下班不能走,还有个晚会。

台上说什么,没人去领会,手机不时响,怎还不散会?

下篇：七分执行

"今天开会明天开会后天开会天天开会，你也在讲我也在讲他也在讲人人在讲。横批：谁抓落实。"这副对联告诉大家开会只是一种形式，如果不抓落实，什么成绩也不会有。开会虽说是有效落实责任的手段，但是，绝不能为开会而开会。否则，这样的会议有什么意义呢？落实责任，就要真抓实干，会议结束后就要把会议的内容落实到位，这才是开会的最终目标。

执行的关键在于落实到位

在落实工作中，我们必须像军队作战那样，有令即行、有禁即止，没有任何理由不把工作落实到位。落实不到位，就如同干打雷不下雨，一切都是空谈。

一个企业想要在竞争中有一席之地，就必须做到坚决地落实，落实不力的结果只能是被市场淘汰出局。然而在实际工作中，往往存在很多落实不到位的现象，这是解决问题的最大障碍。

落实不到位，就如同做一天和尚撞一天钟，甚至做了和尚也不会撞钟；落实不到位，就如同干打雷不下雨，一切都是空谈；落实不到位，意味着踢皮球、推磨转圈，意味着不负责任。这样做，怎么会不失败呢？

你该知道，在落实工作中，我们必须像军队作战那样，有令即行、有禁即止，没有任何理由不把工作落实到位。如果你是一名营销人员，不落实到位，就可能在经营工作中被动、被骗，失去市场，造成不可估量的损失；如果你是一名管理人员，不落实到位，就有可能造成管理中的疏漏，哪怕是一件微小的事情，都可能带来直接或间接的损失，大到公司名誉，小到客户的满意度。

在企业管理的过程中，落实不够的问题仍然存在。有的员工前怕狼后怕虎，求稳怕乱，不敢落实；有的员工责任意识不强，不愿落实工作；有的员工平时不学习，工作不得要领，不知道该如何去落实工作；有的员工终日无所事事，浑浑噩噩；等等。任何拖沓、任何延误、任何缺位等慢落实的行为，都将使我们丧失机遇，贻误事业。我们必须进一步强化落实的意识，发扬雷厉风行的作风，定下来的事就要努力去做，做就要做好。

任何一个企业都会有一整套科学合理的规章制度，但是在执行制度时往往会遇到人情关、畏难关等各种关系，难以突破。很多企业正是因为突破不了这些关而造成有章不循的后果，进而不能够严格按规章制度办事，最终导致经营管理混乱，企业如同一盘散沙，直至资不抵债，破产关闭，这样的教训屡见不鲜。

反思历史上那些落实不力的教训，对我们无疑是会有深刻警示作用的。

拿破仑曾被放逐到意大利的厄尔巴岛，在1815年的春天才回到巴黎。很快，他就东山再起，将整个法国的政权重新掌握在自己手里。

当这一消息被一些欧洲国家的君主得知后，他们均如临大敌，担惊受怕。他们很快便组织了第七次反法同盟，希望能够以最快的速度消灭拿破仑。

拿破仑同样也不甘示弱，迅速组织军队进行抵抗，并制定战略部署。根据制定的战略部署，法军计划在俄奥联军到达之前抢先一步将英普联军彻底歼灭。然而，这一正确的战略部署却没有得到贯彻落实。

内伊元帅受命占领布鲁塞尔这个重要阵地以牵制英军，可

下篇：七分执行

是，他却犹豫不决，行动迟缓，没能按时完成战斗任务。

后来，在双方激烈争斗时，拿破仑又命令内伊元帅的属下戴尔隆军团由弗拉斯内向普军的侧后方开进，和主力部队一起对普军进行夹击，但戴尔隆对命令理解错误，向法军后方的弗勒台开来，使这决定性的一击延误了近两小时，从而使英普联军逃脱了被全歼的命运。

后来一些史学家和军事家在评论这段历史的时候认为，法国拿破仑的"滑铁卢战役"之所以失败，主要是因为他的部下没有严格执行和落实他的既定作战方案。倘若他的部下能不折不扣地执行和落实他的战略部署，这段历史估计会是另一番模样了。

拿破仑兵败滑铁卢，虽然是多种原因综合作用的结果，但其部下对正确的战斗部署落实不力是一个非常重要的原因。

因此，我们在企业的日常管理及工作中必须抓住落实不到位的根源，这样才能抓住问题的症结，对症下药，真正抓好落实。实践证明，落实不到位的根源主要表现在以下几个方面：

1. 领导者对执行与落实工作没有常抓不懈。落实不到位的一个重要原因就是领导没有把落实当作长期的工作来抓。落实工作根据不同情况需要掌握一定的工作技巧，但是，在实际工作中，有许多人缺乏这种执行与抓落实的工作技巧。

2. 企业组织成员缺乏执行与落实意识。从古至今，人人都崇尚自由，因此相应的就缺乏落实文化。这种思想对后世产生了很大的影响，以至于现在很多组织成员在工作中不能有效地抓落实。

3. 企业组织成员缺少将工作分解和汇总的好方法。比如一个文件本可以在三五分钟内就完成，但有些员工耽搁在中间环节的时间却可高达几天或更长的时间。

当我们了解了落实不到位的根源后，在工作中就要尽量避免，这样才能铲除解决问题的障碍，保证工作的顺利进行。

如果企业领导所制定的决策和政策未被相关人员执行和落实，那么我

· 175 ·

们的企业就是一个毫无战斗力的集体，最终会失败。反之，企业将是一个充满战斗力的集体，无论面临多么大的困难，都会无所畏惧，因为我们的所有员工都在执行与落实。

落实到位可能会成功，但落实不到位一定会失败。这是每一个企业，甚至是每一个人都要牢记的。

下篇：七分执行

第九章
执行就是自动自发地开展工作

人可以清贫，也可以不伟大，但我们不可以没有责任。肩负责任，可以让我们变得更加坚强、更加勇敢。与此同时，责任也让我们更加知道关怀和理解。无论你所做的是什么样的工作，只要你能认真地、勇敢地担负起自己的责任，你所做的一切就是有价值的，你就会赢得尊重和敬意。

自动自发，不必等老板安排

世界上没有完美的人，可能你的老板或同事在某种工作方式上效率不高，如果你能提出合理化的建议，在为自己赢得好人缘的同时，还会有利于提高工作效率，增强工作落实力。

在落实工作中，仅凭一味地工作是远远不够的，还要有自动自发的工作意愿。所谓自动自发，就是充分发挥主观能动性和培养责任心，在接到任务后尽一切努力，想尽一切办法把工作落实到位。

创新工场董事长兼首席执行官李开复曾经说："不要再只是被动地等待别人告诉你应该做什么，而是应该主动地去了解自己要做什么，并且仔细地规划，然后全力以赴地去完成。想想今天世界上最成功的那些人，有几个是唯唯诺诺、等人吩咐的人？对待工作，你需要以一个母亲对待孩子般的责任心和爱心去投入，不断努力。果真如此，便没有什么目标是不能达到的了。"

微软总裁比尔·盖茨也曾经说过："一个好员工，应该是一个积极主动去做事、积极主动去提高自身技能的人。这样的员工，不必依靠管理手段去触发他的主观能动性。"

王峰曾经在上海一家拥有500名员工的大型企业工作，刚进单位时他只不过是公司一名普通的员工。他在一间狭小的办公室里工作，每天都是忙忙碌碌的，但处理的都是些零零碎碎的小事，这让他感到十分沮丧，于是他的心里产生了一种挫折感，觉得自己的价值没有得到发挥的空间。

一个月就这样熬过去了，一天王峰在冲动的情况下走进老板的办公室，向他说明自己已经完全能够胜任现在的工作，希望可以得到更多的机会，为公司去完成更多的任务，承担更多的责任。老板在王峰说完后，点头微笑，并表示会考虑他的想法。

王峰耐心等待着，但是半个月过去了，他每天依旧是处理那些零零碎碎的小事，工作没有发生任何变化。于是，他忍不住再一次去找老板，向他表示自己的想法——愿意承担更多的责任。就在这一个月后，王峰接到了老板另外交派的任务，他诚恳地接受任务后就回到办公室埋头苦干起来。

从此以后，王峰不断要求更多更难的工作，并且总会在确保

质量的同时，把这些任务提前完成。在这背后的努力只有王峰自己知道。他经常是加班加点，工作到深夜。每当他完成一个任务时，老板都会交给他新的任务。

王峰高质、高效的工作方式最终引起了老板的注意，得到了老板的认可，他所接手的项目也越来越多，越来越大，在单位的地位不断提升，和薪酬也自然随之增长。几年后，他辞了职，在找工作过程中被一家更大公司的总裁看中，真是前途一片大好，不可限量。

王峰的成功来源于他不断积极主动地去接受新任务，并非常有责任心地去落实这些新任务。任何一位优秀员工从来都是这样自动自发、主动挖掘自身潜能的，这样的方式使他们慢慢拉开了与普通员工的距离。

主动就是不用别人告诉你该做什么，而是自觉地去做自己该做的事情，这样你就能够自觉高效地落实工作，这是优秀员工工作优秀、绩效高的主要原因。那么，作为员工，怎样才能具有责任心并积极主动地去执行与落实工作呢？这主要体现在以下几个方面：

一、积极主动熟悉企业的一切

要先熟悉企业的目标、使命、组织结构、销售方式、经营方针、工作作风等，这是落实工作的基础。在熟悉的过程中主动把自己想象成老板来了解公司，这样有助于你在今后的工作落实中表现得更出色。

二、要养成主动提建议的习惯

世界上没有完美的人，可能你的老板或同事在某种工作方式上效率不高，但他本人并未察觉或不知如何改进。这时候，如果你有好的建议，就应该主动提出来。如果能提出合理化的建议，在为自己赢得好人缘的同时，还会有利于同事间的合作，提高工作效率，增强工作落实力。

三、不要让自己闲下来，至少在工作时间里是这样的

工作中即便是再顺利也不要让自己闲下来，要积极主动地找事做。这样你就能更加完善自己，从工作中提高自己的落实力。优秀的员工每当完成一项工作时，总会反问自己：是否所有的目标都已达到了呢？还有什么

项目需要加上去呢？总之，在闲暇之时，自己都应该主动积极地思考，这样才能争取到更多的机会，从而不断丰富自己的经验和提高自己的能力。

四、要有不断提升自己技能的意识

如果你认为自己工作态度足够好，工作标准定得也足够高，可工作成绩依然不尽如人意，那么你要看看自己是否具备足够的技能，如果没有，你要先把自身的功夫做足。进修、学习，找一位优秀人士来指导自己等都是提升技能的方式。当自己有了金刚钻，再揽瓷器活儿也不迟。过硬的功夫可以增强你的自信心，使你敢于承担责任。

如果你想要成为一名优秀的员工，在注重打造主动精神的同时，还要有一颗责任心。责任心的养成和效果的发挥不是一蹴而就的事，它必须贯穿于每项工作的始终，贯穿于一个人从平凡到优秀的全过程。更重要的是，积极主动的态度和责任心是保持落实力和优秀本色的关键。

积极进取，每天多做点分外事

在工作中，常常会出现"责任空白"，作为公司的一员，当"责任空白"出现时，不要觉得那不是自己的事，只要你认为这件事对公司是有必要的，就该积极主动地去做。

在企业中，由于受企业规模的限制或是其他原因，企业相关主管不可能将所有事情都安排得恰到好处，常常会出现分工不细致而导致缺位、错位的现象。有时候，有些事情并没有具体落实到每个人身上，但很多事情还必须得有人去做，这就需要有人自觉地去"补位"，做好公司最需要人

下篇：七分执行

去做的事。作为一名优秀的员工，只要与工作相关，只要事关公司利益，无论是分内的还是分外的工作，都要积极主动地去做。

任何一个有进取心的人，都不会介意在做好自己分内事情的同时，尽自己所能每天多做一些分外的事情。多做一些有利于他人以及工作的事情，这会使你得到比他人更多的成功机会。

有一次，某大型企业的业务部经理准备带领他的团队去参加一个产品展会。在开展会之前有许多事情需要加班加点地准备，比如资料整理和分类、展位设计和布置以及产品组装等。可业务部经理率领的团队中的大多数人，却和往常在公司时一样，不肯多干一分钟，到下班时间就全不见人影了。他们说："很多工作又没有明确指派给我，它就不是属于我的分内之事，我为什么要做啊？又不给加班费。"有人甚至说："都是打工的，没有必要那么拼命，老板让你做什么你就做什么好了。"

在开展会的前一天晚上，公司老板来到会场，检查工作的进度。这时已经是凌晨一点了，会场里只有业务部经理和童歌两个人，正在忙碌地检查着展会的每一个细节，忙得满头是汗。

业务部经理无奈地告诉老板："对不起，总经理，我失职了，找不出理由让大家留下来加班。"老板并没有责怪经理，而是指着童歌问："他是在你的要求下才留下来加班的吗？"

"不是的，这些天他一直都是自己主动留下的。昨天我问他为什么留下来时，他说在这个时候公司需要他这样做。"

展会结束后的第二天，老板辞退了那些没有留下来加班的员工，并且提拔小童做了主管。

对此，那些被开除的员工很不服气："我们不就是多休息了几个小时吗，难道我们错了？而童歌只不过是在那几天多干了几个小时的工作，就被提升为主管，这也太不公平了吧？"

"恰恰相反，"人事部经理说，"我认为老板的决定是对的。当公司需要大家做一些其他的事情时，你们却放下这些工作，认

为不是你们的分内之事，这样不注重公司利益、对工作不负责任的员工，有哪个老板会欣赏呢？而童歌虽然那几天只比你们多工作了几小时，可是能从此看出他对工作的敬业和对公司的忠诚。而且据我了解，他一直都是这样为公司着想的，平时就默默地比你们多做了很多工作，因此他理所应当得到重用。"

其实，童歌并没有什么特别的过人之处，所做的工作也没有多高的技术含量，但是，他能在公司最需要的时候及时留下来，做好不属于自己的分外之事。这样的员工就是企业最需要的人才。

在工作中，常常会出现这样的"责任空白"，作为公司的一员，当"责任空白"出现时，不要觉得那不是自己的事，也不要被动地等待安排，只要你认为这件事对公司是有必要的，就该积极主动地去做。

在一些员工的印象里，工作好像有分内和分外的差别，但是在老板看来，工作是没有任何差别的。出色的员工在高效完成自己的工作以后，总是能主动帮助同事与老板做好属于集体以及企业的工作。他们总是能够与老板和同事形成一个思想，拥有同一个目标，坚守同一个信念。正是这种意识和行动，成就了他们努力拼搏的进取心与积极高涨的工作热情。

众多事实证明，一个人只有表现出高度负责的精神，才会赢得老板的赏识和重用。但很多员工都将老板放在和自己相对的位置上，将工作和酬劳算计得一清二楚、明明白白，不愿多付出一点努力，不愿多做一点事情。他们不觉得多做些工作会为自己带来什么，反而会觉得自己那样做会被人说是傻瓜。

其实，一名真正有责任心的员工不应当怀有"我必须为老板做什么"的想法，而应多考虑"我能为老板做什么"。

如果你是一个过磅员，或许能够用自己的细心质疑来纠正磅秤的刻度错误，以避免给企业造成不必要的损失；如果你是一名货运管理员，也许会在发货清单上发现一个和自己职责没有关系的没有被发现的错误；如果你是一名邮递员，除了要确保信件及时准确到达之外，还能做一些不在职责范围之内的事……这些是你工作范围之外的小事，但这恰恰是你拥有极

下篇：七分执行

强责任心的体现。一个人只有表现出高度负责的精神，才会赢得老板的赏识和重用。一个人承担的责任越多，他彰显出来的价值也就越大，得到的回报也就越多。如果你这样做了，就等于为自己的人生播下了成功的种子。

以精益求精的态度投入工作

每个人都拥有自己难以估量的潜能，万事不精益求精，就是浪费了自己的潜能。只有以精益求精的态度投入工作，才能把自己潜在的聪明才智最大限度地发挥出来。

对待工作的态度不同，取得的结果就会不同。那些以糊弄的态度对待工作的员工，其结果就是在糊弄自己。相反，如果员工能以精益求精的态度对待工作，就会取得自己想要的圆满结果。

美国总统麦金莱在得州的一所学校演讲时，对学生说："比其他事件更重要的是，你们需要把一件事情尽量做得尽可能完美。"事实上，这是一种精益求精、对工作高度负责的精神，它不仅是精神品格和人格魅力的外在表现，更是工作作风的内在要求。精益求精，力求每一项工作都尽可能地做到完美无缺，是平凡与卓越的一道分水岭。超越平凡并不是要去做多大的事情，工作中要想做到精益求精，就需要我们在做任何工作的时候都严格要求自己。这样我们才能真正明白什么是责任，才能下决心把工作做到最好。也只有这样，才可以避免自己成为职场中"无可救药"的

员工。

每个人都拥有自己难以估量的潜能,万事不求精益求精,就是浪费了自己的潜能。只有以精益求精的态度投入工作,才能把自己潜在的聪明才智最大程度地发挥出来。

高启超毕业于一所名牌大学,他就职于一家外贸公司,后来又跳槽到了一家外资企业。刚进入外资企业工作时,他自认为业务能力很强,所以对待工作十分随意。有一天,他的上司交给他一项任务——为一家知名公司做一个广告宣传方案。

在高启超的眼中,这个方案相当简单,因此他毫不费力地用了一天时间就把方案完成了,然后交给了老板。第二天,老板把高启超叫到了自己的办公室,问道:"这是你能做出的最好方案吗?"高启超一怔,没敢回答。于是,老板轻轻地把方案推给了他。高启超什么也没说,拿起方案走了。

然后,高启超调整了一下思路,又花了两天时间,把方案重新修改了一遍,再次交给了老板。老板却还是那句话:"这是你能做出的最好方案吗?"这次,高启超的心中还是有些忐忑不安,没有信心给老板肯定的答复。于是,老板仍然请他拿回去重新斟酌,认真修改。

由于前两次都没有通过,因此,这次,高启超费尽心思,冥思苦想了一个星期才把新的方案做完交给了老板。这次,老板依然看着高启超的眼睛,问:"这是你能做出的最好方案吗?"这次,高启超自信地回答:"是的,这是我拿出来的最好方案。"老板说:"好!我相信你,这个方案批准通过!"

这一次经历之后,高启超明白了一个道理:只有精益求精,才能尽善尽美。做任何事情都要精益求精,即使在一个微乎其微的细节上也不可掉以轻心。绝大多数的细节看上去很不起眼,就像我们每天呼吸的空气一样,它们是那么的平常。但当环境遭到破坏,我们每天呼吸着被污染了的空气时,也许才会意识到它是多么的重要。一般来说,细节虽小,但它的

· 184 ·

力量是难以估量的。正如"泰山不拒细壤,故能成其高;江海不择细流,故能就其深"的道理一样,细节往往决定着胜败。

无论你从事什么样的职业,都应该以精益求精的态度对待工作。在工作的过程中,一定要尽自己最大的努力来求得不断地进步。在职场上,有些人刚开始在工作中表现得并不出色,但他们全身心地、尽职尽责地投入工作,想尽一切办法把自己的工作做得完美,反而会在事业上取得不小的成就。而有些人本来具有出色的能力,却因为不具备精益求精的工作精神,在工作中经常出现疏漏,结果,只能是让自己逐渐平庸下去。因此,只有以精益求精负责任的态度对待工作,才能在工作上更上一层楼。

主动认错,执行没有任何借口

不要利用各种借口来推卸自己的过错,从而忘却自己应该承担的责任。虽然借口能让你的情绪获得短暂的放松,却丝毫无助于工作的落实。

那些成功者,同大多数人一样,也会犯错误,他们之所以成功是因为他们能吸取教训,并作为宝贵的经验。当他们再次面临同样的问题时,便能运用以往的经验保证不再犯以前犯过的错误。

而有些员工本来具有出色的能力,却因为不具备尽职尽责的工作精神,在工作中出现问题,也不吸取教训,结果,让自己逐渐平庸下去。

松下幸之助说:"偶尔犯了错误无可厚非,但从处理错误的态度上,我们可以看清楚一个人。"老板欣赏的是那些能够正确认识自己的错误、及时改正错误并尽力做补救的员工。勇于承认错误,你给人的印象不但不

会受到损失,反而会使人尊敬你、信任你,你给周围人的印象反而会高大起来。

所以,千万不要利用各种借口来推卸自己的过错,从而忘却自己应该承担的责任。虽然借口能让你的情绪获得短暂的放松,却丝毫无助于工作的落实。请抛弃找借口的习惯,要勇于承认错误、分析错误,并为此承担责任,更重要的是要不断地从错误中总结。如果能抛弃寻找借口的习惯,成功就会离你越来越近。

作为一名员工,不应该因为胆怯而害怕承认错误,要知道回避错误比犯错误更可耻,因为这样的人连最起码的诚实都做不到。不应该相互推诿、斤斤计较过失的多少,既然犯了错,大家就都在一条水平线上,没有好坏之分。我们不应该抱着搭便车的态度逃避责任,因为一旦放弃了经受挑战的机会,就等于放弃了成长和成功。

一个人无论从事什么样的职业,都应该尽心尽力地去履行职责。而那些以各种借口逃避责任的人,注定是要失败的。工作落实的过程就是给自己新的成长空间的过程,就是给自己新的发展机遇的过程。因此,我们应该不折不扣地履行职责,做一个诚实、勇敢、自信的人。

林西是广州一家公司的财务人员。一天,他在做工资表时,给一个请过三天病假的员工定了个全薪,忘了扣除他请假那几天的工资。

林西发现了这个错误后,找到这名员工,告诉他下个月要把多给的钱扣除。但是这名员工说自己这个月由于去医院检查和买药花了很多钱,现在手头正紧,请求分期扣除,这么做的话,林西就必须请示老板。

林西当然明白主动把这件事告诉老板,老板肯定会责怪他,但是林西没有掩饰错误,更没有为此编造借口或理由搪塞老板,他比任何人都明白这件事情是因为自己工作失误造成的,他要自己为这个错误负责,他决定到老板那儿承认错误。

当林西走进老板的办公室,告诉老板自己犯的错误后,万万

没有想到老板却帮他说话。老板很生气地指责这是人事部门的错误，但林西再度强调这是他的错误，于是老板又大声指责这是会计部门的疏忽，当林西再次认错时，老板站起来拍了拍林西的肩膀，语重心长地说："嗯，不错，我之所以这样坚持不说你所犯的错误，而指责其他部门，是为了看看你承认错误的决心到底有多大。好了，现在你去把这个问题按照你自己的想法解决掉吧。"

事情就这样解决了。因为林西勇于承认自己的错误，从此以后，老板更加器重他了。

一个人做错了一件事，最好的办法就是老老实实认错，而不是去为自己辩护和开脱。对结果负责才是真正的负责，这是一种做人的美德，也是一种为人处世、办事做事的最高深的学问。犯了错误，肯定要承担一定的责任。取得老板谅解的最好办法就是，抢先一步到老板那里承认自己的错误，这样的话情况可能会更好一些。假如你在老板发现之前，就承认了自己的错误，并把责备自己、忏悔改过的话说了出来，得到老板原谅的机会会大增。

然而，有些人一旦犯了错，就会找借口逃避或者将过失推给别人。其实，只要我们能够仔细、认真地分析这些错误的原因，是很容易避免的。

哈里·杜鲁门担任美国总统时，他的办公室门口挂着一块牌子，上面写着"责任就在这里"。在工作中，我们应该保持这种态度，抛弃寻找借口的习惯。如果你不能完成公司交给你的任务，请不要抱怨太困难，要先检讨自己，看看自己是否已经尽力。如果你觉得上司不够重视你，请不要埋怨上司，要先从自己身上找原因，看看是否是因为自己能力不强或协调不当所导致的。对待工作，一定要不折不扣、尽心尽力地履行职责，只有这样，才能更正确地落实工作。

由此可见，要想成功并非难事。只要我们愿意主动面对错误，并从中吸取教训、学得经验，就能取得成功。只要我们有勇气认识错误、改正错误、弥补错误，就能取得成功。而一味地逃避、找借口，只能给我们带来无穷的挫败。

养成对工作负责任的习惯

勇于负责是每个员工都应具备的工作精神，我们要学会从责任的角度入手，对自己所从事的工作一直保持清醒的认识，努力培养自己勇于负责的工作习惯，只有这样，才是成功的最佳方法。

在这个世界上，无论是身居高位的人还是普普通通的人，他们都要承担属于自己的那一份责任，差别仅是责任的大小不同而已。如果一个人对工作不负责任的话，他便什么也做不到了。责任就是生活的一部分，当有人懈怠时，当有人只会抓手中的权力与利益而忘记身上的责任时，他们必将会被生活所抛弃。爱默生说过："责任具有至高无上的价值，它是一种伟大的品格，在所有价值中它处于最高的位置。"

"天下兴亡，匹夫有责。"这是顾炎武先生对责任的追求，我们也可以套用一下：企业兴亡，员工有责。一位商界骄子说过："人生所有的履历都必须排在勇于负责的精神之后。"是的，工作中勇于负责是一种具有巨大力量的精神，它可以改变工作的一切。

勇于负责是每个员工都应具备的工作精神，我们要学会从责任的角度入手，对自己所从事的工作一直保持清醒的认识，努力培养自己勇于负责的工作习惯，只有这样，才是成功的最佳方法。

勇于负责的精神，可以改变我们平庸的工作状态，让我们从平凡变得优秀，它还可以帮助我们赢得别人的信任和尊重，同时，可以使我们获得好机会的眷顾，从而使自己的工作和事业走向更高的阶段。假如你是一个

工作勤奋、头脑灵活的员工，但是工作成绩依然平平，那么你就该审视自己勇于负责的精神和勇气了。因为，勇于负责可能会改变工作的一切。

很多老板都会强调责任的重要性，能负责任就是一种能力。我们衡量一个人是否能胜任工作的重要标准就是具备什么样的能力，而能力的大小取决于自身素质，这种素质是需要责任感来体现的。一个具备能力而又有责任心的人，不论什么场合、什么时间，办什么事都会游刃有余；相反，一个能力超强的员工如果没有责任心，就会在工作中粗心大意，不能踏踏实实地做好事情。我们确保自己产品的质量和服务能达到预期要求就是需要用责任来保证的。员工如果没有责任意识，是无法保证工作质量的。

曾经看到过这样一个案例：

在一家电脑销售公司里，由于业务需要，领导让员工小张和小安去做市场调查，看看供货商那里电脑的具体情况。

小张不到20分钟就向老板汇报了，因为他根本没有去市场上调查，而是向同事问了一下供货商的情况。5个小时之后，小安才回来汇报。原来，小安有一个工作习惯，无论什么事都要做到仔细、负责。这次也一样，他亲自到供货商那里了解了电脑的数量、价格和质量。根据公司的采购需求，把供货商那里最有代表性的商品做了详细地记录并和供货商的销售负责人取得了联系。就在他返回途中，他还去了另外几家供货商那里了解了一些相关信息，并且将这几家供货商的情况进行了详细的比较，制订了购买方案。

第二天公司开会时，小张被老板训斥了一顿。而小安因为工作责任感强，在会议上受到老板的大力赞扬并当场给予了奖励。

在工作中，我们要有高度的责任感，也只有这样，我们才能成为企业需要的人，因为没有一个企业希望自己的员工在工作中不负责任。正如香港一位管理专家说的那样："我警告我们公司里的人，如果有谁做错了事而不敢承担责任，我就开除他。因为这样做的人，显然对我们公司没有足够的兴趣，同时也说明了他这个人缺乏责任心，根本不够资格成为我们公

司里的一员。"

工作总是会给每个真心付出的员工回报的,无论是荣誉,还是财富。不过,条件就是你首先要是一个勇于负责的人。一个员工具备了勇于负责的精神之后,就会产生改变一切的力量。

只要你是勇于负责的员工,只要你是认认真真工作的员工,你的一切就都会被大家看在眼里,你的行为就会受到领导的赞赏和支持。所以对工作负责是我们无论如何都要养成的好习惯之一。

总而言之,养成对工作负责的习惯是每个员工必须具备的。责任就是一个优秀员工的显著标志,没有谁可以拒绝承担责任,因为责任能让我们更加出色。

把岗位责任牢牢刻在心中

自己的工作岗位就是一种责任。一个人唯有对自己的岗位负责,建立起真正属于自己的人生目标,才可能由此出发,自觉地选择和承担起对岗位的责任。

一杯水,要细细喝才能品出其中的甘甜;一件毛衣,得用娴熟的技术和持久的耐心才能织成;一首歌,要认真聆听才能感受到其中所包含的感情……

自己的工作岗位就是一种责任。一个人唯有对自己的岗位负责,建立起真正属于自己的人生目标,才可能由此出发,自觉地选择和承担起对岗位的责任。

岗位就意味着责任。在这个世界上,没有不需要承担责任的岗位。实

际上，职位越高、利益越多、权力越大的人，肩负的责任越重。不要害怕承担责任，要下定决心，你一定可以承担起岗位中的责任，你一定可以比别人完成得更出色。

岗位责任就是对自己要做的事情有一种爱。正是因为这种爱，负责本身就成了生命意义的一种实现，对自己负责的人便能从中获得心灵的满足。因此，你必须将责任深植于内心，让它成为脑海中一种自觉的意识，在岗位中，这种责任意识会激励你表现得更加优秀。

动物园里有三只狼，是一家子。为了恢复狼的野性，动物园决定将它们送到森林里。

首先被放回到森林的是那只身体强壮的狼父亲，动物园的管理员认为，它的生存能力应该比剩下的两只强一些。可是过了几天，管理员发现，狼父亲经常徘徊在动物园附近，而且看起来无精打采。

但是，动物园并没有收留它，而是将幼狼放了出去，幼狼被放出去之后，狼父亲便很少回来了。它只是偶尔带着幼狼回来几次，它的身体好像比以前强壮多了，幼狼看上去精神也不错。看来，公狼把幼狼照顾得很好，而且自己过得也很好。

最后管理员把剩下的那只母狼也放了出去，然后这三只狼就再也没有回来过。

公狼有照顾幼狼的责任，尽管这是一种本能，但正是这种责任让他们生活得更好。母狼被放出去后，公狼和母狼共同负担照顾幼狼的责任，同时还需要互相照顾。这三只狼互相照顾，才使它们能够重回自然，重新开始生活。

这个故事告诉我们，岗位责任确保了生命在自然界中的延续。不仅动物如此，人类更是如此。人类社会之所以能形成，之所以能发展，其前提条件就是人与人之间彼此承担着一定的岗位责任，而且是理性的岗位责任。社会学家戴维斯说："放弃了自己对岗位的责任，就意味着放弃了自身在这个社会中更好地生存的机会。"

一个人无论在哪一个岗位上，都应该尽职尽责，站好自己的岗。这不仅是职责的需要，也是人生的需要。做事没有责任感，无异于把自己关起来，锁上自己的心门，掉进世界的黑洞，让自己陷入无法自拔的境地，这样也会使自己顿感心灵的空虚与孤寂。

其实责任感体现的是一个认真完成工作的过程，你不能用敷衍或是随便的态度来对待这个过程。

一名优秀的员工曾经对他的老板说："我希望承担更大的责任，渴望完成更重的任务。"说话的同时，他伸出了两只强健的手臂，做好了担负重任的准备，他的眼睛闪烁着诚恳的负责的光芒，他的全身充满了自信的力量。

只要相信自己能够承担重任，你就能改变自己的命运。既然你选择了这个职业，选择了这个岗位，就必须接受它的全部，而不能仅仅只享受它给你带来的益处和快乐。就算是屈辱和责骂，那也是这个岗位的一部分。

一次，在超市里做导购的夏子洋实在忍受不了顾客的刁难，回来向妈妈撒气。他的父亲告诫他说："孩子，记住，这是你的工作！不管顾客说什么或做什么，你都要记住做好你的岗位，并以应有的礼貌去对待顾客。"父亲的话让夏子洋深受触动，夏子洋说道："正是在超市导购的岗位使我学到了严格的职业道德和对待顾客的正确态度。这些东西在我以后的职业经历中起到了非常重要的作用。"

责任感关系到自己的前途。在实际工作中，"推卸责任"和"承担责任"结果肯定会是完全不同的。正如一位管理学家所说："当你选择推卸责任的时候，你已经有了做错的念头。因为此时你便会抱着一种随遇而安的心理去应付工作和老板。假如在每一次接受任务时，你的第一反应是挑战自己，那么你就会以高度的责任感去把它做到极致，从而为自己在老板的心目中赢得信任票。"

要得到老板的信任和重用，你首先要树立起你的责任感。如果你总是推卸责任，那么老板自然会选择那些敢于承担责任的人，为他们创造更多

的成功条件。有很多人,并不清楚这一点,总认为老板会选择那些能讨人喜欢的人,其实,这是最大的误解。任何一个想干一番事业的老板,都会赏识那些极有责任感的人。在一般人无法完成某一项工作时,那些敢于挺身而出承担责任的人是老板最欣赏的人。

当遇到一项艰巨的任务时,富有责任感的人会主动去承担责任,迎接挑战。不论事情成败与否,这种迎难而上的精神会让老板和同事对他产生认同感。在工作中,你要把承担艰巨的任务当成锻炼自己能力的难得机会。长此以往,你的能力就会迅速提升,经验也会日益丰富。当然在完成艰巨任务的过程中,你有时会感到很痛苦,但痛苦可以让你变得更加成熟。

世界上不可能存在只有丰厚报酬却不需要承担任何责任的便宜事。一个人想要一时不负责任当然有可能,但要免除世间所有责任可是需要付出巨大代价的。如果责任从前门进来时,你从后门溜走,那么你可能会失去很多伴随责任而来的机会。报酬和所承担的责任有着直接的关系。

主动要求承担更多的责任或自动承担责任是成功者必备的素质。大多数情况下,即使你没有被告知要对某件事负责,你也应该认真地去做好它。如果你能表现出认真的工作态度,那么责任和报酬就会接踵而来。

第十章
高效执行离不开一个和谐的团队

我们每个人应该充分认识团队的巨大力量,更好地融入团队。一个和谐的团队必然是一个具备团队精神的团队,也只有和谐团结才能缔造出一个又一个的团队神话。一名员工只有具备了这种"和谐团队"的精神,才能成为一名优秀的员工。

树立全局观念,把握整体目标

善于合作、有全局意识的人,整个全局也能带给他无穷的收益。一个人要想在工作中快速成长,就必须把自己的工作纳入全局、依靠集体的力量来提升自己。

当你来到一个新的单位工作时,上司很可能会分配给你一个难以独立完成的工作。明智且能获得成功的捷径就是把自己的工作融入全局。上司

这样做的目的可能就是要考察你的全局观念，他要知道的仅仅是你是否善于把自己的工作融入全局。如果你不言不语，一个人费劲地摸索，最后的结果很可能是死路一条。

作为一个工作中的个体，只有把自己融入全局之中，凭借全局的力量，才能把自己不能独立完成的棘手问题解决好。

在同一个单位里，同事之间有着密切的联系，谁也不可能脱离群体而单独存在。明知自己没有独立完成的能力，却被个人欲望或感情所驱使，去做一个你根本无法胜任的工作，那么失败几乎是可以肯定的。而且这不仅是你个人的失败，同时也会牵连到周围的人，甚至影响到整个公司。因此，只有依靠群体的力量才能取得成功，这种成功不仅是属于个人的，同时也是属于整个团队的。

在企业里，每一个员工的工作都不是孤立的，而是企业整体目标的一部分。如果员工只是明确企业的整体目标，那么这并不足以成为他积极主动工作的全部动力。因为员工的工作是具体细致的，而他只被要求做好某一范围内的工作。如果他只是努力完成自己手头的工作，而不知道自己的工作对整体目标有什么意义，也不知道整体的目标和自己的工作之间有怎样的联系，他只能对整体目标无动于衷，甚至轻视自己的工作，认为自己的工作无足轻重。

在美国曾经有一家咨询公司对影响员工工作效率高低的相关因素进行过专题研究。在研究中他们发现，员工在工作过程中最关心的问题共有12个，其中"我的工作要求什么吗"和"我的工作重要吗"这两个问题受员工关注的程度最高。可见，每名员工都想知道自己的工作对于整体目标的完成有着怎样的影响。员工只有认识到自己工作的重要性，才能够充分挖掘出自己的潜能。当员工充分理解并支持企业的整体目标后，才能够树立起全局的观念，为完成整体目标而努力，而不是只完成自己手头的工作。在自己的个人工作和整体目标出现矛盾和分歧时，员工应该能够对自己的工作做出牺牲以适应整体需要。只有员工明确自己的工作对于整体目标的意义，才能产生全局观念，也才能更好地化解分歧和矛盾。

有一家经营电子产品的企业,设有财务、人力资源、营销和生产四个部门。各部门按部就班,各司其职,但还是在所难免地出现了问题。在组装车间,一个包装工人不小心将一些液体洒在了操作台周围的地板上。包装组长看到后,要求这名工人打扫干净地板。但工人回绝说:"我的工作是组装机器,不是来做保洁打扫地板的。我的工作范围内并不包括打扫卫生。"组长找勤杂工却没找到,无奈之下,只好自己动手清理。

事后,包装组长找到车间主任要求处罚那位包装工人,获得了车间主任的同意。但是人力资源部却警告车间主任不要越权。车间主任感到不满,向生产部经理反映情况。生产部经理认为车间主任的做法不是越权,这是车间内部的问题,理应由车间内部自己管理,人力资源部不应过多干涉。于是,生产部把人力资源部干涉工作的事报告给了总经理。总经理认为这是两个部门之间的事,不涉及公司战略性的重大问题,两个部门协商就行了。

在公司的规定中,员工奖罚是人力资源部门的职权范围,人力资源部坚持认为生产部自定奖罚是越权,而生产部则认为自己内部员工的奖罚当然应由自己决定,不然难以有效管理。这样,两个部门的协商也陷入了僵局,双方各执一词,难以达成统一。

如果两个部门的员工都能够从全局利益出发,清楚地知道自己的工作对于企业整体目标的实现有怎样的意义,就不会将这样一件小事弄成不可调节的矛盾,从而影响整个企业的正常运行了。

当大家为同一个目标努力奋斗的时候,就能够焕发出集体观念和强大的工作热情,形成归属感和彼此认同感,每位员工也都愿意为整体利益付出自己最大的努力,互相帮助,团结协作。在这样一个充满信任和彼此认同的环境中工作,员工之间就会建立起最亲密的关系,即使工作中有了矛盾和分歧,大家也会为了整体利益尽力协调好。

让每位员工明确自己的工作对于整体目标的意义十分重要。每名员工都应该理解并支持企业的整体目标,当每名员工都拥有了全局观念并为企

业整体利益而努力时,企业就拥有强大的凝聚力,从而便能够持续发展了。一旦全体员工确立了全局观念,员工之间便会更容易建立信任和谅解的关系。

在世界知名的戴尔电脑公司,管理者将全局观念灌输到了每名员工的思维之中。他们鼓励自己的员工不断提出问题,并认真聆听意见。这使得他的团队成为一个不断学习的团队,团队成员之间彼此信任,团结协作。戴尔还通过在全公司各部门间询问同样的问题,比较其结果异同的方法来培养员工的集体智慧,并让每名员工都能分享企业内部的集体智慧。如果某一小组在中型市场创下佳绩,他们的经验会被传播给全世界分公司内的员工,而如果另一个小组掌握了在大型超市内进行销售的方法,他们的想法也会与整个企业内部的所有员工进行分享。这样的全局协作观念,使戴尔的任何一位员工都认为自己是整体的一员,并最终使戴尔公司成为一个全球性的大公司。

在工作遇到问题时,戴尔的员工也知道自己并不是单打独斗。他们知道自己是问题的一部分,同时也是为问题提供解决方案的一分子。他们可以要求协助,尤其是在遇到问题牵涉较多时,他们更加确信自己会得到帮助。因为在全局观念的指导下,任何一个其他部门的员工都会向他们伸出援助之手,他们会互相信任而不是互相指责。正是在这种观念的领导下,戴尔才取得了如此卓越的成绩。

员工具备全局观念有助于协调各部门的矛盾,更好地应对市场环境中的各种变化,提高工作技能和工作效率,从而使整个企业取得和谐发展的强大动力。

一个人的成功不是真正的成功,全局的成功才是最大的成功。所以,每个员工都应该树立全局观念,主动把自己的工作纳入全局之中。

相互配合,凝聚团队力量

如果10个优秀人才在一起做事,大家都各执己见,这样事情往往办不好,但如果10个人中有两人特别出众,其他人就会听这两人的,事情就很容易做好。

如果你是一个具有绝对权力的领导者,要使你的权力变成效益,你应该掌握对所辖的人力、物力、资源进行最佳组合的艺术。

据说日本企业界的管理层十分推崇中国的《三国演义》并有所借鉴,下面请看一个例子:

公元215年,吴、魏军队在合肥展开激战。合肥为魏的领土,守城的将军是张辽、乐进和李典,士兵有七千多人。进攻合肥的吴军有十万之众,由孙权亲自挂帅。这个时候曹操率兵西征张鲁,距合肥数千里之遥。而且,对吴军更为有利的是,魏军守城的三个将领互不服气,各自为战。这样吴军必胜无疑。但是,吴军却被打得大败,孙权差点被活捉。这是为什么?

张辽、乐进、李典三人都是曹操手下的大将,资历能力相差无几,地位职务不相上下。这是三人彼此不服的重要原因。让他们一同守城,危险很大,但曹操自有高见。他在西征张鲁之前,写好一封密信交给合肥护军薛梯,信封上特别注明:等吴军来攻时再拆开看。

果然,孙权率大军来攻,大家急忙拆开曹操的密信,只见信上寥寥数语:"若孙权至者,张、李将军出战;乐将军守护军,

勿得与战。"诸将皆疑。第一个明白曹操意图的是张辽,他说:"曹公的意思是说,他远征在外,如等他来救,敌人早已把我们打败,只有在敌人站稳脚之前,我们有攻有守,打敌人一个措手不及,才能以攻为守,胜败在此一举。"听了张辽的话,李典也深有同感。

张辽有胆有识、能文能武,曹操把他放在合肥,目的是让他起到组织、协调守军的核心作用。李典善与人同,顾全大局,但缺少独当一面的经验。而乐进性烈胆壮,勇猛过人,是不可多得的战将。按理说,让张辽、乐进出城作战,李典守城较为合适,但曹操却让乐进守城,让李典和张辽出战。难道是曹操一时疏忽吗?当然不是,这正好反映出曹操在用人方面技高一筹。

李典素有"不与诸将争功"的品格,让他协助张辽作战,两人容易形成一致意见,相互支持。如让乐进与张辽出战,则很难保证二人不争功斗气。曹操的信还有更深一层的意思,即:如果乐进不愿守城,坚持出城作战,那么也要顾全大局,服从张辽的统一指挥。就这样,曹操的一封密信,为三人齐心合力,形成一致对敌的局面打下了基础。事情的发展正如曹操所期望的那样,张辽挂帅出征,李典随军相助,乐进守城。结果,张辽靠出奇兵,大败吴军,差点活捉孙权。

曹操知人善任,以七千败十万,在用人史上被传为佳话。从这个故事可以看出,在人才聚集的地方,首先必须考虑到人才的整体效益,用其所长,避其所短。否则,人才再多,也未必能保证事业的成功。

再请看日本企业界的一个例子。

有三个能力很强的企业家,合资创办了一家公司,三人分别担任会长、社长和常务董事。一般人认为,这家公司的领导班子如此之强,定会欣欣向荣,结果却恰恰相反,公司连连亏损。这家公司的企业集团总部得知这一情况后,立即研究对策,决定敦促该公司社长退股,到其他公司去投资,同时取消他的社长职

位。剩下的会长和常务董事齐心合力，很快扭亏为盈，不仅把前几年的亏损补上了，而且还有大量盈余。

那位调走的社长担任了另外一家公司的会长，经营才能也得到了充分地发挥，取得了很大的成绩。

三位一流的经营人才搭配在一起，惨遭失败；一分为二，却大获成功。奥妙何在？关键在于"人事协调"上。正因为如此，松下幸之助说："在用人时，必须考虑员工之间的相互配合，如此才能发挥个人的聪明才智。这也是人事管理上的金科玉律。一般所说的适才适用就是把一个人适当地安排在最合适的位置上，使他能够完全发挥自己的才能。然而，更进一层地分析，每一个人都有长处和短处，若要做到取长补短，就要在分工合作时，考虑双方的优点和缺点，切磋鼓励，使他们同心协力地谋求事业的发展。"

要想做到人事协调，重要的一点就是根据工作需要选拔人才，选拔人才要选择合适的人才，而不一定都是一流的人才。如果10个优秀人才在一起做事，大家都各执己见，这样事情往往办不好，但如要10个人中有两人特别出众，其他人就会听这两人的，事情就很容易做好。

在数学上，1加1等于2。在人员配合方面，1加1既可能大于10，也可能等于零。因此，在用人时，既要考虑个人的能力，又要考虑到人员之间的配合。正如松下幸之助在上面所说的那样，员工之间的配合是"事业管理上的金科玉律"。

下篇：七分执行

借势发挥，总比单挑力量大

在工作中，你要想获得成功，就应该抛弃"独行侠"意识，融入团队，学会与他人合作，并虚心向他人学习，提高自身素质，这样你才是真正的聪明，也必定会获得成功。

仔细观察一下忙忙碌碌的蚂蚁，你就会发现它们进行团队作战的壮举。一只蚂蚁在发现了自己拖不动的食物之后，就会立即去招呼同伴来帮忙。于是你会看见一个比蚂蚁体重大数百倍、数千倍的食物，在一群蚂蚁的齐心协力下，被拖回蚂蚁巢穴的场景。

这种现象向我们昭示了合作的重要性，因为一个人的能力是有限的。在现代职场上，只有养成与人合作的良好习惯，才能在事业的进取中左右逢源，不断提高自身能力，一步一步走向成功。

一位专家研究指出：现代年轻人在职场中会普遍表现出自负和自傲，这使他们在融入工作环境方面显得缓慢和困难。他们缺乏团队合作精神，项目都是自己做，不愿和同事一起想办法，而他们每个人都会做出不同的结果，最后对公司一点价值都没有。

导致他们在工作上犯这样错误的原因不外乎个人英雄主义情结，自认为凭借一己之力就可以打拼天下，就可以撑起一片蓝天。

这类年轻人缺乏团队精神，从来不承认团队对自己有帮助，即使他们接受过帮助也认为那是团队的义务；他们好出风头，总想显露出自己的才华，引起上司和同事的注意。实际上，这些持有"独行侠"意识的人在公

司里的前途往往是黯淡的，因为他们往往自恃水平很高，工作却毫无建树。在现代职场上，你要想获得成功，就应该抛弃"独行侠"意识，融入团队，学会与他人合作，借势发挥，并虚心向他人学习，提高自身素质。这样你才是真正的聪明，也必定会因此获得成功。

你要牢记这样一句话：就是浑身是铁，靠一个人、两个人也打不了几根钉，要想开创一番事业，必须靠更多的人形成一个团队，依靠团队作战。

有一家发展公司招聘高层管理人员，9名优秀应聘者经过初试，从上百人中脱颖而出，闯进了由公司老总亲自把关的复试。

老总看过这9个人详细的资料和初试成绩后，相当满意。但此次招聘只能录取3个人，所以老总给大家出了最后一道题。

老总把这9个人随机分成A、B、C三组，指定A组的3个人去调查本市婴儿用品市场，B组的3个人去调查妇女用品市场，C组的3个人调查老年人用品市场。老总解释说："我们录取的人员是要进行市场开发的，所以，你们必须对市场有敏锐的观察力。让你们调查这些行业，是想看看大家对一个新行业的适应能力。每个小组的成员务必全力以赴！"临走的时候，老总又补充道："为避免大家盲目开展调查，我已经叫秘书准备了相关行业的资料，走的时候自己到秘书那里去取。"

3天后，9个人都把自己的市场分析报告送到了老板那里。老总看完后，站起身来，走向C组的3个人，分别与之一一握手，并祝贺道："恭喜3位，你们通过复试了！"然后，老总看着大家疑惑的表情，揭开了复试的谜底，他对参加复试的所有人说："请大家打开我叫秘书给你们的资料，互相看看。"原来，每个人得到的资料都不一样，A组的3个人得到的分别是对本市婴儿用品市场过去、现在和将来的分析，其他组得到的资料也类似。老总说："C组的3个人很聪明，他们互相借用了对方的资料，补齐了自己的分析报告，而A、B两组的人却分别行事，抛

开队友，自己做自己的，形成的市场分析报告自然不够全面。其实我出这样一个题目，主要目的是想考察大家的团队合作意识，看看大家是否善于在工作中合作。要知道，团队合作精神才是现代企业成功的保障。"

由此可见善于合作在职场中具有重要作用。如果你没有合作精神，你就很可能进不了一些你梦寐以求的优秀公司，即使你侥幸进了这些公司，光凭自己单打独斗，也不会取得什么成绩。你应该学会合作，像以上事例中C组的3个人那样，互相借势发挥，从而形成全面的市场分析报告，获得1加1大于2的效果。

如果你在工作中善于合作，取人之长，补己之短，你的能力将会得到成倍的提高。同时，你也将会做出应有的业绩，脱颖而出，获得上司的赏识。正所谓："你手上有一个苹果，我手上也有一个苹果，两个苹果交换后每人还是一个苹果。如果你有一种能力，我也有一种能力，两种能力交换后就不再是一种能力了。"

充分发挥团队协作的精神品质

对于协同作战的队员来说，与队友配合比与队友竞争更为重要，他们将自己视为整体的一部分，从不让队友间的竞争超过一定限度，不让竞争损害整个团队。

激烈的挑战需要精良的团队去应对，面对强大的压力，队员最需要的就是协作配合。这里说的是协作而不是合作，因为协作所含的内容更为广泛。合作仅指人们在一起工作，而协作则不仅仅是指人们在一起工作而是

指人们在一起奋斗，协作意味着每个人都在给团队增添新的价值、注入新的活力。协作产生的能量远远大于单个力量的总和。

比较了解"二战"的人可能会知道在"二战"期间有一次惊心动魄的"大逃亡"。这次大逃亡可谓是协作的完美典范，此次活动任务之艰巨、范围之广泛，令人难以想象。

在德国柏林东南有一座德国战俘营。为了逃脱纳粹的魔爪，250多名战俘准备越狱。在纳粹的严密控制之下实施越狱计划，要求战俘们进行最大程度地合作，才能确保成功。为此，他们明确进行了分工。

这是一件非常复杂的事，首先要挖地道，而挖地道和隐藏地道就极为困难。战俘们一起设计地道，动工挖土，拆下床板木条支撑地道。他们处理新鲜泥土的方式更令人惊叹，他们用自制的风箱给地道通风吹干泥土。制作了在坑道里运土的轨道和手推车，在狭窄的坑道里铺上了照明电线。所需的工具和材料之多令人难以置信，3000张床板、1250个压条、2100个篮子、71张长桌子、3180把刀、60把铁锹、700英尺绳子、2000英尺电线，还有许多其他的东西。为了寻找和搞到这些东西，他们绞尽了脑汁。

此外，他们每个人还需要普通的衣服、纳粹通行证和身份证以及地图、指南针及干粮等一切可以用得上的东西。担任此项任务的战俘不断弄来任何可能有用的东西，其他人则有步骤地、坚持不懈地贿赂甚至讹诈看守。

他们每个人都有各自的分工。做裁缝、做铁匠、当扒手、伪造证件，他们月复一月地秘密工作，甚至组织了一些掩护队，吸引了德国哨兵的注意力。

此外，他们还要负责"安全问题"，德国人雇用了许多秘密看守，混入战俘营，专门防止越狱。"安全队"监视每个秘密看守，一有看守接近，就悄悄地发信号给其他战俘、岗哨和工程

队员。

　　这一切工作，由于众人的密切协作，在一年多的时间内竟然躲过了纳粹的严密监视，他们成功地完成了这一切。

　　1944年3月24日晚，250多名战俘开始行动了。但不幸的是，由于发生了一些变故，实际上只有少数人越狱成功。

　　曾把此事拍成电影《胜利大逃亡》的著名导演约翰·斯蒂尔格斯评论这件事时，曾经感叹不已："这次逃亡需要250多人完完全全地投入，每个人竭尽全力，每分、每时、日日夜夜连续作战，时间长达一年多，人的能量从来没有被发掘到如此淋漓尽致的地步，这种决心和勇气令人震撼。"

　　是的，这么多的人在如此艰苦的条件下越狱，如果不能团结协作，那是根本不可能完成的事，更谈不上成功脱逃了。如今的社会，很多人都信仰个人英雄主义，认为凭借一己之力就可以打拼天下，就可以撑起一片蓝天。因此，很多人往往会忽略应有的合作意识，不善于与人合作。他们的项目都是自己做，不愿和同事一起想办法，因此他们每个人都会做出不同的结果。

　　上面这个故事给我们的启示很多。信仰个人英雄主义的员工应该反思一下，想一想自己是否有以下表现：

　　1. 从来就不承认团队对自己有什么帮助，即使接受过帮助也认为这是团队应该做的。

　　2. 每当遇到困难时，总是喜欢单独蛮干，从不和其他同事沟通交流。

　　3. 习惯好大喜功，喜欢做不在自己能力范围之内的事。

　　一个人如果以这种态度对待所面对的团体，其前途必将是黯淡的。只有把自己融入团队的人才能取得更大的成功。认识到自己所缺乏的协作精神，就要努力改正，充分发挥协作精神，这样才能达到双赢的效果。

　　首先，要通过团体的价值来取得胜利。

　　只要与队友相互配合，你就能取得惊人的成绩。但如果是单打独斗，你就会丧失很多成功的机会。无论做什么事情，只要能相互协作，就会增加所做事情的价值和效果。因为，在相互协作的过程中，不仅能充分发挥你自己的技能，而且还会激发出队友的潜能。反之，输掉的则不只是集

体,还有你自己。

其次,要把整体利益放在第一位,全神贯注于团队的整体利益,而不是私人小利。

阿瑟·卡维特·罗伯特斯指出:"任何优异成绩都是通过一场相互配合的接力赛取得的,而不是一个简单的竞争过程。"如果你关注的是整个团队的利益而不是你自己,在需要你做出贡献的时候,你就会传出接力棒而不是企图单枪匹马独自完成整场比赛。

为了保证团队的利益能够充分实现,协作有时也需要某个人做出一些牺牲。不过仔细想一想,团队的收益不也是个人的收益吗?如果每个人不做一点牺牲的话,那么整个团队最终将会失去胜利的机会,受损失的不仅是整个团队,自己不也会受到损失吗?

最后,要有坦荡的胸怀,同事之间应当相互支持而不是互相拆台。圣弗兰西斯说:"索取使人疏远;奉献促进团结。"忘我的核心是坦荡大方,它有助于团队的团结,有助于个人的发展。如果队员愿意无私地为团队工作,那么团队就开始向成功迈进了。

一个人如果只专注于自己的利益,自然而然地就会不信任他人,甚至猜疑自己的队友。但是,如果你能抛掉疑虑,采取相互支持的积极态度,你就可以成为一名对团队有贡献的队员。如果你能善待他人,相互间就可以建立起良好的协作关系。

我们要加强团队意识,要认识到你的同事是你的协作者,而不是你的竞争对手。其实观察任何一个团队,我们都能看得到竞争的影子。因为人人都有希望、目标和理想,都渴望梦想成真。但对于协同作战的队员来说,与队友配合比与队友竞争更为重要,他们将自己视为整体的一部分,从不让队友间的竞争超过一定限度,不让竞争损害整个团队。

为了自己、同事及团体的利益,只有我们充分发挥协作精神,才能在工作中取得更大的成绩。

下篇：七分执行

集思广益，认真听取他人的建议

有些人恃才傲物，不愿请教他人，不愿承认别人比自己懂得多，这是一种非常愚蠢的心理。成功者之所以成功，很重要的一点在于他们勤学好问，对不知道、不清楚的事总要问个为什么。

工作中无论多么复杂的事情，都会有个方向问题，如果能向着正确的方向前进就会事半功倍，如果向着错误的方向向前就会事倍功半。因此，在工作中找到正确的方向是相当重要的。遗憾的是，单凭我们个人的能力和经验，还无法迅速、准确地找到正确的方向。因为当一项全新的、完全陌生的工作放在你面前时，你很可能会不知所措，找不到头绪。即使是曾经做过的工作，你也不一定能顺利找到最准确的方向，用最快捷有效的方法完成它。这时你就需要别人的帮助，向那些能力更强、见解更独到、经验更丰富的同事请教，怀抱感恩之心热情地对待同事的建议和批评——即使这些批评和建议十分不中听你也要认真地加以对待。

在单位里，有些人恃才傲物不愿请教他人，不愿承认别人比自己懂得多，这是一种非常愚蠢的心理。成功者之所以成功，很重要的一点在于他们勤学好问，对不知道、不清楚的事总要问个为什么。

习惯向专业人士请教自己不懂的问题是一种非常宝贵的素质，它可以拓展我们的知识面，提升我们的能力，使我们的工作能力变得更强。请教别人还有利于我们获得良好的人际关系。因为每个人都有一种想成为重要人物的冲动，请求同事帮忙，能使对方觉得你以为他很重要，而且也能为

你赢得友谊和合作。

19世纪50年代,美国旧金山掀起了一股淘金热。其中有一个叫李威·施特劳斯的年轻人,放弃了自己的文职工作,跟着两个哥哥来到旧金山开了一家杂货店。一天,有位淘金工人来店里购物,对李威·施特劳斯说:"你的帆布包虽然适合我们用,但不如用帆布做成裤子更适合淘金工人穿。矿工们现在穿的工装裤都是棉布做的,很容易磨破。若改用帆布,就结实耐用了。"

李威·施特劳斯经过一夜的思考后,很快采纳了这位淘金工人的建议,取出一块帆布来到裁缝店做出了第一条工装裤。这种工装裤诞生后,受到了许多矿工的喜爱。

不久,一位远方的朋友来看望李威·施特劳斯。朋友看到工人们购买这种工装裤的火爆情形后,建议他:"你应该投入一些资金,进行广告宣传;另外,你应该聘请一些经验丰富的裁缝,把这种裤子重新设计一番,全面推向市场。"李威·施特劳斯听从了朋友的建议。他把这种工装裤重新进行了设计,推向了市场,受到了年轻人的青睐。这就是后人所称的牛仔裤。后来,他引进了设备,大批量生产,并利用各种媒体宣传牛仔裤,大谈"牛仔裤文化"。铺天盖地的宣传使牛仔裤深入人心。"西部牛仔"成了美国青年崇拜和模仿的对象。不少中老年人,甚至连上层社会的人物也开始喜欢牛仔裤了,牛仔裤的市场变得越来越广阔了。现在,他的公司已经成为世界驰名的跨国公司了,他的事业也传到了他的第四代子孙身上。

有时,我们可能没有主动向人请教,别人也会对我们的工作发表一些自己的意见。聪明的人都不会对这些意见产生反感,不管这些意见是对是错,我们都要真诚地向对方道谢并客观地评价这些建议。这些建议通常都极其有价值,可以为我们提供一个崭新的工作思路或为我们开辟出一段崭新的职业生涯。

李志刚被公司委派去上海开发市场,在接到公司的工作安排

后，他很快拟订了一份市场开发方案。开会研究时，他把自己的方案简单地讲解了一遍。这时他手下的业务员提出了一些疑问和合理建议，但李志刚却傲慢地说："我负责开发各地市场这么多年了，难道还不知道该怎么做吗？我的方案是非常正确的，不用大家再讨论了。"为了实施他的计划方案，公司付出了巨大的财力、物力、人力。几个月过去了，却未能提升当地的市场份额。公司只好对他进行降职处分，然后重新安排一个人顶替他的职务，开发这片市场。

新安排的人名叫李双，他深知集合众人智慧的重要性，所以，他一上任便安排业务员对当地市场开展调查，然后集合所有负责上海市场的员工进行讨论。会上，他把自己设想的市场开发方案列举了出来，让大家根据考察的情况来讨论其可行性。业务员们都热情高涨地发表了自己的看法。李双从中选了一些好的建议记了下来，进一步完善方案。最后，他拟订出了一个稳妥可行的方案。很快，公司就在上海的市场上取得了成功。

由此可见，在工作中，需要集思广益，善于从大家的建议中汲取智慧，这样才能帮助自己取得工作上的进步。

你作为工作团队中的一员，是不是从来不向上司或同事请教有关工作上的事或是探讨自身的问题呢？如果真是这样，那么从今天起，你就应该改变自己。即使工作多年，当你遇到自己难以解决的难题和困境也可以向其他同事和上司请教，这样一方面可以降低错误率，另一方面还有助于合作。

掌握沟通技巧，注重团队合作

一个具有沟通能力的人，可以将自己所拥有的专业知识及专业能力进行百分之百地发挥，并且能迅速地在工作中给别人留下"最棒""能行"的印象。

沟通在团队相互协作中，占有着重要的作用。不管是和比自己能力强的人协作，还是和比自己能力相当或能力较弱的人协作，首先就要学会畅通无阻地交流、沟通。

可以这样说，有效的沟通是协作的关键因素，每个人的特点和个性都是有区别的，在没有了解对方之前，双方之间不可能找到共同点。只有进行有效的沟通和了解之后，才能找到互相之间的优势所在，进行资源的合理化配置，使得合作成功。

"沟通"早已成为职场上最具有代表性的一个词语了，工作中我们会听到同事相互之间经常这样说，要加强沟通和联系，可见沟通在工作中是非常重要的。沟通是人们之间相互了解的一种直接、有效的手段，这对于合作双方是非常必要的。因为合作一般都会分清各自工作的重点，明确好分工，但是其中又有些必须要联系的环节，所以双方有必要知道对方的想法和做事的方法，这样才能达成一个共同的协作方法。

在几乎所有的招聘要求中，很多单位都会强调"有很强的沟通能力"这一要求，这已成为企业在招募员工时衡量其素质的重要指标。团队精神是现代企业成功的必要条件之一。能够与同事进行良好的沟通，就能够把你独特的优势在工作中淋漓尽致地展现出来，这样也就自然能够引起老板

的关注,否则你会很难在现代职场立足。

英特尔公司中国区招聘经理陈颖琦在谈到英特尔的择才标准时说:"我们在选人的过程当中,首先看在他的专业技能方面有没有符合我们的要求;其次,从个人的技能方面,我们主要看沟通的技巧、团队合作精神,还有他做项目的一些能力,这几个方面是我们比较看重的。"

"专业知识"是工作通行证,可是当大家都拥有了这个通行证、都同时挤向一座桥的时候,谁才能成为最先通过的那个人呢?

沟通能力恰恰是一种能证明和让对方发现你具有社会工作能力的能力。一个具有沟通能力的人,可以将自己所拥有的专业知识及专业能力进行百分之百的发挥,并能迅速在工作中给别人留下"最棒""能行"的印象。

此外,一个人沟通能力的高低是决定一个人在工作中能否正常发挥的重要因素。如果你是企业主管,面对着两个同样的求职者,你是愿意要一个能适应企业变化、了解办公室生存方式、知道如何和上级同事相处的人,还是一个一问三不知、再问更摇头的人呢?

良好的沟通能力是贯穿协作始终的一座桥梁。具有良好的沟通能力可以使你很好地表达自己的思想和情感,获得别人的理解和支持,从而和上级、同事、下级保持良好的关系。沟通技巧较差的人常常会被别人误解,给别人留下不好的印象,甚至无意中对别人造成伤害。所以,无论是在生活中还是在工作中,我们都应该架好沟通的"桥梁",这样才能保证我们在协作时畅通无阻、收获多多。

融洽同事关系，虚心向大家学习

如果每个人不停止问问题，世上就没有愚蠢的问题和愚蠢的人了。能真正从工作中成长起来的唯一方法便是发问，向同事学习。

聪明的人懂得向同事要智慧，说直接点就是虚心向同事学习，他们尤其要请教在遇到难题时，该怎样化险为夷、拨云见日。求教于人能使自己获得更快发展的机会。

有人认为同事是自己在公司里的竞争对手，是职场上互有戒心的同行者，是对外保持一致而对内各怀心事的搭档。其实，"三人行，必有我师"，同事就是你身边最好的老师，也是让工作变得美好的关键人物。你为何不能将同事视为"良师益友"，向同事要智慧呢？

市场营销部的孙萌萌最近很烦躁。原来，在公司的业绩评比表中，孙萌萌连着四个月都在小章之下，屈居第二，说心里话她很不服气。她一直认为自己功夫下得不比小章少，资历也比她老，怎么可能落在她后面呢？小章这个进公司不到三年的人，所掌握的客户资源竟然是她这个元老的几倍。好胜心强的孙萌萌决定与小章一拼高低。

于是，孙萌萌想方设法进入小章的电脑系统，查看到她的客户分布，冒险去挖她的客源。小章知道此事后非常恼火，当面指责孙萌萌"恶性竞争""挖别人的墙脚"，并对她提出了严重警告：再这样下去，就别怪我不顾你这位业界前辈的面子，把真相

下篇：七分执行

告诉老板。两人的关系因此闹得很僵。

孙萌萌回想两人唇枪舌剑的瞬间，豁然开朗：现在的"新新人类"性格还是很直爽的，只要我不再以前辈自居，放下架子，不耻下问，她一定会尽释前嫌，并把盘活客户资源的技巧告诉我的。问题一想通，孙萌萌的心头轻松多了，她特意邀请小章去喝咖啡，并诚恳地请教她一些问题。这次倒是小章有些不好意思了，她说："以前我对你的态度有些过分，请多谅解。"与此同时，小章讲了一些自己做营销的心得："其实也没什么，做营销，发展新客户是一条路，而盘活老客户更重要。一定要让老客户感觉到你的诚信和友善、你的信誉和热情，这样他才可能会把他的亲朋好友介绍给你，成为你的新客户。我特意准备了一个笔记本，记录客户的特殊情况，以便在细微处做文章，比如去某地出差办事时就可以顺便看望一下客户刚刚考入该地大学的孩子，在特殊的日子里，不要忘记替当日有重要会议的人送一束鲜花给他的家人；我为每位老客户都设立了生日档案，他们过生日，我会亲自做一张精致的贺卡，并配上小礼物邮寄给他们，很多客户收到贺卡礼物时都深受感动，特地打电话表示感谢……"

我从不以为这是工作以外的琐事，相反，干这些工作就要有"功夫在诗外"的精神。

孙萌萌听了这些，恍然大悟，原来如此。在以后的工作中，他也借鉴了小章的经验，果然业绩迅速攀升，与小章旗鼓相当了。更为可喜的是，他与小章的关系也更团结了，合作起来也更愉快了。

这就是向同事要智慧的好处，这样不但能让你在工作的迷途中找到方向，更快地前进，还能改善你与同事的人际关系，使自己工作起来更加舒心快乐。

信息就是力量，智慧和经验的传承也是如此。在事业上有一位良师益友，好处不胜枚举，他可以在你需要时提供帮忙与指点，使你的职业生涯获得极大的益处。良师益友是你的向导与教练，他们勉励你、帮助你，而不会讽刺你、贬低你。身兼教授、演讲家及畅销书作家三种身份的李伯夫

213

博士就说："我非常幸运,有许多朋友与同事在我需要建议时指点我、帮助我。许多朋友在他们需要帮助时,也同样会打电话给我。基本上,我们依情况而定,彼此互相帮忙。"

美国电力公司的老板斯泰因麦兹说:"如果每个人不停止问问题,世上就没有愚蠢的问题和愚蠢的人。"他不断地告诉他的员工:"能真正从工作中成长起来的唯一方法便是发问,向同事学习。"我们只学我们要学的,你之所以问一个问题便是因为你想知道它的答案,因为你想知道,于是便在心里牢记它。所以,善于向同事要智慧,可以让平庸者走出事业的低谷,让成功者更加成功。

如果你的身边有几个可为师的同事,那么你的进步也将会是显而易见的,这必然会使你的职场竞争多加一个砝码。

永远都不要怀疑,同事就是你身边最好的老师。许多学有专长的同事其实很愿意与你分享他们的知识和经验。那你就根据自己目标与时间的不同,随时找寻身边可以指导你的良师益友吧。只要你摆正心态,放低姿态,一定可以学到更多的东西。

在工作中,你应多向同事学习,向同事要智慧。职场上,一个涉世未深的新员工向资深的同事求教是理所当然的,那绝非丢人的事。

相互信赖,在协作中融入团队氛围

把协作看成是一种习惯来培养,把信赖当作一种责任来承担,这样成员之间才能充分认识到协作的意义,才能很好地去协作,才会在彼此的协作中感受到自己对别人的价值以及别人对自己的意义。

彼此信赖，获得的可能不只是协作带来的成就感，还有协作带给整个组织的成就。作为组织的成员，你会意识到，协作习惯对于一个组织而言，任何时候都是不可或缺的。

德里斯·科尔曾说过："人们对服务机构的满意程度可以从他们的信赖度充分显示出来。"

"要是没有信赖感，人与人之间，或是团队与团队、部门与部门之间就没有合作的基石。"爱德华兹·戴明表示，"没有信赖的基础，每个人都会试图保护自己眼前的利益；但是这么做却会对长期的利益造成损害，并且会对整个体系造成伤害。"无以计数的企业曾经在爱德华兹·戴明的建议和协助之下，让公司的表现达到最高的境界。爱德华兹·戴明的经验显示出：信赖对于品质、创新、服务和生产力的重要性在全世界都是同样适用的。

根据韦氏词典的解释，信赖是"对于某人或者某事的品行、能力、强项或是信任感到放心"。换句话说，信赖意味着对某人、某事有足够信心或是深信不疑。虽然我们这一代人大致来说还算信赖别人，但是，与此同时，在少数人中不信赖及怀疑也正悄悄地取代信赖。

比尔·肯尼斯在《不会落空的希望》一书中写道："我们当初以为可以信赖军方，但是后来却爆发了越战；我们以为可以信赖政客，但是后来却有了水门事件；我们以为自己可以相信股票经纪人，但是结果却遭遇黑色星期一；我们以为可以信任牧师，但是却有不肖的神职人员史华格。如此说来，这天底下到底有谁值得信任？"

毫无疑问，这个名单可以一直列举下去，这个世界上有太多问题，使得人与人之间的信赖逐渐瓦解。

在《圣经真理》一书中，作者艾恩塞德讲了一个小故事，说明了对他人妄下定论的行为有多么愚蠢。

有个叫波特的人搭乘一艘豪华游轮前往欧洲，当他上船之后发现要和另外一位乘客住同一间舱房。他进去看了一下住宿的地方之后，就跑到事务长的办公室询问是否可以把金表和一些贵重

物品都寄放在保险箱里头。波特先生告诉事务长，他通常不会这么做，不过他去舱房看过之后，觉得这位同屋的先生看起来不怎么可靠，所以才决定把贵重的物品寄放到保险箱。这位事务长接下波特先生的贵重物品之后说："没有问题，波特先生，我很乐意帮你保管，其实和你同屋的那位先生已经来过我这儿了，他也是因为同样的理由要寄放贵重物品。"

不得不承认相互信赖是个有风险的游戏，但是如果你鼓起勇气先赋予别人信赖，最终你会成为这场游戏的赢家。只要日常工作时能够秉持以下几个原则，那么你也可以和他人同心协力建立起一个人们彼此都信赖的环境。

1. 要主动接受对方。你可以伸出友好的手，主动和对方打招呼。

2. 聆听他人的心声。试着去了解别人的感受、观点以及体验，而且要能够守住秘密。就算你知道一些敏感或是私人的事情，也不要随便向外透露。当对方诚心诚意地想要了解你的为人及想法时，自然也会赢得你的信任。

3. 要以自己的言行去感化对方，影响对方。要注意自己的态度和方式，切不可弄巧成拙。

4. 保持正直的品格。用行动证明你是个说到做到的人，让别人知道你信守承诺。只要是你要做的事情，别人就完全无须怀疑，简单来说就是要说到做到。你的态度和行为必须和自己说出来的话语一致，这可能是赢得他人信赖最有效的方法了。

5. 要把你想象成对方。站在对方的角度考虑问题，你就能够体会或理解他们的想法，从而修正自己的一些不正确的做法了。这样有助于双方关系的改善。

6. 杜绝闲言闲语。无论是谎言、华而不实的话语还是在别人背后说的闲言碎语都会使信赖遭到扼杀。遇事不要道听途说，而应该明察事情的真相。

7. 要接受他人的独特个性。不要妄图改变人人都有其个性这个事实，

接受对方的本来面目，对方也会尊重你的本来面目。切忌强迫别人接受你的观念。

8. 尊重别人的价值观。你对别人的生活形态或许看不过去，或许觉得匪夷所思，但仍需为对方设身处地地着想。当你能够了解别人的想法，并且对其表示认同的时候，双方自然会产生一种真诚的关系，眼里只有自己的人往往无法建立这种坦诚的关系。

9. 弥补错误。我们要愿意坦白承认错误，请求原谅。当人与人之间的关系因为冲突而陷入紧张的时候，我们要努力恢复和平的气氛。如果有了"伤口"而不加以治疗，那么日后"化脓"，会使关系受到"感染"。一旦出了问题，我们虽然很想把责任推到别人头上，但也要忍着不这么做，而应该勇于承担责任并且努力弥补错误。

10. 关心别人。当我们匆匆忙忙追求目标的时候，往往会忽略他人的需求。真心诚意地关心别人的需求会为我们自己带来极大的回报；体贴、尊敬、仁爱和相信他人，会培养出你的信赖感，并最终带领你走上成功的道路。

我们必须在工作当中落实以上所说的10项原则，这样我们才能够在工作中与同事们建立起信赖的关系。

第十一章
工作就是要把每件事都做到位、做到最好

事业的成功源于"细节",天下大事,必作于细。细节不是小事,它是一种创造、一种功力。作为员工,只有将细节、小节、小事做到极致,才能由高效走向卓越,甚至向更高的境界发展。

责任面前,工作没有小事

小的任务顺利完成,有利于你对大任务的成功把握。一步一个脚印地向上攀登,便不会轻易跌落。通过工作获得真正力量的秘诀就蕴藏在其中。

战场无小事,一件微不足道的小事或者是一个毫不起眼的变化,便能决定这场战争的胜负。这就要求每一位军官和士兵始终保持高度的注意力和责任心,始终具有清醒的头脑和敏锐的判断力,能够对战场上出现的每

下篇：七分执行

一个变化、每一件小事迅速做出准确的反应和决断。

"战场上无小事"也同样适用于企业和企业的每一位员工，因为，工作中没有小事。

任何一个人所做的工作，都是由一件件小事构成的，因此每个人都不应对工作中的小事轻视懈怠或敷衍应付。

每一件事都值得我们去做，并且都值得我们把它做好。不要小看自己所做的每一件事，即便是最普通的事，我们应该全力以赴、尽职尽责地去完成。小的任务顺利完成，有利于你对大任务的成功把握。一步一个脚印地向上攀登，便不会轻易跌落。通过工作获得真正力量的秘诀就蕴藏在其中。

问题是，就怕人们有那种大事干不了、小事又不愿干的心理。小至一个人，大至一个公司、企业，它们的成功发展，正是来源于平凡工作的积累。公司需要的是能够在平凡中成长的人，所以能够认真对待每一件事，能够把平凡的工作做得很好的人，才是能够发挥能力在平凡中成长的人。因此不要看轻任何一项工作，没有人是可以一步登天的，当你认真对待了解每一件事后，你会发现自己的人生之路已经越来越广，成功的机遇已接踵而来。

董大为认为，卖汽车，人品重于商品。一个成功的汽车销售商肯定要有一颗尊重他人的爱心，他的爱心体现在他的每一个细小的行为中。

有一天，一位中年妇女从对面的福特汽车销售商行走进了董大为的汽车展销室。她说自己很想买一辆白色的福特车，就和她表姐开的那辆一样，但是福特车行的经销商让她过一个小时之后再去，所以她到董大为这儿来看一看。

"夫人，欢迎您来看我的车。"董大为微笑着说。妇女兴奋地告诉他："今天是我55岁的生日，想买一辆白色的福特车送给自己作为生日礼物。"

"夫人，祝您生日快乐！"董大为热情地祝贺道。随后，他轻

· 219 ·

声地向身边的助手交代了几句。

董大为领着夫人从一辆辆新车面前慢慢走过,边看边介绍。在来到一辆雪佛莱车前时,他说:"夫人,您对白色情有独钟,瞧这辆双门式轿车,也是白色的。"就在这时,助手走了进来,把一束玫瑰花交给了董大为。他把这束漂亮的鲜花送给夫人,再次对她的生日表示了祝贺。

那位夫人感动得热泪盈眶,非常激动地说:"先生,太感谢您了,已经很久没有人给我送过礼物了。刚才那位福特车的推销商看到我开着一辆旧车,一定以为我买不起新车,所以在我提出要看一看车时,他便推辞说需要出去收一笔钱,于是我只好上您这儿来等他了。现在想一想,我也不是一定非买福特车不可。"就这样,这位妇女就在董大为这儿买了一辆白色的雪佛莱轿车。

董大为只是对来看车的顾客说了一声"生日快乐",并在注意到顾客钟爱白色车时,送了顾客一束鲜花庆祝生日。他的所作所为对于卖汽车的销售人员来说,似乎只是无足轻重的小事,但正是这许许多多细小的行为,使董大为最终让那位妇女改变了只买福特车的想法转而买了雪佛莱轿车。

正是对于细小事情的把握,使董大为创造了空前的效益,使他在营销上取得了辉煌的成功。每个人所做的工作,都是由一件件小事构成的,因此我们不能对工作中的小事敷衍应付或轻视责任。那些成功者,他们也是与我们一样在做着同样简单的小事,唯一的区别就是,他们从不认为自己所做的事是简单的小事,他们总会认真地对待每一件小事。

下篇：七分执行

每一个细节都不容小视

在日常工作中，人们总是习惯注意、关注那些大的事情、大的问题，而经常忽略那些细小的问题。殊不知小问题更容易出现大纰漏。

在工作中，有些人往往会忽视那些看上去如芝麻大的细节。其实，在竞争日益激烈的现代职场中，往往正是这些细节决定着一个人的工作发展及前途，也许稍有不慎就会被淘汰出局。

在日常工作中，人们总是习惯注意、关注那些大的事情、大的问题，而经常忽略那些细小的问题。原因是人们总认为它们太"小"，小得不值得一提，完全没有必要在这上面耗费太多的精力和时间。殊不知小问题更容易出现大纰漏。一个不起眼的小细节极有可能会葬送一个大项目。因此，我们对小细节应引起足够的重视。

曾经在一篇文章中看到过这样的一个事例：

巴西海顺远洋运输公司曾经有一艘引以为豪的海轮，名叫"环大西洋号"，后因一次海难事故而永远沉没于大海。

当巴西海顺远洋运输公司的救援船到达出事地点时，21名船员连同"环大西洋号"全部消失了。海面上风平浪静，只有救生电台继续拍发着求救电波。救援人员无法想象在这片海况极好的海域究竟发生了什么，导致这条最先进的海轮沉没。

这时，有人发现电台下绑着一个密封的瓶子。瓶子里面有一张纸条，纸条上的文字由全船21名船员的不同笔迹写成：

一水理查德:"3月21日,我在奥克兰港私自买了一个台灯,想给妻子写信时照明用。"

二副瑟曼:"我看见理查德拿着台灯回船,说了句这个台灯底座轻,船晃时别让它倒下来,但没有干涉。"

三副帕蒂:"3月21日下午船离港,我发现救生筏施放器有问题,就将救生筏绑在了架子上。"

二水戴维斯:"离港检查时,发现水手区的闭门器损坏,我便用铁丝将门绑牢了。"

二管轮安特耳:"我检查消防设施时,发现水手区的防栓锈蚀,心想还有几天就到码头了,到时候再换吧。"

船长麦凯姆:"起航时,工作繁忙,没有看甲板部和轮机部的安全检查报告。"

机匠丹尼尔:"3月23日上午理查德的房间消防探头连续报警。我和瓦尔特进去后,未发现火苗,判定探头误报警,拆掉交给了惠特曼,要求他换新的。"

大管轮惠特曼:"我说正忙着,等一会儿拿给你们。"

服务生斯科尼:"3月23日13点到理查德房间找他,他不在,我坐了一会儿,随手开了他的台灯。"

机电长科恩:"3月23日14点我发现跳闸了,因为这是以前也出现过的现象,因此我没多想,就将闸合上了,没有查明原因。"

三管轮马辛:"我感到空气不好,便先打电话到厨房,证明没有问题后,又让机舱打开通风阀。"

管事戴思蒙:"14点半,我召集所有不在岗位的人到厨房帮忙做饭,晚上会餐。"

医生莫里斯:"我没有巡诊。"

电工荷尔因:"晚上我值班时跑进了餐厅。"

最后是船长麦凯姆总结的话:"19点半发现火灾时,理查德

· 222 ·

下篇：七分执行

和苏勒的房间已经被烧穿，一切糟糕透了。我们没有办法控制火情，而且火越来越大，直到整条船上都是火。我们每个人都犯了一点点错误，但酿成了船毁人亡的大错。"

看完这张绝笔纸条，救援人员谁也没说话，海面上是死一样的寂静，大家仿佛清晰地看到了整个事故的过程。

我们可以推断这个灾难的形成过程：

理查德私买台灯回船后，没有任何人制止，同事找他时又把台灯随手打开。负责安全巡回检查的人又忽视了理查德的房间。事实上，台灯底座太轻，亮着的台灯在颠簸中落地，引起电火花，在地毯上产生了火苗。火苗沿着桌腿、桌布、床单蔓延，最后导致电路跳闸。电工却对这个重大的危险信号习以为常，随手把闸合上了。因为房间里的消防探头被拆掉了，新的尚未安装，所以无法报警，火苗静悄悄地肆虐着。焦煳的气味传了出来，三管轮闻到了，就直接打电话给厨房，厨房觉得没问题，便没有一个人去追究焦煳气味是从何而来了。下午几乎所有人员都离开了岗位，去了厨房；晚上，医生放弃了日常的巡检，也就放弃了发现问题的一个机会，就连值班的电工也私自离岗！最后，当大火被发现，着火的房间已经被烧穿，水手区的门被绑死了，怎么也进不去，消防栓锈蚀打不开，无法灭火，闭门器和救生筏被牢牢绑住，无法逃生。而这些问题船长在此前根本没有发现，因为他没有看甲板部和轮机部的安全检查报告。

这是一起由多个微小失误叠加而成的责任事故。为了使公司员工永远记住那段伤心的往事，避免同类事故再次发生，该公司门前至今仍树立着一块 5m×2m 的石碑，上面刻着那段令人悲痛而又发人深省的事故。

一个不负责的"小错误"看起来似乎很轻微，但叠加在一起就是一个无法规避的大灾难，正如船长麦凯姆总结的那样："我们每个人都犯了一点点错误，却酿成了船毁人亡的大错。"仔细检讨我们在工作中，会不会

· 223 ·

总是犯一些低标准、老毛病、坏习惯之类的"小错误"呢？可以说这些小错误在我们的工作中也是比比皆是，而如果我们总是视而不见，习以为常，那么"大事故"的发生也将在所难免。

把简单的工作做到极致

所有成功的人，都是从简单的事开始做起的。只有把每一件简单的事落实到位，才能为做重要的事情积累经验，成功的机会才能更大。

工作中，经常会有这样的人：他对简单的工作不屑于去做，一心觉得自己是干重要工作的人。结果几年下来他还是一事无成。其实，重要工作就是由一件一件的简单工作组成的，每一件简单的工作都是值得去做的。踏踏实实地去做每一项简单的工作，才能积累到更多的知识，做更多的事。

欧洲有句谚语："魔鬼存在于细节之中。"简单工作的重要性自然不言而喻，关注那些简单的工作是责任中不能忽略的环节。所谓的细节，即是那些经常被人忽略、不易引起他人注重的简单工作。简单的工作存在于我们工作和生活的方方面面，只有关注这些简单的工作，并能够慎重对待它，我们才能做好每一项工作。注意了简单的工作，最终所取得的成绩一定能抓住人心，而且这种细心的工作态度也是使自己的前途得以发展的保证。

刚毕业的大专生陈好是一家五星级酒店的服务员，她十分珍惜这份来之不易的工作，总是力争把各个简单的工作都做到

下篇：七分执行

完美。

　　一天早上，一位美国客人从房间出来准备去吃早餐，走廊里的陈好微笑着和他打招呼，并叫出了他的名字。这位客人感到非常惊讶，他没有料到这个服务员竟然知道自己的名字。陈好解释说，酒店每一层的当班服务员都要记住每一个房间客人的名字。这位客人一听，非常高兴。

　　在陈好的带领下，这位客人来到餐厅就餐。用过早餐，陈好又端上了一盘酒店奉送的小点心，点心的样子非常别致，引起了这位客人的好奇，他问站在旁边的陈好，中间绿色的东西是什么。陈好上前看了一眼，又后退一步做了解释。当客人又提问时，她上前又看了一眼，再后退一步才作答。这后退的一步是为了防止她的口水溅到食物上，客人对这种细致的服务非常满意。

　　几天后，当客人处理完公务退房准备离开酒店时，陈好把单据折好放在信封里，交给客人说："谢谢您，真希望不久后能第三次见到您。"原来，这位客人在半年前来上海时住的就是这家酒店，只不过上次只住了一天，所以对陈好没什么印象，但是陈好却把这位客人记住了。

　　这位客人后来又多次来上海，每次都会住在这家酒店，而陈好的服务依然是那么细致入微。当这个客人最近一次入住这家酒店时，陈好已经是酒店的客房部经理了。

　　很显然，陈好的成功过程不在于她做了多么伟大的事，而在于她能够把简单的工作做到位，对工作充满责任心和敬业精神。只有具备敬业精神的人才会关注这些简单的工作，而做好这些简单的工作就能做好一切。我们在工作时，应当像陈好那样，专注于每一项简单的工作，把每一项简单的工作都做到完美。这不仅能给公司带来效益，也能为自己的发展创造机会。

　　很多人都想干一番事业，而不愿去做那些简单的事。很多人认为简单的工作不重要，可是，他们并不知道这样的态度怎么能做好重要的工作

呢？很多重要的工作都是从简单的工作做起的。在工作中，我们把自己手头上简单的事认真落实好，落实到位，这样总有一天老板会注意到你的才智，你也会因此而获得升迁的机会。

拒绝浮躁，先从小事做起

在我们的日常工作中很少出现惊天动地的事情。可是，平平淡淡才是真，细微之处才见精神，伟大的事业也许就蕴藏在这些"微不足道"的小事之中。

工作中，有很多的人按捺不住自己那颗躁动的心，工作很茫然，甚至有些浮躁和急功近利。压力与竞争是浮躁的直接原因。竞争促使优化，而优化便意味着给人更多的要求。我们不能坐以待毙，更不能坐享其成，任何机遇和成功都要靠自己的双手慢慢地去争取，一点点地去获得的。做事不踏实，急功近利都会导致不良后果。

那些立志要成功的人总认为既然自己选择了成功，那自己所做的就应该都是轰轰烈烈的大事，不应该大材小用地去做一些任何人都能做的小事。在他们心中，好像只有不做小事才能显示出自己的胸怀大志和与众不同。这些人的这种心态很容易让人联想到古时候一个叫陈蕃的人。

东汉的时候，有一个名叫陈蕃的少年，其自命不凡，一心只想干大事业。一天，其友薛勤来访，见独居的院内龌龊不堪，便对他说："孺子何不洒扫以待宾客？"陈蕃答道："大丈夫处世当扫天下，安事一屋？"薛勤当即反问道："一屋不扫，何以扫天下？"此时陈蕃无言以对。

这"扫天下"与"扫一屋"的哲学关系,恰恰说明了任何大事都是由小事积累而成的道理。那些一心想做大事的人,往往不屑于小事。其实连小事都做不好的人做大事也很难做成功。大事皆由小事而成,小事不愿做、拒绝做,大事就只能成为空想。

工作中,如果领导分配给你的是一些看似微不足道的小事,你也要高高兴兴地接受。工作中有许多细微小事,这往往是被大家所忽略的地方,不过,有心的员工是不会忽视这些不起眼的小事的。俗话说"大处着眼,小处着手"。做这些小事,也许是在填缺补漏,但时间长了,你便会学到很多的东西,考虑事情便会很周到。而你能吃苦、工作扎实的作风也会深深地印在老板心中。

小李是一名硕士研究生,她刚毕业就被北京一家上市公司录用,与她同时进来的同事有的学历比她低,即便是同等学力就读的学校也没她好,为此她很有优越感,整天想着一展身手。可是每次领导都分配她做一些最基础的工作,她常常有一种大材小用的失落感。

一次,在结算时,她把一笔投资存款的利息算错了,后来被审核人员查出后,要求她重新计算。她核算完上交后,又被退了回来,要求再次核算。就这样来回折腾了三次,她才算对。虽然她的失误最终没有给公司造成实际损失,但整个公司的财务计划却被打乱了。

事后在开会的时候,她轻描淡写地对大家说:"自己一不小心,犯糊涂了。"这件事在她看来,就像是做错了一道数学题,改正过来,下次注意就是了那般容易。她的这种态度让主管很不放心,以后再有什么重要的工作,主管总找借口把她"晾"在一边,不再让她参与了。没过多久,闲在这里的这位名牌大学毕业的高材生就与自己的第一份工作拜拜了。

究竟是因为你牢骚满腹而不得升迁,还是因不得升迁而牢骚满腹,这就像是鸡生蛋还是蛋生鸡这个问题一样,谁也说不清。但有一点是肯定

的，那就是二者绝对是相互影响的。不要总是认为自己怀才不遇或者是大材小用，你要首先认清自己的才能到底怎样，然后再给自己合适的定位。

刚刚大学毕业的刘静，做梦也没有想到，刚入职场，第一份工作竟然是清洁单位的厕所。她满以为凭着本科的学历，可以在这家五星级酒店漂漂亮亮地做白领丽人，哪想到在受训期间竟然会与厕所马桶结下缘分。她自出娘胎以来，从未做过如此粗重的工作，因此当她第一天伸手触及马桶的那一刻，几乎呕吐，她在上班伊始便讨厌这份工作了。

一天，和她一起工作的前辈，给她做了一次清洁示范。做完后，这位前辈加了一个"额外动作"：他居然伸手盛了满满一杯厕所水，并在她面前一饮而尽——"你看，经我清洁过的马桶干净得连水也可以喝"。

当时，她感到了极大的震撼。从那时起，她意识到自己工作态度存在很大的问题，更别提什么责任感了。在那一刻，她突然明白了工作的全部含义……

经过努力，她最终在受训的最后一天也坦然地喝下了一杯厕所水。这杯干净的厕所水，从那一刻起便成了她工作的力量源泉。

人们常常抱怨自己的工作平淡得如白开水，自己面对的都是一些杂七杂八的小事、杂事，仿佛没有施展才能的机会。的确，在我们的日常工作中很少发生惊天动地的事情。可是，细微之处见精神，伟大的事业也许就蕴藏在这些"微不足道"的小事之中。

积累和等待是有回报的。至少，他会在人们心目中树起一块碑，不要瞧不起手上的小事，不要把一点一滴的努力看成是小事。正是这些平凡日子的积累才使一棵棵树木生长起来变成森林；正是这些平凡日子的积累才使老鹰具备了搏击长空的能力；如果老鹰不肯飞上身旁的矮墙，总把目光盯在高高的半空中，它也不会飞上天。

等待和积累的力量是巨大的。当时机未到时，无须为自己的怀才不遇

下篇：七分执行

而懊恼，也不要怨恨环境的束缚。藏在生命的松塔里，你需要尽可能地积蓄力量，拒绝浮躁，踏踏实实地从每一件小事做起，然后等到最适合的时机，也是最能显示你潜能量的时刻，破壳而出，让人感到惊奇。

认真负责，不放过任何细节

绝大多数的细节会像我们每天脱下的数以亿万计的皮屑那样，看不到扬起或落下便无影无踪了。但总有一些细节，会深深地打动我们，烙进我们的记忆，决定或改变我们对人和事的看法与态度。

工作中只要有益于事业的发展，不管做什么工作，我们都应该全力以赴。一个人能否取得卓越的成就，取决于他能否将那些再平凡不过的细节做好，这样才能产生做大事的气魄。我们一定不要小看细节，不要讨厌细节。

有的时候，你必须要学会去做那些纷繁琐碎的小事。如果你承受不住忽视和平淡，那你就很难达到辉煌。由于不甘心做平凡的工作，在工作中特别是在一些细节上马马虎虎，造成巨大的失误，会给人们带来无穷的祸患。这种祸患是人为的，因而也是可以避免的。

成功从细处落笔，工作要做好就必须具有细心的观察能力，这是一个好员工的必备素质，也是其应具有的良好职业修养。

细微之处见分晓，就必须养成细致观察的习惯，要有一双好眼睛。绝大多数的细节会像我们每天脱下的数以亿万计的皮屑那样，看不到扬起或落下便无影无踪了。但总有一些细节，会深深地打动我们，烙进我们的记

忆，决定或改变我们对人和事的看法与态度。

同样，细节有时犹如一张定格的照片，成为我们留给别人的难以抹消的印象。细节有时又会像一道闪电，将一个人的情感和灵魂深处的东西照个通透。尤其是对于身在职场的人来说，细节虽小，但它的力量是难以估量的。

张晓锋是一位刚退伍的军人，一天他去一家建筑公司应聘保安主管的工作，面对坐在对面的公司老总，张先生讲了自己的许多优点，比如带过兵、会管理人，沟通能力强，执行力强。这些都没有让老总心动，而张晓锋离开时的一个小动作——将坐过的椅子搬回原处，却引起了这位总经理的注意，并影响到他的聘任决定：降"格"以求，公司录用了张晓锋。因为老总认为：搞我们这一行的就是要滴水不漏，不能有一点疏忽。

在三个月的试用期开始时，张晓锋同三位同时被聘任的大学生一起被派往一个建筑工地，整天同民工们一起干活，每天下来都是一身泥、一脸灰、一头汗。不出三天，三名大学生便打了退堂鼓，而张晓锋却想到工作难找，虽然心中犯嘀咕，但还是咬咬牙坚持了下来。

十几天后的一天中午，工长与工地管理人员都先走了，可天就要下雨了，张晓锋看见工地上有十几包水泥可能要被雨淋湿，就请没走的工友一起把它们搬进工棚中。可是工人中并没人帮忙，有人说："这又不是你的工作，操哪门子闲心？"也有人说："当兵的就与咱们老百姓不同。"张晓锋只好一个人将十几包水泥搬进了工棚，累得一身臭汗，直喘气。

这时，公司老总开着车赶到了，看着那些建筑材料没有什么损失，很高兴。

第二天，张晓锋被通知到总经理办公室一趟。他走进办公室时，看到了老总脸上少有的笑容，老总说："工地你不必去了，就留在公司帮我吧，你已经完全合格了！"

一年后,张晓锋成了老总的助理。

有时候,一件事情不是你能不能做好的问题,而是你想不想做好的问题。任何事只要付出时间和精力都是可以做好的。在一些细节,或者是小事情上其实最能体现人的责任心。故事中张晓锋的升迁是偶然也是必然的,假如员工在对待公司的事情上充满责任感,公司就会因此减少很多的麻烦和隐患,任何一个老板都会放心大胆地重用张晓锋这种员工。

在工作中,一定要把细节做到位,越是在细节上越能看出一个人的素质和处理问题的能力。千万不要以为留心细节只是科学家的事情,事实上,如果你真的用心了,机会就会光顾你,甚至有时你想挡也挡不住。对于员工来说,展现完美的自我,是需要靠细节来体现的,所以,时时处处勿忘细节,自然是渴望成功的人必须要注意的。有了一双能发现细节的好"眼睛",也就等于抓住了改变命运的好机会。

把小事做细,把细事做彻底

不要小看小事,不要讨厌小事,只要有益于自己的工作和事业,无论什么事情我们都应该全力以赴。用小事堆砌起来的事业大厦才是坚固的,用小事堆砌起来的工作才是真正有质量的工作。

很多时候,一件看起来微不足道的小事,或者一个毫不起眼的变化,都能实现工作中的一个突破,甚至改变商场上的胜负。

布置并不等于完成,简单并不等于容易。事实上,对那些事关全局的"小事",微软人从来不放过。这些小事在微软看来是"影响发展趋势的小

事"，比尔·盖茨总裁就很善于抓事关全局的"小事"。他通过一个很容易操作的模式，把"小事"变为大局面：当微软在美国上市的时候，一些人说："你都做到这么大的老板了，还抓这么细小的事，真是不可思议。"比尔·盖茨回答说："每天只抓好一件事等于抓好了一批事，因为每一件事都不是孤立的，抓好了一件事会连带着把周围的一批事都带动起来。"

微软员工在上班时打瞌睡，比尔·盖茨抓住这件事处罚了这个员工，这件事震撼了微软上下。比尔·盖茨认为，这个员工的事反映了当时一种普遍的思想倾向，觉得企业发达了，日子好过了，于是便多少有了些骄傲自满的情绪：微软发展到今天，自己没有功劳也有苦劳，即使工作中出点毛病，也不能像过去创业时那样被罚了。抓毛病就要抓带趋向的毛病，这种趋向性的问题就应该是领导人紧抓不放的。

微软集团大抓小事，让所有员工参与讨论，反思一下自身的素质状态。以小见大，以小带大。微软的这种做法充分说明了小事的作用，说明了工作中无小事。任何小事都不是孤立的，都是和大事联系在一起的，小事是大事的组成部分，包含着大事的意义，做好小事是完成大事的基础和前提。因此，对工作中的小事绝不能采取敷衍应付或轻视懈怠的态度。

很多时候，一件看起来微不足道的小事，或者一个毫不起眼的变化，都能实现工作中的一个突破，甚至改变商场上的胜负。所以，在工作中，对每一个变化，每一件小事我们都要全力以赴地做好。

很多人轻视小事，认为小事不值得做，因此为他们自己的工作留下了隐患。

工作中无小事。所有的成功者与我们一样，每天都在对一些小事全力以赴，唯一的区别是他们从不认为自己所做的事是简单的小事。

把简单的招式练到极致就是绝招。细微之处见精神。有做小事的精神，才能产生做大事的气魄。

不要小看小事，不要讨厌小事，只要有益于自己的工作和事业，无论什么事情我们都应该全力以赴。用小事堆砌起来的事业大厦才是坚固的，用小事堆砌起来的工作才是真正有质量的工作。

"没有最好,只有更好",需要完善的细节是层出不穷,没有止境的,注重细节是工作中敬业精神和责任心的充分体现。如果没有充分的敬业精神和责任心,何谈注意细节?无论我们在哪儿工作,都要树立"工作无小事,小事不小,大事更大"的观点,真心做到为领导服务、为同事服务。以办公室工作为例,作为一名办公室人员必须把握以下几点:

一是"想得到"。办公室工作无小事,是对办公室工作性质特别是职能重要而言的。当我们面对大量繁杂的事务时,立足于抓大事是明智的,但是对于一些小事,我们也要顾及,捡了西瓜也要想到捡芝麻,什么都不能遗漏。对于办公室工作来讲,办好小事便是办好大事的基础,小事办不好就会影响全局,贻误工作。

二是"做得细"。工作无小事,办公室工作更是无小事,因此,在工作中要细心、细致,要从细小的事抓起。对任何一个经办的工作,都要严谨细致,来不得半点敷衍和虚假。例如,我们平时发出的文件、会议通知,要在适当的时间亲自询问是否收到。这看起来是件微不足道的小事,可做可不做,然而我们还是要把它当成正事、大事来细心办好。在每个时期,面对每一件小事情,我们都要时时刻刻,坚持认真再认真、细致再细致的原则,做到事事处理。把小事做细了,工作效率自然也就提高了。

三是"抓得实"。每一句话、每一件小事都要根据实情、讲实话、创实效,不能图虚名,舍小而求大。必须实事求是,包括听取基层意见,听取群众看法,向领导反映情况等,都要全面、真实。无论工作是大还是小,都要一步一个脚印,不能只做表面文章。

四是"抓得准"。工作千头万绪,要避免东一榔头西一棒子,头脑里必须有一张清晰、规则的运行图。即便是小事情,对哪个该做,哪个不该做;哪个是重点,哪个是次要,我们都应有所抉择,不做无用的事。不乱为,就要知重知轻;不乱为,就要知上知下。吃透了上情,办事才有方向,才有主心骨;摸透了下情,办事才会有的放矢,才会迎刃而解。不乱为,就要知规知矩。事情再多、再杂、再细,采用什么方法解决,都不能忘了规矩,该请示的要请示,该决定的要决定,该反馈的不截留。

五是"巧用功"。举轻若重,对有些看似是小事的经常性工作,要用笨功夫去抓,建章立制,写在本上,贴在墙上,形成规矩;用巧功夫去抓,举一反三,抓一项,带动几项;用韧功夫去抓,明确专人,盯死不放,直到办完办妥为止;用细功夫去抓,按部就班,不出遗漏,做到当天能办完的事不过夜,领导交办的事不过时。

六是"重学习"。工作事小责任大,每件事情都包含着很多学问,这就要求我们不能轻视理论学习,要不断提高素质。通过深入学习使自己能够在复杂的环境中保持清醒的头脑,不断寻求进步。我们还要严格执行各项规章制度,按制度办好小事和大事,保证工作的正常开展。

总之,要把工作做好仅仅靠前人引路是不够的,还要靠自己的悟性以及自己对细节的态度。毕竟工作中有许多细节不在"预料"之中,无法先行设计与规划,要做到应对自如,从容不迫。在以后的工作中,细节问题还有待于我们进一步学习、把握。只有注重细节,认真做好每一件事,我们的工作效率和工作质量才能得到进一步地提高。

卓越来自平凡小事的超凡落实

从大处着眼,小处着手,即办事要细致周到。俗话说:"心细如发不粗心,虑事周到无漏洞。"这是一名合格的员工应有的管理素质。否则,员工便不能有效地工作,还会形成无次序的工作局面。

一个企业的盛衰源于细节,一个人的起落源于细节,一个决策的正误同样源于细节。关注细节中潜藏着的那个魔鬼并非所有人都能够做到的。

下篇：七分执行

因为既然是细节，便很难放在表面上让人一眼就能看到；既然是魔鬼，当然就该有它应有的威力，天堂和地狱的归属只凭它的一个指头就可以划定界限。

"落实工作从小事做起"，无论是对于员工个人来说，还是对于企业整体来说，它都是成功的基本保证。确实，就责任而言，工作中没有小事。任何一件事情，无论大小，都可能会关系全局。工作中无小事，任何惊天动地的大事，都是由一个又一个小事构成的。企业中的每一个成员，都是企业运转的一个小环节，这个小环节的工作质量会直接影响到整个企业的工作质量。

在现实生活中，大事都是由小事构成的，"合抱之木，生于毫末。九层之台，起于垒土"。即使让你修建万里长城，你也得一块砖一块砖地垒。不做小事，又何成大事呢？

在所有企业里都是这样，开始时领导者会安排员工做一些比较简单的事情，其实这就是在检测员工对待平凡工作和简单任务的态度。员工只有把这些平凡的工作落实到位，领导者才会放心和信任地让各个成员去处理企业中更高层次的问题。

想要成就一番事业，必须从简单的事情做起。从细微之处入手，认真地做好每个细节，这样成功才会离你越来越近。

很多单位中总有不少人看不起小事、不愿意做小事，这根本原因是他们看不起自己的工作岗位。殊不知，能把自己所在岗位的每一件小事做成功、做到位就已经非常不简单了。所谓成功，就是在平凡中做出不平凡的坚持。

作为一名员工，在面对每一件小事时，我们都应抱着良好的积极心态去做，即使是做那些表面上看似很小的事情，我们也应该用做大事的心态去落实。这样，我们才能很好地完成自己的任务，并得到领导的赞许和认可，企业的整体目标才能最终顺利实现。

一件简单的小事情，所反映出来的就是一个人的责任心。的确，工作中的一些细节，唯有那些心中装着"大责任"的员工才能够发现，才能够

· 235 ·

做好。一个企业也只有拥有了这些心里装着"大责任"的成员,其各项细微工作才能被尽善尽美地完成,企业的整体效益才能提高。否则,不重视细节,只会给企业带来巨大损失。

曾经看到过这样一则消息:

有一家乳品企业营销副总针对他们在某市的推广活动解释说:"我们的推广非常注重实效,不说别的,每天在全市穿行的100辆崭新的送奶车,醒目的品牌标志和统一的车型颜色,本身就是最有力的广告。而且我要求,即使没有送奶任务司机也要在街上开着转,做好宣传工作。这是多好的宣传方式,而别的厂家根本就没意识到这一点。"

不过没过多久,这个牌子的牛奶在这个城市的销量一路走低,而原因正是送奶车惹的祸。原来,这些送奶车用了一段时间后,由于忽略了维护清洗,车身沾满了污泥,甚至有些车厢已经明显破损,但却照旧每天在大街上"招摇过市"。人们每天受到这种不良的视觉刺激,还能坚持喝他们的牛奶吗?

推出这种广告方式的厂家没想到,"成也送奶车,败也送奶车"。对送奶车卫生这一细节问题的忽视,导致了这一创意极佳的推广方式最终失败。

企业的发展需要对更多细节深层地关注。作为一名普通的员工,更应将重视小事变为一种习惯,用"把平凡的事情做好就是不平凡,把简单的事情做好就是不简单"作为自己的座右铭。这样,我们就会与"胜任""优秀"及"成功"同行。

很多企业在工作中出现问题的时候,一遍遍思考营销战略、推广策略哪儿出了毛病,但总是忽视了对落实细节的认真审核和严格监督。细节的意义远远大于创意,尤其是当一个方案在全国多个区域同时展开时,如果落实不力,细节失控,最终的结果很可能面目全非。而对任何一个细节的疏忽,都可能对整体营销战略的结果形成"一票否决"的状态。

因此,在对待工作时,细节是万万不可缺少的。表面上看来微不足道

的细节,其中往往蕴藏着大的结果。"魔鬼在细节",细节的准确、生动可以成就一件伟大的作品,而忽略细节则会毁坏一个完美的成果。

尽管人们对"千里之堤,溃于蚁穴""天下难事,必成于易;天下大事,必作于细"之类的道理耳熟能详,对细节的重要性人们也有非常深刻的认识,然而能够真正做到这些的人却仍旧不多。

培养注重细节的习惯,是个人与企业共同发展的必然要求,我们可以从以下几方面着手去培养:

第一,是坚持。细节是一种思维与行动意识的高效组合。任何一个人都想做好每件事,但有的人就是做不好,一件事不是这里出错就是那里出错。我们不能说他们不努力,但问题确实是发生了。原因就是他们没有坚持细节习惯的培养:一段时间做到了认真执着,一段时间又懒散松懈。做事有头无尾,总是半途而废,这样就无法真正养成注重细节的好习惯。

培养习惯是经过"曲不离口,拳不离手",最终实现"百炼成钢"的一个过程。每个成功者所具备的成功品质与能力,都是由无数个细节习惯积累而成的。因此,人们一旦养成了良好的细节习惯,就不会再被刻意坚持好习惯与纠正坏习惯的矛盾心情所累,相反,那种水到渠成、收放自如的自控能力会让你于轻轻松松中胜人一筹。

第二,就是关注小处。看似小处,其实小处的能量并不小,所谓牵一发而动全身,正表明了细微或小处的效应或能量。你在实际工作中应清楚地知道,于小处可见大精神,从小处入手往往可以解决大问题。细节常是容易为人所忽略的东西,所以解决难题时就要善于从大处着眼,从小处着手。

第三,就是改变自己的观念。不注重细节的人,在日常工作中往往对其他注重细节的人和事也不会正确对待。比如,他们会给精打细算的人冠以"斤斤计较、小家子气"的称谓,对善意的提醒会恶言相加,对关系到自己生命安全的问题会时常抱有侥幸心理,这都是主观上未对细节重视的行为表现。只有在思想上对细节足够重视了,才能使自己对行为严格要求。因此,要成为优秀员工,就要改变旧观念,提倡细节决定成败的

观念。

有一句谚语是这样说的:"使人疲惫不堪的不是远方的高山,而是鞋里的一粒沙子。"可见细节上的问题是不能忽视的。否则,它就将成为我们成功之路上那阻碍你前进的那粒鞋里的沙子。是的,只有注意细节,所做出来的工作才能抓住人心。也许这在当时还无法引起大家的注意,但天长日久,这种工作习惯就会慢慢给你带来巨大的收益。

第四,博采众长。决策过程中,有些人喜欢独断专行,对来自各方面的意见充耳不闻,结果常常落得个节节败退。事实证明,好的决策一定是建立在博采众长的基础上。你应明白,人各有长,每个人身上都有优点。一个任务下达之后,每个人都会在自己的脑子里形成对这项任务高效完成的示意图。不同的人会从不同的角度关注细节,把每个人注意到的这些细节汇总起来,可能就是一个很好的决策方案。无论谁处在决策者的位置都应该善于发现他人的优点,听取他人的正确意见,博采众长,这样才能让决策获得支持进而得以顺利地施行。

下篇：七分执行

第十二章
执行工作关键要看落实的结果

工作要用行动来证明，用业绩来说话，只有业绩出色，我们才不会被人质疑，才不会被企业淘汰，才能成为老板最重视的人才。要记住：工作的结果——也就是业绩是与你的地位、薪水等成正比的。

业绩是最好的实力证明

工作要用行动来证明，用业绩来说话。只有业绩出色，我们才不会被人质疑，才更不会被企业淘汰，才能成为老板最重视的人才。

对于老板交代下来的任务，如果一个人只要嘴皮子而不动真格的话，就会被戴上"夸夸其谈"的帽子，这样肯定会影响到他个人的发展。一个

落实型的员工必须懂得用行动和业绩来证明自己的能力，而不仅仅是嘴上的吹嘘。

每个企业都将注重业绩作为自己文化的重要组成部分。这是因为一个企业的生存之本就是业绩，所有企业运营的最终目的都是为了赢利。对于员工来说，最能证明自己工作能力、体现个人价值的就是工作业绩。因此，你要想成为受公司欢迎的落实型员工，就必须对企业的发展做出贡献，就必须用自己的成绩去证明自己的能力和价值，这样企业才会重用你，上司才会赏识你。

美国通用电气公司非常重视员工的业绩观，当新员工进入公司后，公司就会在员工的入厂教育中告诉他们，业绩在公司文化和核心价值观中占有重要的地位。在通用电气公司，不管是来自哈佛大学的员工，还是来自一所不知名学校的员工，一律都是平等的。在以前的公司无论工作经历多么出色，一旦进入通用电气公司大家就全部在同一起跑线上了。这要求每个员工都必须重新开始，新的表现才是最重要的。

工作要用行动来证明，用业绩来说话，只有业绩出色，才不会被人质疑，才不会被企业淘汰，才能成为老板最重视的人才。可见，如果你总是没有任何业绩，老板也没有办法重用你，因为他不放心把重要的工作交给你；如果你有出色的业绩，你的地位就会不可取代。你工作的结果，也就是业绩便会与你的地位、薪水等成正比。

在这个以业绩为主要竞争力的时代，没有能力改善公司的业绩，或者不能出色完成本职工作的员工，是没有资格要求企业给予回报的，他们最终也将因自己的业绩平平而面临被淘汰的危险。

在IBM公司，每一个员工工资的涨幅，都是以一个关键的参考指标即个人业务的承诺计划为依据的。承诺计划的制订是员工和部门经理互动的过程，他们共同商讨这个计划怎么做才更切合实际，几经修改，最后达成计划。当员工在计划书上签下自己的名字时，就等于和公司立下一年期的"军令状"。这样，上司很清楚员工这一年的工作重点，员工自己对这一年的目标也十分清

下篇：七分执行

楚，所要做的就是立即去执行。到了年终，部门经理会在员工的"军令状"上打分，这个分数对日后的晋升和加薪都有很大的影响。当然，部门经理也有个人的业务承诺计划，上级经理也会给他打分。所有人都得实行这个计划，没有谁可以搞特殊。IBM的每一个经理都拥有一定范围内的打分权，他领导的小组可以由自己分配工资增长额度，并且他有权决定分配额度，也有是说他有权决定具体到每个人给多少。IBM的这种奖励制度很好地体现了其所推崇的"高绩效文化"。

对于员工来说，工作必须以业绩为导向，用结果来说话。优秀员工的显著标志就是业绩。但是，出色的业绩绝不是口头上说说就能做到的。要吃樱桃先栽树，要想收获先付出。出色的业绩需要我们在工作的每一个阶段，找出更有效率的方法；在工作的每一个层面，找到提升自己工作业绩的中心环节。以下几种简单的方法能帮你提升业绩：

一、建立良好的人际关系

在一家企业，你是否能够提升业绩，除了自己的工作能力外，与自己的人际关系也有着很大的关系。当今社会是一个以交际为主的社会，办事能力同人缘是分不开的。人缘好的人，在社会上的形象就好，人们对他的评价就高，找人办事也就容易得到同情、支持、理解、信任和帮助。所以，在你提升业绩的计划中，一定要考虑到你的人缘因素，根据人缘的好坏程度决定自己实现哪一个目标。

二、按时完成工作

有这样一句话"向效率要时间"，也就是说，较高的工作效率可以争取到较多的时间；相反，浪费或者不善于安排时间，会出现工作效率低下的现象。可见，时间与效率是相辅相成的。因此，要想在工作中做出成绩，就要提高自己的工作效率，按时完成工作。

三、成为"干得不错"的员工

"干得不错"不仅仅指卖力，同时还包含着对其达到预期业绩能力的肯定。在现代企业中，光有工作热情或踏实的态度是远远不够的，还必须

· 241 ·

有完成工作、达到预期目标的能力。

事实上也的确如此。"他没有其他的特长，不过很老实""那个人很老实，你就用他吧"，诸如此类的推荐语，如今已很难让人接受。同情、支持、诚实并不是技能。如果你认为一个诚实的人就可以看守保险柜，那就错了。有一种观点认为，让一个小偷看保险柜是最理想的安排。

行动重要，结果更重要

站在结果的角度思考问题是以结果为导向核心强调的一点。因为只有先考虑结果的要求，才能做到以结果为导向，不然这就是一句空话。

在落实工作中，如果认为只要完成任务就行的话，那么，你永远也不可能成为真正的落实者。只有做出结果，才是真正的落实。如果能够做到以结果为目的，那么无论完成的过程多么艰难，最终落实的概率都会很大。

在工作中一定要树立"行动很重要，结果更重要"的工作理念，要千方百计地去保证工作的落实，为公司创造效益。如果是客观原因，那我们无能为力；如果是因为我们自身的悲观判断就选择放弃，那便等于是自毁前程。

在工作中，很多员工只知道去做，却不重视工作的最终完成情况。尽管他们也在努力工作，每天早上睁开迷糊的眼睛，给自己鼓劲"早起的鸟儿有虫吃"。晚上还自觉主动地加班，耗费惊人的时间和精力来做工作，最后却出现投入巨大但效果不佳、意义不大乃至做出错误的事情。如果工

下篇：七分执行

作中以结果为导向，那么这样的局面就不会出现。灵活应变，行动迅速。过程是为结果服务的，没有结果，过程自然就失去了意义。因为有了预期的结果，工作起来就会有明确的目标，只有先考虑了结果的要求，才能做到以结果为导向，否则就只能是一句空话。

曾经在一本书上看到过这样一个故事：

曾经有位颇有身份的欧洲女士来华访问，下榻一家高档酒店。酒店以贵宾的规格接待了这位女士，她对酒店周到的服务感到非常满意。

为了让服务做得更到位，进一步表达酒店的心意，酒店的总经理主动提出送这位女士一件有中国特色的服装——旗袍，并让裁缝为她量身定做。女士非常高兴，一再感谢总经理的盛情款待。

三天后，旗袍赶制完工，酒店的总经理亲自将这件漂亮的丝绸旗袍送了过来。原本应是一件皆大欢喜的事，但是没有想到，这位女士在接到旗袍后，却面露愠色，最后才勉强收下。

更加出人意料的是，这位女士在离开酒店的时候，并没有将那件贵重的旗袍带走，而是将它很随便地扔在客房角落里，就如同一件垃圾一样。

酒店的总经理对此很不理解，怎么也弄不明白，这位女士的态度怎么前后反差这么大。后来经过多方打听，才终于弄明白其中的缘由。

原来，那位女士走在街上时没有看到穿旗袍的，而酒店餐厅里的服务员却都穿着旗袍，她误以为旗袍都是服务员的专用服装，而总经理却送给她旗袍，那就是对自己的不尊重，所以非常生气，临走时干脆将它丢在了一边。

弄清原委后，总经理顿时懊恼不已，这真是好心办了坏事，本来是想表达自己对客人的尊重，谁知道结果恰恰相反，引起了客人的误会。

故事中总经理的动机和出发点是好的,但是他没有想到,自己认为好的,别人不一定就认为好;自己认为别人理所当然能够理解的,别人未必能理解。

这位经理如果能事先考虑到中西方文化的差异,和那位女士进行沟通,并详细介绍一下旗袍的历史,这样的误会就完全可以避免,可惜这位总经理没有想到这些,最终导致了不尽人意的结果。

由此可见,出发点好,结果未必就好。只有先考虑"结果",再衡量动机,才会达到落实到位的预期目的。

一个员工的工作是否落实到位,要看他是否遵循从结果为导向的要求。那么,应该如何以结果为导向呢?应做好以下几点:

一、要有一个结果性目标

结果性目标是以结果为导向的一个重大要素,如果能把这个目标写成一个书面的承诺,结果是最好的。这种做法体现了员工对自身一种比较严格的要求,就算不能在预定时间完成任务,至少差距能够一目了然。

二、站在结果的角度去思考问题

站在结果的角度思考问题是以结果为导向核心强调的一点。因为只有先考虑结果的要求,才能做到以结果为导向,不然就是一句空话。具体来说,"结果导向"包括以下内容:以达成的目标为原则;以完成的结果为标准;在具体结果面前,只有成功,或者失败;在结果导向面前,不要轻易放弃,因为放弃就意味着失败;在目标面前没有体谅和同情可言,所有的结果只有一个——是或者否;在工作和目标面前,没有"人性"可言,因此再大的困难也不能退缩。

三、做事不要过于追求完美

工作永远不可能达到完美的境界,只有做得更好,没有最好。在这种情况下,如果再去追求完美,就等于拖延了整个时间进度。对于公司来说,很多情况下按时拿出结果,比拖延时间拿出一个更好的、所谓的完美结果来得更重要。当然,这并不是说我们不要完美甚至排斥完美,这只是特殊情况下的特殊策略。

下篇：七分执行

四、动起来是前提

作为一名员工，有时不能只求完美，要真正落实，先让自己动起来。例如，让你负责一个组装的项目，如果某个环节缺少一样东西，在这种情况下，语言描述哪里缺了什么东西是很难说明问题的，最好通过结果导向，直接来分配、组装，完整地演示一遍。很多项目都需要采用实实在在地演示这一方式，其实这也是结果导向的一种思维方式。

总之，落实不仅仅是完成任务那么简单，更重要的是要追求结果。我们真正需要的是结果而不是行为，结果是目标，行为只是一种手段。追求结果，永远是落实的根本主题。

抱怨不断，不如做出成绩

如果你对工作没有尽到责任，就别怪公司和老板不给你展示自己的机会。机会是要靠自己的努力去争取的，抱怨并不能让你收获任何东西，行动才能给你带来一切。

绝对满意的工作是不存在的。只要工作，难免会遇到困难和麻烦，而我们的工作，就是去解决这些困难的。不要总是抱怨自己的工作。抱怨并不能解决困难，只会让事情越来越糟。一个总是抱怨自己工作不好的人，无论走到哪里，都不会找到称心如意的工作。

中专毕业的王中是一家汽车修理厂的修理工，从进厂工作的第一天他就开始发牢骚"真累呀，这份工作真不是人做的，我简直讨厌死这份工作了""修理这工作怎么那么脏啊，瞧瞧我每天下班全身都是黑黑的油，在这里别想穿好衣服了"。每天，王中

都是在抱怨和不满的情绪中度过的，他认为自己是在受煎熬，在像奴隶那样卖苦力。因此，他每时每刻都窥视着师傅的眼神与行动，一有空便偷懒耍滑，应付手中的工作。

转眼几年过去了，当时与他一同进厂的同事，各自凭着自己精湛的手艺，或另谋高就，或被公司送进大学进修。唯有他，仍在抱怨声中做着他的修理工。

在工作中，我们经常可以看到像王中那样的员工，他们总在抱怨自己的工作，对自己的工作环境十分不满，觉得这不理想，那也不满意，却从来不去主动反省自己到底有没有用心做好工作。

工作环境可能不是我们能改变的，既然改变不了环境，就要试着改变自己，努力让自己适应环境。厌恶工作的人，只会被工作淘汰；适应工作的人，才能更好地生存。

姚新在一家公司工作了将近半年，但是他对自己的工作很不满意，于是便在一次聊天中，对朋友大吐苦水："我恨死我们那个老板了，他一点都不重视我，一些重要的工作从不让我做，总不放心我做事情。在公司里，我的工资也是最低的，这样下去，迟早有一天我要拍桌子走人的。"

朋友问他："你来公司已经半年了，你对公司的业务都熟悉了吗？公司经营的方法，你都弄明白了吗？"

"没有，弄清楚什么啊。"姚新诚实地回答说，"他们什么都不让我做，我怎么可能弄明白呢？"

"既然如此，那你干吗急着走呢？"朋友劝他说，"你现在还什么都没搞懂呢，你走了，对公司没有什么损失，而你自己一点经验都没有，还要找新工作，这多不划算啊！我建议你啊，把公司的经营技巧和运作模式都搞通，到时候再走，这样肯定会对公司造成很大阻碍，你自己也有经验了。既能出气，又能提高自身能力，这才是聪明人的做法啊！"

听到朋友这么说，姚新觉得很有道理，于是，他决定不再抱

下篇：七分执行

怨，而是先做好自己的本职工作。每天，他都积极地工作，认真地向同事学习请教，能力有了很大提高，做起工作也越来越顺利了。

一年之后，朋友问他："你现在应该把公司的业务都搞懂了吧，这正是你辞职的好机会啊！"

"我不想辞职了。"姚新有些不好意思地说，"我发现领导对我还是很不错的，给了我很多发展的机会，我现在已经是部门主管了，工资也翻了一倍。"

"我就知道会这样。"朋友回应说，"其实你是个不错的人才，只是一直埋怨自己的工作，却没有想着怎么去做好工作罢了。只要你停止抱怨，认真地做好自己的工作，领导不可能对你的进步视而不见的。我当初那样说，也只是为了激发你的潜力而已。"

很多时候，我们总觉得工作不够理想，老板对我们不够好，老板对我们的工作百般挑剔。其实很多时候，问题可能不是出在工作上，而是因为我们自己做得还远远不够好。

工作对每一个人都是最公平的，你付出多少努力，就会得到多少收获。如果你对工作没有尽到责任，就别怪公司和老板不给你展示自己的机会。机会是要靠自己的努力去争取的，抱怨并不能让你收获任何东西，行动才能给你带来一切。与其抱怨工作，不如做好自己。当你对工作环境不满意的时候，不妨想一想：我对工作真的尽力了吗？我做到最大努力了吗？如果还没有，有什么资格抱怨呢？

一旦你停止抱怨、开始努力工作，你就会发现，其实情况根本没有你想象得那么糟，困难也没有你想象得那样严重，只要你能够积极地去面对困难，就一定可以战胜它们。甚至你还会发现，那些曾经让你讨厌并叫苦不迭的问题，其实都是一个"甜蜜的负担"，是你通往成功的必经之路。

"完成任务"不代表"创造业绩"

只有领导者以身作则、注重实际，员工才会改变行为、注重执行，也只有领导者不断地与员工进行充分的沟通，企业的绩效管理水平才会得以提高。

现代企业着眼于结果，实现结果管理，是评价员工创造价值和提升员工个人技能的有效手段。企业通过一系列的评价指标，对员工的行为和行动做出公正、合理并且令人信服的评价，从而依据评价结果做出晋升、降职、调动、开展培训、调换工作或辞退等决定。

在向结果型企业转变的过程中，企业要想树立员工的绩效意识，提高员工的执行力，就需要在管理中以员工的执行结果为重点，运用考核的办法使员工改变低功效甚至无功效的工作方式，踏踏实实地提高每一环节的工作效率。

企业管理者不仅要在绩效考核中加入执行结果的内容，还要在整个结果管理的过程中注意执行力的提升。只有在结果管理实施的过程中倡导执行结果，企业才能更快、更好地改变员工的行为方式，使之改进工作业绩，提高绩效意识。

工作结果考核不仅可以对员工的当前表现做出评价，而且还能影响员工以后的行动，使之树立绩效观念，总结经验教训，进一步改进工作方法，提高工作效率。

企业的领导者在整个结果管理的流程中，都必须深入具体问题，真正指导员工改善业绩水平。只有领导者以身作则、注重实际，员工才会改变

下篇：七分执行

行为、注重执行，也只有领导者不断地与员工进行充分的沟通，企业的绩效管理水平才会得以提高。

一家手机公司因业务需要，同时招进了甲、乙、丙3名员工，在试用期结束后，这3个人的薪水却大不相同，甲是3000元，仅仅比试用期时多500元，乙是4000元，而丙已经高达5000元。

老总的一位朋友知道这件事后，非常好奇，就询问他，为什么同时进公司的3个人，薪酬差距这么大呢？老总回答道："在任何一个企业里，薪酬始终是与员工工作结果挂钩的。"见朋友还是不理解，老总又说："我现在让他们3人做相同的事情，你只要看他们的表现就会明白了。"

于是，老总把他们3个人叫到一起，然后对他们说："现在给你们一项任务，去调查一下我们的竞争对手某某公司新手机产品的价格、功能、品质以及目前在市场上的销售情况，而且这些数据你们都要详细地记录下来，我要在最短时间内看到最满意的结果。"

一个小时后，3名员工同时回到公司。

甲先做了汇报："真是巧得很，我有个同学正好在那家公司工作，他说非常愿意帮助我，明天告诉我结果。为了保证明天一定能拿到结果，我今天晚上准备请他吃饭。您放心，明天一定可以给您答复。"

接着轮到乙向老板汇报，他汇报了这家公司新手机产品的价格、功能、品质以及目前市场上的销售情况。

最后轮到丙的时候，他也报告了关于这家公司新手机产品的功能、价格、品质以及目前在市场上的销售情况，但与乙不同的是，他同时还递交了这家公司在市场上同样具有竞争力的其他型号手机产品的相关详细情况。

这时，老总对朋友微笑着说："现在你看到了，这3个员工都是同时分给他们同样的工作，可有的人是对工作的程序负责，

而有的人虽然表面看起来已经完成任务，但是缺乏多做出成果的主动性，而那些能拿到更高薪水的员工却是对结果负责的人，他是在对自己工作的价值负责。正是因为他们对于工作结果的不同对待，才造成他们在薪酬上的较大差异。"

这时，老总的朋友似有所悟地点了点头。

在工作中，很多员工都只会强调一点："我完成了工作任务"，但他们往往却忽略了"工作最终的完成情况"。

其实，任务完成并不等于工作就取得了理想的结果，任何规则和程序都必须服从和服务于结果，工作要的是结果，结果是一切工作的要务。

一个企业发展是否符合计划的要求，关键是要看结果。员工做得对不对看成果，是奖是罚也得看成果，而不是看过程，总之是要以成败论英雄。企业并不是慈善机构，要生存，也要发展，这些都离不开最后的结果，而企业要在这结果中得到利益，没有最终的利益，一切都是白搭。

身为一名员工，在工作中一定要树立"结果是一切工作的要务"的工作理念，不要机械地完成工作任务，毫不考虑工作成效，而要想方设法去实现企业以及自己的目标，为企业创造效益。因此，当事情落实后，你有一千个、一万个理由都不重要，重要的是这件事情的结果。

企业要想建立起优化质量、追求卓越的执行文化，提高整个企业的实力，必须在管理中加入结果绩效的内容，并把这一内容作为考核的核心，牢固树立员工的绩效意识。此外，还要求各级管理者在结果管理的全过程中起到榜样作用，这样才能使企业更好地实现员工行为方式的改变。

总之，如果你要成为一个优秀的落实型员工，就要记住，落实永远都只有一个主题：落实最重要的是结果，而不仅仅是完成任务，没有结果的努力，是无用功；结果不理想，同样也是无用功。

下篇：七分执行

强化结果意识，优化工作方式

在20世纪90年代，IBM的管理一团糟，已经到了名存实亡的地步，一些领导者们只是在形式上用几项无关紧要的指标对员工的行为进行评价，然后就想当然地做出了奖惩决定。这些领导没有思考如何提高自己及员工的工作绩效，相反，他们都在盯着那些干得更少而工资和福利都比较不错的领导，甚至有些领导并毫不掩饰地向顶头上司表示不满。

当时各级员工的待遇主要由薪水组成，此外，还有很少量的奖金、股票期权和部门绩效工资，工资待遇级别相差很小而且过于强调福利，这就使得员工业绩的好坏无法体现在薪资水平上。

针对这种情况，新一届管理层首先对薪酬制度进行了改革。将原来固定工资改为与业绩挂钩的浮动工资，另外加大股票期权和奖金在员工总收入中的比重，对那些认真完成工作、积极提高绩效的员工给予奖励。新一届管理层还废除了家长式的福利制度，不认真完成工作、绩效差的人只能得到保底工资，而不再像以前那样尽管没有完成工作，但照样可以拿到丰厚的薪水。

就这样，IBM公司打破了长久以来的"大锅饭"作风，在绩效考核中加入了工作成果的内容，并把员工的工作成果作为薪酬水平的衡量依据。

新的领导层为了使新的薪酬制度发挥更大的作用，又进一步调整了已经严重脱离现实的绩效考核制度。为员工设计了切合实际的绩效目标以及更加科学合理的评价标准，使员工形成了一种只有切实地做好当前工作才有可能获得升迁机会的思想。

从此，IBM公司成功地改变了从上到下员工的思想行为方式，使他们更加注重业绩和结果。这极大地促进了IBM公司业务的发展。

从此可见，作为企业的领导者，不仅要在绩效考核中加入执行结果的内容，还要在整个结果管理的过程中注意执行力的提升。企业的领导者在整个结果管理的流程中，都必须深入到具体问题中去，真正指导员工改善业绩水平。只有在结果管理实施的过程中倡导执行结果，企业才能更快、更好地改变员工的行为方式，使之改进工作业绩，提高绩效意识。作为企业的领导者要以身作则、注重实际，这样员工才会改变行为、注重执行，也只有领导者不断地与员工进行充分的沟通，企业的绩效管理水平才会得以提高。

在大众汽车公司，结果管理工作被当作一个系统工程。主管和员工共同讨论和制定绩效目标，并且这个目标必须是具体的、可执行的、有明确时间表的。只有员工能够准确地描述自己的具体工作是什么、这些工作的具体标准是什么、为什么要做这些工作以及这些工作的时间期限，绩效计划的工作才能告一段落。

这也是大众汽车公司一直被认为是最为科学和理性的公司的原因。大众的绩效考核十分注意对员工的执行结果进行考核。大众汽车在考核中引入了六西格玛概念，用它来解决管理人员、公关人员的考核不易量化的难题。而员工也可根据这些行为准则评价自己的上司。对于具体执行工作，能量化的尽可能用严格的标准量化，如公关人员的工作量化可以用接了多少电话、回了多少电话、用多少时间来回答、安排了多少采访等进行。通过对这些十分具体的工作内容的考查，不仅公关人员、管理人员更加务实和注重结果了，其他的员工也深受结果文化的感染，积极改变了自己的行为方式。

除了对工作业绩进行考核以外，大众汽车公司还对员工的价值观等方面进行考核。每个进入大众汽车公司的员工都要经过一

系列的价值观培训,使员工理解和强化公司的价值观。考核不是让员工背诵价值观,而是考查员工是否在平时的工作和生活中用实际行动和工作的结果来体现价值观。

无数的事实充分证明,一个企业只有在管理中加入结果绩效的内容,并把这一内容作为考核的核心,牢固树立员工的绩效意识,才能建立起优化质量、追求卓越的执行文化、提高整个企业的实力。此外,还应要求各级管理者在结果管理的全过程中起到榜样作用,才能使企业更好地实现员工行为方式的改变。

工作的质量决定工作结果

每位老板都在寻求能精通工作、做事一丝不苟的员工。我们要培养一丝不苟的敬业精神和严谨的工作作风,它既能带领普通员工往好的方向前进,又能鼓舞优秀的员工追求卓越。

无论我们从事哪种职业,都应该尽自己最大的努力提高工作的质量。那些在工作中取得成就的人,一定是在某一特定领域里保证自己最佳工作质量的人。

现在"零缺陷"的管理理念,正在很多企业里推行,这种理念是当前很多优秀企业的一项重要的文化内涵。任何一次对工作质量的妥协,都可能对企业或员工本身造成极大的伤害。"零缺陷"的管理理念要求员工在任何事情上都把标准定为"最好",不能有一点疏忽,"差不多"是这种管

理坚决要摒弃的。无论是企业的产品品质还是员工的工作品质，都要遵循这样的原则，这样才会让自己的事业有所保障。

"零缺陷"是质量管理的一个全新境界，它将质量管理的重点由事后检查转向生产过程中的控制；同时，它不认同"人难免会犯错误"这种根深蒂固的看法，主张任何缺陷都不能接受。只有完美无缺，即顾客的完全满意，才是企业应全力追求的结果。

要达到这样的结果，意味着质量是每个员工的事情，每个员工都必须认清每项微小行动的重要性。在中国企业中，海尔在质量管理上是觉醒较早的一个。海尔的带头人张瑞敏在质量管理上就选用了"零缺陷"的战略。他认为工艺上的小差异往往显示了企业员工素质上的大差异。

为了提高产品质量，在产品生产过程中，海尔对零部件严格执行国际标准，宁可停产也不降低标准。张瑞敏提出"下道工序是用户"，依靠自检、互检、专检"三检制"对生产过程进行质量控制。同时，开展群众性的质量控制小组，强化职工的自主管理意识，对症下药，随时解决已出现或可能出现的问题。

张瑞敏为了正确处理产量和质量的关系，实行了严格的质量否决权，根据每道工序的质量责任大小，编制质量责任价值券，上下工序之间出现质量问题均可当场撕券，奖优罚劣。员工们明白了只有在高质量的前提下提高产量才是唯一正确的选择。

在国际上，张瑞敏为海尔制定的指针是："要在国际市场竞争中取胜，第一是质量，第二是质量，第三还是质量。"

海尔文化中的质量理念是"带缺陷的产品是废品，优秀的产品是优秀的员工干出来的"。这种价值观使每个员工从个人素质角度认识到提高质量的重要性。在海尔生产线上可以看到，每件产品都有一张质量跟踪单，小到一个标贴之类的工序都要填写这张跟踪单，一旦出现质量责任，可以追究到个人，这样从制度上防止了工人因麻痹大意而导致的质量事故。

不仅如此，海尔还采取了形式多样的竞赛活动，如质量擂台

下篇：七分执行

赛等，提高每个员工的质量意识。后来冰箱事业部质量管理再推新举措——"现场质量代价"行动。生产现场出现的每个废品都换算成现金来衡量，并且都要落实责任人承担。这项措施大大提高了员工的质量意识，收到明显效果。

在现实工作中，我们有许多人对工作只求一知半解，结果自然是害人又害己。

每位老板都在寻求能精通工作、做事一丝不苟的员工。我们要培养具有一丝不苟的敬业精神和严谨工作作风的员工，它既能带领普通员工往好的方向前进，又能鼓舞优秀的员工追求卓越。

在企业里随处可见这样的员工，他们的目标只是过一天算一天，他们就像是一块浮木，随波逐流，能找到怎样的工作便担任怎样的职务，而且做事情能省力就省力。他们总是不断地抱怨自己的环境，他们最开心的是午餐时间、发薪日以及快到下班的时候。难道这就是工作的一切吗？

作为一名员工，不论你的工作是好是坏、你的工资是高还是低，你都应该保持这种良好的工作质量。在工作中应该做到严格要求自己，自己能把工作的质量做到最好，就不能允许自己只做到一般；能完成100%，就不允许只完成99%。

第十三章
工作讲方法，执行制度有效率

工作要讲究方法，做一名好的落实者需要具备领悟能力、计划能力、指挥能力、控制能力、协调能力、判断能力、创新能力、应变能力等各方面的能力。总之，你要想在职场中一路顺风，最实际的方法，就是让自己的工作以最快的速度"消化"。

确立有效目标有利于落实

很多人都无法保证工作的落实，其根本原因就在于他们从来没有真正定下工作目标。目标一旦定下，它就应该成为你努力的依据，同时也是对你的鞭策。

下篇：七分执行

如果生活没有目标，你的努力就没有方向。好像一个断了线的风筝，随风而飘，不知所往。目标，是提高落实效率最基本的一条。只有做好这一点，我们才能把工作做得出色。目标是对于所期望成就事业的决心。没有目标就不可能成功。其实，每一个大公司都是从小公司发展起来的，在公司背后一般都有一个有理想、有热情的领导者，在他心中怀有一个坚定的目标，从而把企业带向成功的彼岸。

工作也是如此，很多人都无法保证工作的落实，其根本原因就在于他们从来没有真正定下工作目标。另外，作为一名员工，我们也应该计划几年以后的事。目标一旦定下，它就应该成为你努力的依据，同时也是对你的鞭策。

目标能够激发人们的意志和激情，产生一种强大的动力。如果你为自己设计了一个远大而切实可行的目标并且制订出切实可行的计划，然后付诸行动，这样你的未来就操纵在自己的手里了。这时，成功对于你来说，只是时间的问题了。

当你感觉自己的工作漫无目标、循环不已、空泛无味时，效率会大为降低。"戴着眼罩做事"是做不好事情的。有了目标就必须要明确它。因为模糊不清的目标不但不能帮助你到达成功的彼岸，反而会让你陷入迷惑之中，让你觉得成功太遥远，可望而不可即。

一句英国谚语说："对于一艘盲目航行的船来说，任何方向的风都是逆风。"对于一个不甘于平凡的普通员工来说，目标的重要性无论怎样强调都不过分。有了目标，哪怕你只是一名清洁工、办事员，你也会充满朝气，因为你知道，这只不过是走向自己目标的一个阶梯而已。可以说，优秀员工与一般员工的最根本的区别就在于有无目标。

施瓦布是嘉信理财公司的总经理，但是直到现在，他都没有把一本书从头看到尾过。在他小的时候，文科成绩就特别差，读写速度也非常慢，英文课需要阅读经典名著时，他只能从漫画版本开始。他经常说："我脑袋里有想法，却没有办法将它写出来。"后来，经医生诊断，确认他患有认字障碍。

施瓦布并没因为这个缺陷而丧失信心,后来他凭借自己优异的数理化成绩,进入美国斯坦福大学就读。他发现自己在商业方面很有特长,于是就选择以经济为主修课程。在英文及法文仍然不及格的同时,他全力投入到商学领域,获得了MBA学位。在毕业时,施瓦布十分明确自己今后的事业发展方向,于是向叔叔借到了10万美元,开始了自己的事业。他1974年在旧金山创立公司,在他的带领下,公司发展为名列《财富》50强的大企业,拥有2.6万多名员工。

对于一个先天学习能力不足的人,竟能成就一番如此辉煌的事业,原因究竟何在?施瓦布的答案非常简单:由于学习上的障碍,让他比别人有了一个清晰的目标努力,而且懂得了专注和用功。

施瓦布这种目标明确的作风,也展现在嘉信理财公司30多年的历史中。当其他金融服务公司将顾客锁定于富裕的投资者时,嘉信理财公司却朝着自己的目标,推出平价服务,专心投资大众市场,终于他们公司"开花结果"。之后,随着科技的进步及顾客的增长,嘉信理财公司在每个时期都有一个非常清晰的目标,他们公司有很多成果都成为业界模仿的对象。

嘉信理财公司如今被《财富》杂志评为全球最受景仰的二十大企业之一、全美最适合工作的企业,还名列美国《商业周刊》和《福布斯》的五十大企业荣誉榜,成为各管理书籍中最常引用的案例之一。

嘉信理财公司的成绩与施瓦布的清晰目标是分不开的,施瓦布明白其自身的缺陷,因而一直有一个非常清晰的目标,最终使他成就了一番事业。

那么,怎样才能制定合理的目标呢?

在工作上,一个最需关注的问题,就是如何确立目标。如果工作上没有目标,就如同马拉松赛跑没有终点线,提不起精神。没有干劲,也就无法提高工作效率,保证落实。

不论你的工作条件或内容如何,在制定目标的时候,都必须遵守计量

性、具体性、期限性的原则。在确立目标时，必须制订具体计划，也就是使用可以计量的数字予以表示，然后确定完成的具体期限。

在制定长期目标时，首先要考虑阶段性目标、措施目标、最终目标这三要素。阶段性目标，是每一个阶段要实现的短期规则；措施目标，即为完成阶段性规划的具体措施方案；最终目标，则是最终要达到的目的地。没有目标就不能保证工作落实到位。作为一名员工，要养成制定切实可行的目标，并力求速度快、高效率地付诸实施的良好习惯。因此，为了切实地完成工作，员工必须为确立目标、实现目标而不懈努力。如果能明确地将目标划分为长、中、短三阶段，那么实现目标就非常容易了。

明确的目标会带给你创造的激情火花，它就像成功的助推器，会推动你向理想靠近。一个人如果没有明确的目标，他就会失去崇高的使命感，也就丧失了进取的活力。

对于优秀员工而言，在你决定了你所追求的工作目标之后，你就等于做出了人生最大的选择。如果没有目标，就不会有工作的落实，不会有成功。

工作计划一定要提前准备

工作计划和项目计划好比一张交通图，它能指导工作和项目以最简洁有效的方式达到目标，即使工作计划没有被列成条条框框，至少也要在脑子里形成一种印象，这样再困难的任务也能完成。

韩愈曾说过:"凡事预则立,不预则废。"这里的"预"可以理解为一种预见性,一种计划。表面看来,这不是一个需要花费太多心思便能明了的道理,预见性和工作计划对于工作的意义是不言而喻的。

没有计划的落实,只会产生"浪费、忽高忽低、不合理"的涣散局面,消极的态度必定导致工作上的失误。计划是一门艺术,如果能够按照计划去进行落实,再困难的任务也能完成。

工作计划和项目计划好比一张交通图,它能指导工作和项目以最简洁有效的方式达到目标,即使工作计划没有被列成条条框框,至少也要在脑子里形成一种印象,只不过这种计划比较粗糙和模糊而已。

工作中设定计划常常会遇到各种困难。有些不太成功的公司和员工往往会存在这样的想法:计划是一种约束,反正大家努力奔着最好的业绩出发,勇往直前地努力就可以了,没必要自己捆住手脚。还有种情况是这样的:公司里的大部分人都没有按照计划工作的习惯,计划虽然做好了,工作起来还是我行我素,公司的管理人员也没有维护计划的习惯,项目开始没多久,计划就被完全撂到一边,这种情况大部分存在于一些规模较小、还处在"求生存阶段"、没有竞争能力的企业和公司身上。

如果自己能制订一个高明的工作计划表,一定能真正掌握好时间,在限期内出色地完成老板交付的工作,并在尽到职责的同时兼顾效率。正如一位成功的经理助理所说:"你应该在一天中最有效的工作时间之前制订一个计划,仅需20分钟就能制造出几个小时的高效工作时间。"

为什么每个工作和项目都需要一份计划呢?

首先,可以协助经理和管理人员,避免因忙碌而忘记一些重要的事情(适用于经理助理和秘书制订的工作计划)。

其次,通过制订计划,能够了解自身工作和项目的有关事项,让工作能够形成一种通畅的流程。知道每一步做完,下一步应该做什么。避免做完一些任务就盲目得不知所措,大大提高了工作效率和进程。

最后,通过计划,可以使一些支配性工作及并行工作及时得到安排,避免因工作计划不周全,造成各流程之间的相互牵掣。

下篇：七分执行

工作计划其实只要自己能够看明白就可以，没有必要做得像一般人想象得那么复杂和烦琐。

计划作出来之后也不是一成不变的。计划不能被固定死，在任何情况下都不变通，这点在实施过程中尤为重要。

李华东是某电子销售公司的业务员，李华东在这个城市已经做了很多年业务了，但他对业绩总是听天由命，能够跑多少是多少，所以他的业绩很不稳定，拿到的工资也是忽多忽少，不过总体说起来还是少的时候多一些。

自从他交了女朋友之后，这种现象就完全改变了。李华东意识到如果将来和女朋友一起过日子，不会再像现在这样"一人吃饱全家不饿"了。虽然他女朋友的工资也不低，但在李华东的观念里还是觉得男人多挣一些钱才好，于是他暗下决心要提高自己的业绩，于是便向公司里业绩好的业务员请教提高业绩的诀窍。

从同事李华东那儿得到了一条令他很惊讶的经验：每天做好个人的工作计划，便能够取得好的业绩了。他听取了这个经验，制订了一个每天的销售计划，从此他为了计划中的目标开始奋斗了。他觉得自己的热情和精力一下提高了数倍，有时为了达到预订的销售计划，他不惜早出晚归，午餐有很多时候都和晚餐"压缩"到了一起。

计划的魅力就是这么大，不管你相信与否，李华东那个月下来拿到了他前所未有的工资。新交的女朋友看到了李华东对待工作有如此的上进心，对他就更有好感了。

计划包括长期、短期和每日计划。长期计划是指超过一个星期、三个月内必须完成的事。短期计划以周为单位，列出未来一周要完成的工作，以及如何完成这些工作的行动细节和目标。每日计划是工作计划中的最高境界，每天需要花 10~15 分钟计划一下当天要做的事，这样做便不难发现每天的时间宽裕而高效，是一件成本低而获利高的时间投资。

如果有时间还可以把每天要做的工作列出一份计划单，排定其优先顺

序，每当完成其中一项时，就把它从计划单上划掉。如果发生临时状况，要先评估计划中事情的重要性再依序处理。每天工作结束之后检查一下完成计划单的情况，看有哪些尚待处理或者变更了的事情，如果重要就继续把它们列到工作计划单上，明天继续执行。这样会使自己清醒而坚定地去执行以后的工作计划，不再沉溺于毫无意义的琐事之中，工作效率也会大大提高。

如果你能够按照以上几点去做，一定会改掉浪费时间的毛病，成为一个善于利用时间的人。办事效率将会得到快速提高，工作业绩也将明显得到改善，公司也会通过员工业绩的提升同时受益。

制订工作计划也要讲究一定的方法，主要包括以下几个方面：

力求工作计划的完善：工作计划是行动的指南，因此要经常修改。为了提高工作计划的品质，需时刻具备问题意识，发现问题，及时改进；

掌握是否具备实现目标所需的条件：时间、财力、人力、物力、信息是实现目标的必备条件。这些条件自然要受实际情况的限制。在制订工作计划前必须搞清楚，实际情况对上述条件限制到什么程度；

广泛征求意见和建议：在制订工作计划的时候，一个有效的方法是广泛征求领导、前辈等人的意见与建议。

制订工作计划的具体安排：工作计划已经决定，就应马上做出安排。尽量发挥主观能动性，开动脑筋，考虑采用哪种方法才可以使计划变为实际的行动。

下篇：七分执行

让"ABCDE"法则来规划时间

每天都会有一堆纷繁的事情要做。怎么办才好呢，请给它们一一排出顺序吧。任何一个成功人士都明白，永远要先做最重要的。

人生中，我们总是有太多的事情要做，总会有完不成的任务。我们要选择对自己最重要的事情，然后去努力完成它，实现它。善于从诸多的小事中抓住大事，从大事中把握、做好最重要的事情，是我们每个人都应该学习的必修课。

"ABCDE"法则，是一个简单但是卓有成效的时间管理方法。假如你手上有很多事要做，那么你最好给每件事划分"ABCDE"等级。这个办法要求你在行动之前看看单子上列的事情，然后给每件事标上 A、B、C、D、E。在你开始行动之前采用这个办法，会大大提高你的效率和成就。

标 A 的事情表示非常重要。最后目标是否能够实现，这样的事情将产生主要的影响。无论在什么情况下，你都应该先做这类事。

标 B 的事情表示应该做的事情。对于目标的最后实现，这类事情的重要程度不高。比如给朋友打电话，跟同事一起吃午饭或者接收电子邮件等。不去做这类事可能带来一些不便，但是不会产生大的影响。

标 C 的事情是不会对目标的实现有什么影响的事。像喝茶、与同事聊聊天、浏览一下新闻报，或者白天出去逛逛街就属于这一类事。做不做都没什么妨碍。

在这里有一条原则：如果有 A 类事情要做，那么就不要做 B 类；如果

还有 B 类事情要做，就不要做 C 类的事情。一天之中，你关注的重点始终应该是 A 类事情。

标 D 的事情是表示可以交给下属或者助手去做的事情。原则上，能交给别人做的事就交给别人做，这样你就可以把时间更多地花在 A 类事情上。

标 E 的事情则是指那些已经"过时"，再做也没有任何意义的事。所以你完全可以忽略这类事情，因为它们对于你来说做与不做都没什么大的区别了。

每天都会有一堆纷繁的事情要做。怎么办呢，给它们排出顺序吧。成功人士明白，永远先做最重要的。

也许你确实很有能力，老板指派的每件事都能出色完成。但是，你不可能一辈子都是听命于人的角色。如果让你独立地、实质性地操作一项多角度、全方位的大事，在纷繁复杂的事务中，你能在千千万万的事物中理出头绪来吗？这就是考验你的时刻。其实，商界大亨亨利·杜哈蒂早就说过："我只做一件事，思考和安排工作的轻重缓急，其余的完全可以雇人来做。"

只是，你知道什么事情对你来说是最重要的吗？事情可以分为很多类别，你一定要学会区分重要的事情和紧急的事情。有一个定律叫"二八"定律，它主张：一个小的诱因、投入和努力，通常可以产生大的结果，产出或酬劳。就字面意义看，是指你完成的工作中，80%的成果来自你 20%的付出。因此，对所有实际的目标，我们 80%的努力——也就是付出的大部分努力，只与成果有一点点的关系。而那重要的 20%却是决定成败的关键。你需要做的就是区分这"二"和"八"。

有一些事情，看起来很急迫但是并不重要。比如说接电话、回复邮件，查找那些不知被我们放在何处的文件等。在这些事情上花的时间是可以避免的，如果朋友跟你煲电话粥，你可以委婉地提醒对方自己还要工作，接电话不要花时间太久；把文件资料之类放置得井井有条，至少自己要知道在哪儿，不要满世界去找要用的文件……学会恰当处理不重要但紧

迫的事情，会给你留出更多时间去处理真正重要的事情。

另外，有一些事情很重要，但是并不紧急。比如说你那些关于"坚持学习、提升能力、锻炼身体"的计划，它们看起来可能并不急迫，但这些事情应该是我们人生中的主要事件，因为这类事情可以让我们的人生更成功。前面已经说过，要量化我们每天的工作。对于这类事情，更要如此，规定每天需要完成的部分，然后坚持不懈地去做。不要因为这些事情并非迫在眉睫，就避重就轻。真正有效率的人，总是急所当急并且防患于未然的。

还有一些事情是根本不需要做的，不要以为他们真的重要。一个几乎每天都参加饭局和宴会的经理人说，在分析之后，他发觉至少有三分之一的宴请根本不需要他出席。有时他甚至觉得有点哭笑不得，因为主人并不真心希望他出席，他们发来邀请纯粹是出于礼貌，如果他真的接受了邀请，反而会使人家感到手足无措。分析一件事情对于你来说，对于你所在的企业来说是不是真的重要，本身就是一件很重要的事情，不可忽视。

另外，一定不要被别人的重要事情牵着走，而耽误了自己重要的事情，这样会让你在很长时间内都比较被动。

落实也要讲究轻重缓急

处理事务分不清轻重缓急是一种对工作时间的无情浪费，进一步说是工作中另一种隐形浪费。它如同包裹在美丽蝴蝶身上的那一层难看的蛹衣，会掩盖住你一些出色的工作能力。

德国诗人歌德曾说过:"重要之事绝不可受芝麻绿豆大的小事的牵绊。"要集中精力于紧急的要务,就要排除次要事务的牵绊。如果不断地被一些次要事务所干扰,那么就会阻碍你向目标前进的脚步。

任何工作都有轻重缓急之分,只有分清哪些是最重要的并把它做好,你的工作才会卓有成效。凡取得卓越成绩的员工,办事的效率都非常高。这是因为他们能够利用有限的时间,高效率地完成至关重要的工作。任何工作都有主次之分,如果不分主次地平均用力,就是一种浪费。所以,在关键部位和主要工作上,我们要用全部精力将其做到最好。

工作中常会遇到千头万绪、问题繁多的情况,这会弄得我们总是晕头转向、不辨东西。这时就需要我们把问题的轻重缓急分清,然后找到其中最迫切需要解决的问题,并集中力量解决它。这样做对于我们解决工作中的问题,有以下几点好处:一是可以节约大量的时间,提高办公的效率。二是可以解决公司现阶段最关注的问题,帮公司减轻压力。三是可以使自己在工作中得到先苦后甜的享受。

作为现代企业的一名员工,不管做什么,都要从全局的角度来进行规划,将事情分出轻重缓急,将大目标分成若干个小目标,并坚持"要事第一"的做事原则,久而久之就会培养起自己的"先做最重要的事"的好习惯。曾经在一本书中看到过这样的一个例子:

在一次上时间管理课时,教授在桌子上放了一个装水的罐子。然后又从桌子下面拿出一些正好可以从罐口放进罐子里的鹅卵石。当教授把石块放完后问他的学生:"你们说这罐子是不是满的?"

"是!"所有的学生异口同声地回答。

"真的吗?"教授笑着问,然后又从桌底下拿出一袋碎石子,把碎石子从罐口倒下去,摇一摇又加了一些直至装不进去了,再问学生:"你们说,这罐子现在是不是满的?"

这次他的学生不敢回答得太快。最后班上有位学生小声回答道:"也许没满。"

"很好！"教授说完后，又从桌下拿出一袋沙子，慢慢地倒进罐子里。倒完后再问班上的学生，"现在你们再告诉我，这个罐子是满的呢？还是没满？"

"没有满。"全班同学这下学乖了，大家很有信心地回答。

"好极了！"教授再一次称赞他们"孺子可教"。然后，教授从桌底下拿出一大瓶水，把水倒在看起来已经被鹅卵石、小碎石、沙子填满了的罐子中。当这些事都做完之后，教授正色问他班上的同学："我们从上面这些事情中得到了哪些重要的启示？"

班上一阵沉默，一位自以为聪明的学生回答说："无论我们的工作多忙、行程排得多满，如果要挤一下还是可以多做些事的。"这位学生回答完后得意地想："这门课毕竟讲的是时间管理啊，回答一定挨边儿了！"

教授听到这样的回答，点了点头，微笑着说："答得不错，但并不是我要告诉你们的重要信息。"说到这里，教授故意停住，用眼睛扫了一遍全班同学说，"我想告诉各位的最重要信息是，如果你不先将大的'鹅卵石'放进罐子里去，也许你以后永远都没有机会把其他东西再放进去了。"

凡事都有轻重缓急，重要性最高的事情应该优先处理，不应和重要性最低的事情混为一谈。对于那些零零散散要去处理的事务，我们可以先把它们按照"急重轻缓"的顺序，整理好再着手处理。

工作中有长远目标、短期目标、即时目标。这些目标有时候会像热气球遇上麻烦一样到处乱撞，照顾了这一点又会遗落那一点，无论怎样权衡利弊始终不能尽善尽美。这时一定要善于发现并解决最迫切的问题。只有先解决这些问题，才可以有机会解决其他问题。

遍布全美的都市服务公司创始人亨利·杜赫提说过："人有两种能力是千金难求的无价之宝——一是善于思考的能力，二是分清事情轻重缓急并能妥当处理问题的能力。"

分清轻重缓急，是工作中对时间管理的精髓部分。懂得如何做事的员工都是用分清主次的办法来统筹时间的。把时间用在最具有"生产力"的地方，如果我们在精力最旺盛的时候，处理一些至关重要的事情或者最为棘手的事情，会把出错率降到最低的水平。把那些不是很重要、易完成的事情，留给反应迟钝的大脑处理，出错率我想也不会很高的！可想而知，这样做事带给我们的自然是事半功倍的效率。如果每个公司的员工能这样处理问题，将为我们自己、为公司创造出多么可观的利润啊！

以往的经验告诉我们，没有人能永远按照事情的轻重程度去做事。但请注意：处理事务分不清轻重缓急是一种对工作时间无情的浪费，进一步说是工作中另一种隐形浪费。它常常把辛勤劳动的成果弄得乱七八糟，它如同包裹在美丽蝴蝶身上的那一层难看的蛹衣，会掩盖住你一些出色的工作能力。

下面提供一些处理事情的先后顺序的建议，供您参考：

1．"急"的事情优先。影响到公司利益、需要赶时间完成的工作首先去处理，比如临时委派的、很重要的任务，要尽快完成，不能拖沓。

2．"重"的事情次之。对于公司来说重要但不迫切的工作，要放在精力最旺盛的时候去完成。那时头脑清醒、出错率低，不易造成重大损失，而且完成了还会给公司带来很大效益，比如大手笔的交易或重大的研究项目等。

3．"轻"的事情再次之。那些做起来轻松且不容易出错，对于公司效益影响不是很大的事情，我们可以利用做完了重要事情以后的间歇时间，让不太灵活的大脑去处理。相对于重要的任务来说，做起这些事来你就会感到是一种放松、一种休闲了，比如收发文件、传真之类"鸡毛蒜皮"的小事。

4．"缓"的事情最后做。重要但不急迫的，就是那些被公司暂时搁置的项目，虽然没有规定完成期限，若能早点完成便可以减轻工作负担，比如预备执行的计划。

对于我们而言，有精力做事的时间都是有限的，你必须把有限的时间

用在最重要的事情上,也就是把要事放在第一位,而不要迷失在那些看似紧急的、琐碎的、次要的事情当中。这样,才能高效地利用时间,出色地完成工作任务。

落实,需要打破思维定式

许多人都为"愚昧"所幽禁,他们永远不能得到教育所能给予人们的自由,他们的思想永远是封闭的,不开放的。他们没有勇气为从愚昧中解放出来而奋斗,于是他们的生命变得狭隘渺小。

凡是取得成功的人,莫不是努力进取,善于打破陈腐的规则、突破自我局限的人。虽然一些规则可以帮助我们轻松地完成某些事,但也容易让我们找到循规蹈矩的理由,束缚我们的勇敢精神和创新意识,扼杀我们的进取精神。

一位刚大学毕业的大学生去应聘,他试图向这位总经理推销"自己"——到该企业工作。

可这家很有名气的公司根本没把这个刚毕业的小毛孩放在眼里,总经理三言两语便想把他打发走:"我们这里没有适合你的工作。"

这位大学生并未知难而退,而是另辟蹊径,话锋一转,向总经理提出了疑问:"总经理是觉得贵公司已经人强马壮,完全可以在市场上独占鳌头,不再需要有人员加入了,哪怕他有天大的本事,也对贵公司无益了。再说像我这样刚毕业的学生是否有能力还是未知数，宁可拒之门外，也不可贸然使用，是这样的吧？"

总经理无言以对，半晌才说："你能将你的经历、想法和计划告诉我吗？"

年轻人似乎很不给面子，他又将了总经理一军："噢！抱歉，抱歉，我方才太冒昧了，请多包涵！不过像我这样的人还值得一谈吗？"

总经理催促着说："请不要客气。"

于是，这位大学生便把自己的情况和想法说了出来。总经理听后，态度变得和蔼起来，并对他说："我决定录用你，明天你来上班。请保持你的进取精神和对工作的热情，相信你一定会有远大的前程！"

这是一个充满竞争的年代，要想取得成功，就必须突破固有的规则，展现全新的自我。

无畏的气概、创造的精神，是一切伟人的特征。对于陈腐的规则和过时的秩序，他们是不放在眼里的。

第二次世界大战结束后，日本遭逢严重的汽油短缺，本田先生根本无法开着车子出门买家里所需的食物。汽车开不成给生活带来了很大的不方便，本田先生就转变思路，寻找既方便又省油的方法。他突破常规，尝试着把马达装在脚踏车上。他知道如果成功，邻居们一定会央求他给他们装部摩托脚踏车。果不其然，他装了一部又一部，直到手中的马达都用光了。他想何不开一家工厂，专门生产这种摩托车？可惜的是他欠缺资金。

他决定无论如何要想出个办法来，最后他想出了一个主意，他决定求助于日本全国2万家脚踏车店。他给每家脚踏车店用心写了封言辞恳切的信，告诉他们如何凭借着他发明的产品，在振兴日本经济上扮演一个角色。结果他说服了其中的8000家，凑齐了所需的资金。然而当时他所生产的摩托车既大又笨重，只能卖给少数硬派的摩托车迷。为了扩大市场，本田先生动手把摩托车

下篇：七分执行

改得更轻巧，一经推出便赢得满堂彩。随后他的摩托车又外销到欧美，于20世纪70年代本田公司便开始生产汽车并获得佳评。

本田宗一郎就是这样一位勇于突破自我局限的人，他知道怎么样才能取得成功，除了要有良好的制造技术，还要有勇于进取、突破常规的勇气。由于他勇于突破自我，取得了事业上的成功。细想在世界上，又有哪一种成功不应归功于勇于突破自我呢？

但是，现实中有太多的人，生活在一种足以泯灭热诚、丧失志气、分散精力、浪费时间的氛围中；生活在一种被束缚、被阻碍、不良好的环境中。他们没有勇气去斩除束缚他们的桎梏，也没有毅力去抛弃旧有的一切。终于，他们的志向，会因没有成绩、不断失望而归于死灭。

许多人都为"愚昧"所幽禁，他们永远不能得到教育所能给予人们的自由，他们的思想永远是封闭的，不开放的。他们没有勇气为从愚昧中解放出来而奋斗，更有许多人为偏见与迷信的桎梏所束缚，于是他们的生命变得狭隘渺小。

"胆怯"也足以阻碍人的自由。许多青年男女，都有志于向前，有志于表现他们自己，但被过度的胆怯与缺乏自信两者所束缚、所阻挡，他们自己觉得内在的力量跃跃欲试，但总害怕失败而不敢行动。

怕别人讥讽和嘲弄，害怕流言蜚语，这种恐惧心理会导致他们不敢说话、不敢做事、不敢冒险、不敢前进。他们等待又等待，希望有一种神秘的力量可以解放他们，并给予他们信心与希望。

勇于突破自我的束缚，表现在工作上就是要敢于向"不可能完成"的任务挑战。

勇于向"不可能完成"的工作挑战的精神，是获得成功的基础。职场之中，很多人和你一样，虽然颇有才学，具备种种获得老板赏识的能力，但是却有个致命弱点：缺乏挑战的勇气，只愿做职场中谨小慎微的"安全专家"。对不时出现的那些异常困难的工作，不敢主动发起"进攻"，一躲再躲，恨不能躲到天涯海角。你们认为：要想保住工作，就要保持熟悉的一切，对于那些颇有难度的事情，还是躲远一些好，否则，就有可能被撞

271

得头破血流。结果,终其一生也只能从事一些平庸的工作。

一位老板描述自己心目中的理想员工时说:"我们所急需的人才,是有奋斗进取精神,勇于向'不可能完成'的工作挑战的人。"具有讽刺意味的是,世界上到处都是谨小慎微、满足现状、惧怕未知与挑战的人。而勇于向"不可能完成"的工作挑战的员工,犹如稀有动物一样,始终供不应求,是人才市场上的"抢手货"。

铲除一切阻碍、束缚我们的东西,走进一个自由而和谐的环境中,这是事业成功的第一个准备。

善于思考是提升工作品质的关键

我们无法预知未来,所以很多事的成功与否常常取决于你是否精心策划了每个行动方案,即你是谨慎小心还是鲁莽草率。有些人之所以失败,就在于缺乏思考、轻率行事。

一些人因草率行事而失败,任何人草率行事的习惯只能让自己吃够苦头——毫无头绪、混乱不堪、漏洞百出。成大事者应力戒这一习惯。凡事都要三思而后行,不要不经过大脑思考就盲目地开始去做。否则就有可能会花上大量的时间来弥补曾经的过错。

曾经有一个人买了一栋带大院的房子,他一搬进去,就对院子进行了全面整顿,他把杂草杂都一律清除,改种了自己新买的花卉。某天,该房子原来的主人回访,走进大院后大吃一惊,连忙问:"我以前种的牡丹哪里去了?"这人听了很奇怪,他说:

下篇：七分执行

"我搬进来的时候没有看到什么牡丹啊！只看到一些杂草杂树，我把它们都清理掉了。"原主人慨叹一声："您如果慢些动手，现在一定已经是满园牡丹了。"恰恰是这个新主人也非常喜欢牡丹，听了老主人的话后，很后悔，于是来年又不得不重新种植牡丹。

我们无法预知未来，所以很多事的成功与否常常取决于你是否精心策划了每个行动方案，是谨慎小心还是鲁莽草率。有些人之所以失败，就在于缺乏思考、轻率行事。

"先了解你要做什么，然后再去做。"对于行事容易草率的人来说，这是很好的座右铭。

记得曾经有这么一个故事，讲的是一座大厦门口有大块空地，该大厦的所有者要在空地上修三条路，然后其他地方做花坛和草坪。这个所有者十分聪明，他在春天将空地全部种上草，然后让员工到大厦上班，到了秋天就选择被踩平的三条路来修通往大厦进口的道路。

三思之后一定要对怎么做有一个统一的部署，这样才能把事情做得更好，进而节省时间。

动物中，鹿怕虎，虎又怕黑。黑披头散发，就像人那样站立，气力特别大，又最能伤害人。有一个猎人，可以用竹管吹出各种野兽的叫声。一天，他带着弓箭、罐子和灯火到深山里去。起初他模仿鹿叫，用来引诱鹿群；等鹿一到，便举起灯火发箭射它们。虎听到鹿的叫声赶快跑过来。这个人很害怕，于是又学黑叫，老虎是吓跑了，这回却来了一只黑，它是来寻它的伙伴的。结果没有发现伙伴，而发现一个人，于是就把他吃了。

在生活中，我们常常看到这样的情况，在接受某个任务、某个工作安排或者答应帮别人做事时，明智的人总是回答对方说："这事我先考虑一下。"

美国有个家庭主妇，她的朋友介绍她到某个银行去存钱，这个主妇对她的朋友说："这家银行的信用如何我不大清楚，让我考虑一下好吗？"

这个妇女在考虑的这段时间里，她注意搜集有关这个银行的信息，并

在一个聚会上见到了这家银行的董事长。主妇发现这个董事长精神不振，不是一副事业得意的样子，主妇从这个小细节里，就意识到了这个银行不景气，于是把钱存进了另外一家银行。过后不久，朋友介绍的那家银行就倒闭了。

如果这位主妇遇事不思考、不精心策划，轻率地把钱存进那家快要破产的银行，其结局是可想而知的。

三思之后要用聪明的方法来做事情。

戴尔·卡耐基先生曾访问过哥伦比亚大学的已故院长赫伯·郝克先生。在访问过程中，卡耐基特别提到郝克院长的书桌是多么整洁——因为像他这么一个大忙人，桌上通常会堆满许多资料或文件。

"要处理这么多学生的问题，你一定要随时做出许多决定。"卡耐基先生说道，"但是，你看起来十分冷静、从容，一点都显不出焦虑的样子。请问，你是如何做到这一点的？"

郝克院长回答道："我的方法是这样的——假如我必须在某一天做某一项决定，通常我都事先收集好各种相关资料，并认定自己是'发掘事实的人'。我并不浪费时间去设想该如何做决定，只是尽可能去研究与问题有关的所有资料。等我研究完毕，决定便自然产生了，因为这都是根据事实而来的。听起来十分简单，是吗？"

在工作中，你的上级主管都会向你布置需要你来完成的工作任务，你要认真听取他的布置，并就不清楚的地方向他询问，避免因不清楚而使工作结果出现偏差甚至失误，然后仔细阅读公司发给你的"职位说明书"。

在弄清工作任务之后，你要静下心来仔细分析这个任务，将其细化，再把你分析结果写成一份详细的计划书，送给上级主管。完成一项工作一定要精心策划，好的策划可能会收到事半功倍的效果，相反，糟糕的策划却只能把我们带入失败的深渊。只有精心策划每个行动，才有可能出色地完成这项任务。

我们的行动通常受情绪、成见、急躁或其他非分析性做法的影响，这都是不成熟的表现。

在工作中，每个行动之前，都应该先有一个对这件事的打算和做这件事的策划。一个人想做好工作，首先要进行策划，以确保在工作过程中不出现疏忽和漏洞。没有预先策划而莽撞行事的人，往往适得其反。

工作中没有精心策划每个行动的人，做事总是打圈圈，做了的事又做一次，自己阻挡自己前进。而且最坏的是，因为他的策划不够周密，在做工作时总是会面临这样或那样的阻力，因而总是难以取得预期的效果，长此以往，他们就有了退缩的念头。

人生走过的路，不可能回头重走，工作也是如此。故而，在迈出每步之前，必须精心策划，不可轻率。轻率即不假思索、感情用事、随心所欲或鲁莽行事，这样做事十之八九都是要失败的。

第十四章
日事日清，让执行完美落到实处

工作就如同滚雪球，如果不及时清理，就一定会越堆越多。提高工作效率的诀窍在于每天都完成当天的工作，这样在第二天你就不会背上过多的包袱。只有做到日事日毕，才不会让事情积压起来，才可以保证工作早日得到落实。

每一天都要把事情做好

在现实工作中的每一天，我们不仅要知道、说到，更要做到，因为做到、做好是一名员工落实能力的关键。

有的员工在每天的工作中总是夸夸其谈，能说会道，什么都知道，领导安排任何事他都能暂且答应，可就是没有工作业绩，因为他"做不到"。

下篇：七分执行

一个企业即使有再好的发展规划和企业理念，若它的员工只会耍嘴皮子，患"轻浮病"，光做表面文章，这样的企业也不会有太大的发展。现在的社会是注重落实的社会，别人看你是否具备一定的工作能力，不是看你"如何说"，而是看你"怎么做"。"知道今天做什么"是指看表面、重计划、善表态，而"做到"才是重落实、重结果，是对工作任务不折不扣的主动落实。

"知道"与"做到"是优秀员工必不可少的素质。在现实工作中的每一天，我们不仅要知道、说到，更要做到，因为做到、做好是一名员工落实能力的关键。在今天，"知道，更要做到"这一简单而意义深远的工作宣言，既是员工对待工作的准则，也是每个人在现实生活中的"座右铭"。

海信自1996年起开始引进东芝的"火箭炮"技术。在机芯方面，虽然也有自己设计的产品，但是大部分使用的仍是三洋的A5机芯。

由于三洋的机芯是日本设计，只适应日本市场，在中国市场上就出现了电源范围和制式不一样、伴音的适应能力比较差等问题。

现已升为海信（北京）电器有限公司总经理的李砚泉，当时他还在研究所的电路室工作，他接到一个命令，这个命令是海信集团副总裁夏晓东发给他的，让他挑头对三洋机芯进行改造。

夏晓东对他说："给你一个礼拜的时间，你去把那个东西搞定！"

他接到命令的时候，有些茫然。自己设计的机芯还未投产，引进的机芯有问题却要他去"搞定"。不过，他还是对夏晓东说："没问题！"

他先是用了两三天的时间进行实验，拿出了解决方案，终于在一个礼拜之内解决了问题。很快，三洋的机芯又进入了海信的彩电中，为生产海信电视机争取了大量的时间。

这时李砚泉设计的Tc2130BK和Tc2150BK两款平面直角带卡

拉OK的电视机也已完成。这两款电视机最初用的也是三洋机芯。

但是1996年这两款电视机投产后,由于三洋机芯的问题,电视的伴音还是有问题,而且图像也不太稳定。为了解决这一问题,李砚泉只好自己设计电视主板,并用它代替了三洋的产品。

这两款新电视机一投产,就生产了8万台,为海信创造了很好的效益。

一个只"知道今天该做什么"而不能"做到"的员工,在任何单位都不会受欢迎,因为"知道"不能成为落实工作的挡箭牌。如果你自认为自己的领悟能力很强,口才极好,又能见风使舵,觉得做得好不如说得好,说得好不如吹得好,那么你注定将被企业淘汰。

只有那些不仅知道今天该做什么,并每天落实出成果的员工才是真正负责任并值得信任的人,这样的员工才是企业的中坚力量。所以,要想做一个落实责任的好员工,还是需要真抓实干。

"万事俱备",只是落实的借口

员工的成就不是事先规划出来的,而是在落实中一步一步经过不断调整和实践积累出来的。只有立即落实,这些完美的蓝图才不会成为白日梦。

为什么有的人一生都没什么建树?这是因为他们一定要等到万事俱备的那天才会去做,因而常常丧失很多解决问题的良机。其实,决策一定,就要毫不犹豫地付诸行动去落实,因为落实是决策的唯一目的。

1958年初春,李嘉诚心情沉重,虽然经营塑胶花为他带来一

下篇：七分执行

笔可观的财富，但他预测到塑胶花市场的开发潜力已经不大了。他苦苦思索着应付市场变化的方法，连日来工厂的地业主只肯签短期租约，于是，每次续约都大幅度加租的情形忽然涌上心头。他灵机一动，想到，如果自己兴建一座大厦，不仅可以解决工厂自身的问题，而且可以做房产主，将大厦空余的厂房租出去。

决策一定，李嘉诚立即行动。在他看来，决策的目的只有一个，就是落实。

1958年，李嘉诚在香港北角购地兴建了一座12层高的工业大厦，开始涉足房地产。

房地产业是香港经济发展的中流砥柱，占有举足轻重的地位，有"香港经济的寒暑表"之称。机遇总是降临到那些有准备的人身上，在这股房地产经营狂潮中，李嘉诚一方面继续建造厂房，另一方面密切关注局势的变化。

李嘉诚将塑胶工厂所赚取的利润以及第一幢工业大厦的巨额收入，全部投到房地产经营中去。

1971年6月，李嘉诚成立了长江地产有限公司，走上集中经营房地产业务的道路。他郑重宣布：把香港置地有限公司作为竞争对手。香港置地有限公司号称世界上最大的地产发展商，有"地产大王"之称。

1979年9月25日，风度翩翩、神采奕奕的长江实业有限公司董事局主席兼总经理李嘉诚激动地向新闻界宣布："在不影响'长江实业'原有业务的基础上，本公司已有了更大的突破——'长江实业'以每股7元1角的价格，购买汇丰银行手中持有的占22.4%的9000万普通股的老牌英资财团和记黄埔有限公司。"

长期以来，有着远见卓识的李嘉诚一直密切注意"和记黄埔"的发展，充分预测到"和记黄埔"将是一家极具发展潜力而且前途无限的集团公司。他确信汇丰银行不会长期占有"和记黄埔"，这就预示着汇丰银行会在适当的时机出售"和记黄埔"。因

此,他马上采取行动,与汇丰银行建立关系。

到1980年10月,"长江实业"通过整整一年不间断地吸收与接纳,并在汇丰银行的积极主动配合下,成功控制了"和记黄埔"40%以上的股权,李嘉诚也正式出任"和记黄埔"的董事局主席。

1981年"长江实业"成功收购及控制和记黄埔有限公司,不仅使"长江实业"成为声誉大振、取得老牌英资财团控制权的首家华资财团,李嘉诚也因此成为入主英资财团的首位华人。

成功人士并不是每天在落实前就解决了所有问题,而是遭遇困难时能够想办法去克服。我们无论如何也买不到万无一失的保险,所以,当你制定每天的决策时,不要总是瞻前顾后,而是要下定决心去实施你今天的决策。唯有如此,才有成功的可能。否则,这一切永远都只能是遥遥无期的等待。

创业需要实力,需要机遇,更需要决策后的动力,决定做某件事时,要提前搞好调查,决定后马上投入工作,用行动去创造成绩。

在每天的工作中,也有很多员工一直等待奇迹的发生,他们希望每天都能得到高报酬,得到老板赏识。这种想法固然是好的,但是,他们在实现这个期望的过程中,没有将希望变成实际行动去落实,每天对待工作总是马马虎虎,敷衍了事,遇到问题能避则避,或者是希望别人来解决,甚至是隐瞒问题,以此来逃避责任。试想,有哪个老板会重用这样的员工呢?

在这个世界上永远不会存在绝对完美的事,"万事俱备"只不过是"永远不可能做到"的代名词。一个落实型的员工是不会等待万事俱备的那天再动手的。任何好的规划和蓝图只有付诸行动,才能保证落实成功,从而提高工作效率。

下篇：七分执行

心动不如行动，行动不如主动

与其每天心动，倒不如行动起来，并且行动最好还要主动一些。你是否有过"心动"的一瞬间，你是否主动将心动的想法付诸行动了？这将是你梦想能否成真，事业能否成功的重要因素。

平庸者和成功者之间的差距就在于"心动"与"行动"，"临渊羡鱼，不如退而结网"。古人早就告诉过我们这个道理：与其每天心动，不如行动起来，并且行动最好还要主动一些。你是否有过"心动"的一瞬间，你是否主动将心动的想法付诸行动了？这将是你梦想能否成真，事业能否成功的重要因素。

树立理想和确立目标后，在每一天，每一个进程中都要付诸行动，只有主动去做，才能架起通向成功的桥梁。无论是伟人还是寻常老百姓，在实现自己所定的目标的过程中，取得的大大小小的成功，无一不是主动去做的结果。

如果你一直在想而不去做的话，根本成不了任何事。"他能不能独当一面，自己设法解决困难？""他是不是有始无终，光说不做的那种人？"这些问题都有一个共同的目的，就是设法了解那个人是不是"说做就做"的人。要想拥有机遇就不要等待，而应当积极地投入到做之中。只有在做之中才有机遇。

在一个夏天的早上，一个淳朴的乡下小伙子登门拜访年事已高的爱默生。小伙子是一个诗歌爱好者，因仰慕爱默生的大名，

故千里迢迢前来寻求文学上的指导。

这位青年诗人虽然出身贫寒，但谈吐优雅，气度不凡。老少两位诗人谈得非常融洽，爱默生对他非常欣赏。临走时，青年诗人留下了薄薄的几页诗稿。爱默生读了这几页诗稿后，认定这位乡下小伙子在文学上将会前途无量，决定凭借自己在文学界的影响大力提携他。

爱默生将那些诗稿推荐给文学刊物发表，但反响不大。他希望这位青年诗人继续将自己的作品寄给他。于是，老少两位诗人开始了频繁的书信来往。

青年诗人的信写得长达几页，大谈特谈文学问题，激情洋溢，才思敏捷，表明他的确是个天才诗人。爱默生对他的才华大为赞赏，在与友人的交谈中经常提起这位诗人。青年诗人很快就在文坛上有了一点小小的名气。

但是，这位青年诗人以后再也没有给爱默生寄诗稿来，信却越写越长，奇思异想层出不穷，言语中开始以著名诗人自居，语气越来越傲慢。

爱默生开始感到了不安。凭着对人性的深刻洞察，他发现这位年轻人身上出现了一种危险的倾向。

通信一直在继续。爱默生的态度逐渐变得冷淡，成了一个倾听者。

很快，秋天到了。爱默生去信邀请这位青年诗人前来参加一个文学聚会。他如期而至。在这位老作家的书房里，两人有一番对话：

"后来为什么不给我寄稿子了？"

"我在写一部长篇史诗。"

"你的抒情诗写得很出色，为什么要中断呢？"

"要成为一个大诗人就必须写长篇史诗，小打小闹是毫无意义的。"

下篇：七分执行

"你认为你以前的那些作品都是小打小闹吗？"

"是的，我是个大诗人，我必须写大作品。"

"也许你是对的。你是个很有才华的人，我希望能尽早读到你的大作品。"

"谢谢，我已经完成了一部，很快就会公之于世。"

文学聚会上，这位被爱默生所欣赏的青年诗人大出风头。他逢人便谈他的伟大作品，虽然谁也没有拜读过他的大作品，即便是他那几首由爱默生推荐发表的小诗也很少有人拜读过。但几乎每个人都认为这位年轻人必将成大器。否则，大作家爱默生能如此欣赏他吗？

转眼间，冬天到了。青年诗人继续给爱默生写信，但从不提起他的大作品。信越写越短，语气也越来越沮丧，直到有一天，他终于在信中承认，长时间以来他什么都没写。以前所谓的大作品根本就是子虚乌有之事，完全是他的空想。

他在信中写道："很久以来我就渴望成为一个大作家，周围所有的人都认为我是个有才华有前途的人，我自己也这么认为。我曾经写过一些诗，并有幸获得了阁下您的赞赏，我深感荣幸。使我深感苦恼的是，自此以后，我再也写不出任何东西了。在现实中，我对自己深感鄙弃，因为我浪费了自己的才华，再也写不出作品了。而在想象中，我是个大诗人，我已经写出了传世之作，已经登上了诗歌的王位。尊贵的阁下，请您原谅我这个狂妄无知的乡下小子……"

此后，爱默生再也没有收到这位青年诗人的来信。

已经心动但因为种种原因没有行动的案例比比皆是。同样，很多企业、很多产品也是因此而错失了很多发展壮大的机会，使企业陷入了一种"求生很难、求死也难"的尴尬境地。所谓"机不可失，时不再来"就是这么简单的道理。

选择的机会多了，所以选择的难度也就大了。一个企业很难选择

到自己满意的产品，也很难选择到一个自己满意的行业。当然，除了在选择的时候需要慎思敏行，还需要认真进行市场调研，需要多方认证，再结合自己的资源优势去决定。但是一旦决定下来，就必须马上行动起来，不能等，一天也不能等，一等就会失去机会。做任何事情都不可能等到万事俱备，等什么都具备了也就什么都不具备了，因为已经没有了发展。

回顾那些已经发展壮大的企业，有很多都是因为有了基本的想法，经过简单的论证，甚至老板拍拍脑袋就决定了，然后就组织人马立即行动起来。在行动中去学习、去纠正、去总结然后再继续行动。为什么以前的企业可以这样去创造，而现在却不能了？

因为缺乏行动。天天呐喊着"渠道为尊，终端为王"，可是又有多少企业真正去实施了？为什么不肯行动起来呢？因为太多的顾忌和忧虑。

只有行动才能决定结果。人们常说："坐而言，不如起而行。"虽然行动不一定有结果，但不行动是一定没有结果的。还没有尝试，怎么就知道一定会失败呢？

无论一个企业的目标有多么远大，如果没有主动的付出，只能是不切实际的空想和空谈。成功始于心动，成于行动。不管在世界的哪个角落，实现理想和得到认可的唯一途径是每天踏踏实实主动地去做事，而不是每天都有一大堆想法或说法。

下篇：七分执行

今天该做的事，立即执行

在企业里，有些员工对自己不感兴趣的事情就采取消极的态度，他们要么不去做，要么敷衍了事，或是拖沓、推诿。事实上，无论属于哪种情况都会给工作带来损失。

有效落实的一个秘诀就是今天该做的事，今天就立即去执行。比如作为领导今天有什么安排，立即去落实；客户今天有什么要求，立即去落实。要知道，每天的工作成绩是靠落实出来的，而不是通过每天的等待得来的。

每天不论做什么工作，当领导分配给你某项工作后，就要抓住工作的实质，当机立断，立即行动，刻不容缓，这才是真正的落实精神。每天立即落实是一种习惯，是一种做事的态度，也是成功者共有的特质。

1997年9月，海尔彩电开始在北京上市，经过8个月时间，国家统计局下属中怡康经济咨询有限公司对全国100家商场进行统计，结果得出1998年5月海尔彩电在北京市场销量排名第一且一直位居榜首。有人评论，这是必然的事，但令人意想不到的是：这项成就的创造者竟是个不足23岁的毛头小子——北京销售经理辛波。

1998年12月初，某品牌彩电负责人率领30人的直销大军浩浩荡荡开到了北京中旭三利商场，想要同海尔一争高下。那时，海尔彩电在三利商场仅仅只有3名直销员。在力量悬殊如此大的

情况下，海尔彩电销量依然雄踞三利商场榜首。

一次，辛波在商场谈展台工作时，商场经理邀请他吃午饭，他拒绝了，然后他利用午餐时间布置好了展台。当商场经理用餐回来后看到这一切，大吃一惊，之后商场便把黄金位置给了海尔彩电。

美国海尔贸易公司总裁迈克曾接到很多消费者的投诉，说普通冷柜太深了，取东西非常不方便。迈克在2001年"全球海尔经理人年会"上突发奇想，能否设计一种上层为普通卧式，下层为带抽屉的冷柜，两者合一，问题不就解决了吗？

迈克的想法传达到冷柜产品本部后，他们立即派四名科研人员采用同步工程，连夜奋战，仅用17个小时就完成了样机。更加令用户感到惊奇的是，他们又接着做出了第二代产品。在当晚的答谢宴会上，当这些样机披着红绸出现在会场上时，引来一片惊叹声，随之爆发出长时间的热烈掌声。

"迅速反应、马上行动"在海尔人的工作作风中随处可见，他们以最高的落实效率来完成工作，尽最大努力在相同时间内做出更多的成绩；以迅速快捷的态度对待市场，绝不对市场说不，为用户着想，对用户真诚，迅速为用户解决问题。海尔人正是在这种工作作风的带领下，在市场上赢得了巨额商机。作为一名员工，要想成功，一定要像海尔人那样，养成接到工作任务就立即去落实的工作习惯。

郑周永是现代集团的创始人，在1974年6月28日，现代造船厂竣工，并为其举行了一次非常隆重的竣工典礼，同时这天也为该船厂的第一批产品举行了命名仪式。造船厂破土动工是在1972年3月，到正式竣工，郑周永仅仅用了两年零三个月的时间。很多人都认为这是一件不可思议的事情，在这段时间里，郑周永完成了挖船坞、防波堤工程、修建码头，并且还建了14万平方米的厂房。同时，郑周永还为5000名职工修建了职工住宅。这个大型造船厂，面积有60万平方米，最大造船能力为70万吨，

下篇：七分执行

已具有国际先进水平，而郑周永竟在这么短的时间里就建成了。

在世界造船史上，这种惊人的速度和效率都是属极其罕见的。通常情况下，根据当时的造船技术，如果要建像现代蔚山造船厂那样大规模的船厂，5年是最快速度，但郑周永却破了这个纪录，这个结果是别人想都不敢想的。他让建厂和造船同时进行，在修建船坞时就开始建造油轮的各个部位，等船坞建成后，随即将油轮在船坞进行组装，而下一艘油轮的制造也随之开始。如果不是这样的高效率，等到船厂建成后再造船，仅那笔巨大的贷款利息就会把他压垮，也就不会出现今天的现代集团了。

郑周永领导下的现代集团就是这样以高效和速度取胜，最终成为韩国最大的财团，成为世界上著名的企业。

从上述案例，我们不难看出，每天在工作中立即行动、马上落实是非常重要的。但是，在企业里，有些员工对自己不感兴趣的事情就采取消极的态度，他们要么不去做，要么敷衍了事，或是拖沓、推诿。事实上，无论属于哪种情况都会给工作带来损失，不但耽误工作进程，而且也会极大地影响自己的发展，因为没有任何一家公司会喜欢或重用一个对工作漫不经心、总是无法按时完成工作任务的员工。

很多员工在工作中都会产生惰性，事情不着急都喜欢往后拖一拖。但是，这种"不着急，明天或者以后再做"的想法，常常会使计划落空，工作变得一片混乱，随之也会产生后悔、自责、烦躁的情绪，从而影响在工作上的进步，还容易由于混乱而发挥不出应有的实力，自然也就无法保证工作落实到位。

工作就要日事日毕，日清日高

"今日事，今日毕"，要求每一位员工都要养成这样一种习惯：今天的工作不要拖到明天去做，上午的工作不要拖到下午去做，白天的事不要拖到晚上去做。

管理学家彼得·德鲁克说：真正推动社会进步的，是默默地高效率工作着的人。而一个高效率工作的人，最重要的一点就是日事日毕，日清日高。

"今日事，今日毕"，是我们提高工作效率、保证落实的重要途径与方法。"今日事，今日毕"，要求每一位员工都要养成这样一种习惯：今天的工作不要拖到明天去做，上午的工作不要拖到下午去做，白天的事不要拖到晚上去做。

下面我们来看看海尔著名的"OEC 管理法"，它的核心也就是日事日毕，日清日高。

张瑞敏是海尔集团的 CEO，他在海尔集团推行了"日事日毕，日事日清，日清日高"的制度。OEC 管理法，O——Overall（全方位）、E——Everyone（每人）、Everything（每件事）、Everyday（每天），C——Control（控制）、Clear（清理）。"OEC"管理法也可表示为：每天的工作每天完成，每天的工作要清理并要有所提高。即"日事日毕、日清日高"。

这个 OEC 管理法由三个体系构成：目标体系—日清体系—激励机制。首先是确立目标，而日清是完成目标的基础工作，日清的结果又必须与正负激励挂钩才有效。它的实施需借助于一个"3E"卡，将每个员工每天工

下篇：七分执行

作的七个要素（质量、产量、物耗、安全、文明生产、工艺操作、劳动纪律）量化为价值，员工收入就跟这张卡直接挂钩，每天由员工自我清理计算日薪并填写记账，检查确认后交给班长。不管几点下班，不管多晚，班长都要把签完字的卡拿回来，再签上自己的名字交给车间主任。这样的工作要求天天写月月填，所以这个管理法的执行过程是非常枯燥的。但海尔一直到目前为止还丝毫没有准备放弃的迹象。

案头文件，缓办的、急办的、一般性材料的摆放，都是有条有理、井然有序。

"日日清"系统有两个方面内容：一是"日清日高"，即对工作中的薄弱环节不断改善、不断提高，要求职工"坚持每天提高1%"，70天后工作水平就可以提高一倍，这个意思就是说把所有的目标分解到每个人身上，每个人的目标每天都有新的提高，这样就可以使整个工作有条不紊地、不断地完善；二是"日事日毕"，即对当天发生的各种问题必须弄清原因，分清责任，并及时采取措施进行处理。比如工人使用的"三E卡"，就是每天、每件事、每个人，每个员工做完今天的工作后，必须填写这张卡片，填写完之后，他的收入就会跟这张卡片直接挂钩。

对于海尔集团的客户服务人员来说，客户提出的要求，不论是大事，还是鸡毛蒜皮的小事，工作责任人都必须在客户提出的当天给予答复，与客户就工作细节协商一致，然后再按照协商的具体内容办理，办好后必须及时对客户反馈。如果遇到客户投诉、抱怨，需要在第一时间加以解决，当自己无法解决时要立即向上级汇报。正是因为这样，海尔集团的服务被评为"5A钻研服务"，海尔集团的产品也成为世界一流的产品。

海尔集团的这种制度是对时间的珍惜，同时也是对客户负责的一种态度。不论是对自己的工作，还是对客户的服务，所有的事情都要在一定的时间内完成才有意义。事实上，海尔集团的成功在于他们充分认识到"今日事，今日毕"的重要性，他们在提高自己的同时，也得到了客户的信任。

作为员工,在落实工作的过程中,一定要时刻告诫自己:绝不拖延!事实上,拖延对于员工来说是一种折磨,而且相当累人,随着规定期限越来越接近,工作压力也随之会越来越大,这只会令人感觉更加疲惫。对于每一个员工,日事日毕、日清日高的方法都是非常有效的。我们只有日事日毕,才不会让事情积压起来;我们只有日清日高,才会不断取得进步。

只要自己认为是对的事情,就必须马上付诸行动,绝不可优柔寡断。不能做决定的人,虽然不会有犯错的机会,但同时也失去了成功的机会。

我们工作中遇到问题时不要拖延,应立即弄清原因,及时处理,否则就会像故事中的老农那样,受尽痛苦。其实,很多事情并没有你想象的那么困难,只要落实起来,你就会在落实中找出解决问题的方法。

另外,需要提醒的是:"今日事,今日毕",还需要分清工作的轻重缓急。人的精力毕竟是有限的,把每件事都当作"今日事",恐怕永远也做不到"今日毕",只有合理分配工作、合理利用时间的人,才能游刃有余地应对工作,提高工作效率。

总之,我们只有养成"今日事,今日毕"的好习惯,才能保证工作的落实。

下篇：七分执行

第十五章
不断学习，做一个执行制度的推手

要想成为一名落实高手，首先要具备能力。如果你想有能力，就要善于学习。在形势瞬息万变的今天，唯有不断地学习，你才能有竞争力；只有不断钻研，你才能始终把任务执行与落实到位。

职场达人，须持续不断地"充电"

"职场如战场"，想掂量一下自己的斤两，到人才市场去试一试吧，现在流水线上的工人都需要"一技之长"了。自己在工作中积累的几年经验，也许在竞争对手面前早已经不堪一击。

我们都知道，要使手机正常使用，电池提供充足的能源是必不可少的条件之一。不难看到，现在不少手机都随机送"一充两电"。人性化的提示，"你的电量不足，请及时充电"。其实，对于人类来说，我们同样需要不断"充电"。

"每天我都忙得要命，哪还有时间去充电啊。"现代人忙，这的确是一个非常合理的理由，但不排除有时候是在瞎忙。你有"工作安排的日程表"吗？你有"自己的职业生涯规划"吗？你有充电的"学习计划"吗？很多人平时工作充实、生活富足，这些东西却往往是"三缺一"。就算有，你认真执行了吗？你落实到每分每秒了吗？三分钟热度，朝令夕改，最大的悲哀莫过于前功尽弃。

"职场如战场"，如果你想掂量一下自己几斤几两，就到人才市场去试一试吧，现在的流水线工人都需要"一技之长"了。自己在学校学的基础知识，在工作中积累的几年经验，也许在竞争对手面前早已经不堪一击。

当我们在一个岗位工作了几年后，对工作的新鲜感，好奇心随着时间的推移已经被磨砺得荡然无存，每日的工作只是循规蹈矩地重复，大多数人都会不可避免地开始职业"疲怠期"。这时很多人都将面临一个痛苦的抉择，是继续，还是放弃？

在激烈的职场竞争中，停下就意味着被超越。如何保持一种优势呢？充电成为必然。人人都应该自觉不断地"充电"，这个社会的动能必然强大。知识的快速更新加大了人们的学习负担，要生存就得不断地"充电"。

同时，这种生存竞争也是技术进步的推动力。人人的动能都处于饱和状态，科技就会飞跃，科技的飞跃又促进了这种竞争。在知识爆炸的时代，世界上每天每时都有新知识产生，前几年是尖端的东西，转眼间就会成为明日黄花。就比如计算机技术，芯片更新速度十几个月一倍，相应的硬软件技术也日新月异。你如果还是前几年的水平，当然不够用。即使你不去读博士，也得进短训班。要想保住饭碗，就必须不断"充电"。单凭原有的旧知识坐吃山空根本不行。

因此，读书学习也是谋生的一部分，是生存发展的需要，是一种

· 292 ·

必需的"消费",也是一种个人"投资"。高科技人才是这样,做一般技术工作的,如公司里那些分管打字收发的秘书也是这样。因为科技的发展进步、技术的更新像链条那样,是互相牵动的,哪一个环节落后都不行。

现实就是这么残酷,要想自己的位置不被别人取代,我们就要时刻不忘充电。既要不断地读书学习,也要善于从身边的人身上发现闪光点,提升自我。

一次,李宁和同事张乐一起出差。因为业务密度太大,李宁总处于晕晕的状态,疲于应付每天的工作。回来之后,另一位同事问起哪家单位什么情况,这些李宁经手的事情他自己根本没有印象。而令李宁非常吃惊的是,同事张乐,他居然清楚地记得每家单位在哪个地方,他们接触到的那些单位的分管老总、会计、出纳叫什么,他们的业务情况如何。当时李宁真的很吃惊,吃惊到怀疑自己的智商、记忆。于是他对张乐刮目相看,时常与他交流。

还有一次出差,领队的是一个与李宁同时进单位的,比他小的男孩,精精瘦瘦的,李宁没太上心。后来他偶尔注意到男孩的笔袋,那是一个装得满满当当的笔袋,里面放着各种文具:笔、橡皮、眼药水等,挤得满满的,而最吸引他注意的是,他的笔袋里那么多东西,却摆放得很整齐。李宁再想想自己的包,虽然总崇尚名牌,但里面永远是杂乱的。想拿出一个东西,必须得费力在里面又掏又摸又找。那个男孩虽然身材不高大,目前经济条件也并不很优越,但男孩的衣着总是很整洁得体。于是李宁知道,这是一个很有条理、逻辑性很强的男孩,后来李宁还发现他是大家公认的电脑高手,而且他的许多东西都是自己琢磨出来的。

就是在这样的不断学习中,李宁越来越优秀。工作中他处处留心,仔细发现与别人的差距,并善于学习别人的长处。所以,

不断地学习充电，自然可以让你的工作落实得更为出色，成为业界行家。

时间就像海绵里的水，只要肯挤，总是会有的。让我们在忙忙碌碌中抽出一点时间去充电吧。如果趁着年轻的时候不去学习，不去充电，等到我们岁数大了，头脑精力不足的时候再想努力，那时就真的是力不从心，一切就都太迟了。

学习是你迈向成功的不二法门

人生就是一个不断学习的过程。我们成为怎样的人，取决于我们所学到的东西。每天都努力学点新的东西，这样你的生命才会不断成长。

每个人都有一定的安全区，不要固守着自己的优势。如果你想跨越自己目前的成就，请不要画地自限，要勇于接受挑战充实自我，你一定会发展得比想象中更好。在一个公平的社会里，有人之所以获得重要角色，是因为他们已经具备必要的能力，如果你的职业生涯计划包括工作升迁，就要有胜任新工作的能力和能够迅速取得新能力的方法。为取得新的能力，你必须丰富一些个人的成长经验。聪明的员工会掌握每个机会学习、发展技能以及寻求挑战的任务。

员工的能力是企业发展的动力，员工有责任不断提高自己的业务能力，这是企业快速发展的重要保证。没有哪一种能力是万能的，可以适用于各种职业。每一位员工必须清楚自己所必须具备的能力，以及促使自己表现非凡的能力。

通往成功的路有两条，一条是靠自己埋头苦干，实践、总结；另一条是向已经成功的人去学习，像成功者那样思考和行事。前一种方法节省了向成功者学习的成本，但却极有可能走弯路，在时间与花费上得不偿失。而且，当一个人仅仅依赖于自己的知识、经验、资金、资源进行奋斗的时候，这条成功之路将缓慢无比。最终的结果往往是资源耗尽、信心丧失。而后一条则是通向成功、获取财富的捷径。

学习能力的提高远比学习知识更重要，毕竟知识是在不断更新的，人们所需要的是要有学习知识的能力而不仅仅是学习知识。西点军校前校长米尔斯曾说："每个人所受教育的精华部分，就是他自己教给自己的东西。"学校里获取的教育仅仅是一个开端，其价值主要在于训练思维并使你适应以后的学习和应用。而人生剩下的路，你要边走边学。没有人教你，但是你通过自己的勤奋和聪明获取的知识比别人传授给你的知识更为有用，也更为持久。这将是一笔属于你自己的财富，它可以迅速转化为才能，帮助你获得成功。

从别人身上，你会学到很多对自己有益的东西，让自己尽量少走弯路。同时，他们的成功还可以激发你对事业更大的热情。我们每个人的体内都蕴藏着巨大的潜能，只是你可能不知道。一旦被外界的东西激发，它就会从酣睡中苏醒，促使你做出惊人的事业。

"用学习创造利润"——这已被管理学界和企业界公认为当今和未来"赢"的策略。

有这样一句话，说最不可宽恕的是一个人晚上上床时还像早上起床时那样无知。该学的东西太多了，虽然我们出生时一无所知，但只有蠢人才永远如此。任何时候都不要骄傲自满与自己目前所知道的，这个世界上需要学习的太多了。

> 在联邦快递的企业文化中，参与学习和培训占据重要地位。公司不仅为员工进行本职业技能的学习和培训提供各种机会，还提供资金支持员工自主选择、自主学习感兴趣的技能领域。

联邦快递在招聘员工时,在招聘广告中这样写道:"接受全面的培训,通过完整的职业规划而不断发展;有机会申请高达2500美元/年的教育资助以拓展您的职业道路;使用快递行业最先进的技术;拥有不断创新的机会,提供帮助公司业务拓展的想法。这并不是全部,联邦快递还将给予您足够的资源来帮助您获得所需要的知识、技能以及接受更高程度的教育。"

联邦快递想让每一个已经进入或即将进入公司的人明白,任何学习都是有益的。因为通过学习,不仅可以使员工摆脱故步自封、不思进取的懒散状态,还能够使员工获得最先进的职业技能,开发他们开拓创新的潜能,并能通过鼓励员工自主学习,使得员工能够为自己的职业规划做出更为明智的选择。除此之外,联邦快递的企业文化提倡员工互助互学,给企业员工自由发表不同意见的机会,并进行充分讨论,寻求最优解决。正是在这样的企业文化的熏陶下,联邦快递成为世界500强企业。

不管你所在的公司是否像联邦快递那样重视对你的培训,你自己都要明白,学习是一生一世的事,只有终生学习,不断学习,才能成为真正的强者,更好地实现自身的价值。

美国前总统克林顿曾经说:"在19世纪获得一小块土地,就是起家的本钱,而21世纪,人们最指望得到的赠品,再也不是土地,而是联邦政府的奖学金。因为他们知道,掌握知识就是掌握了一把开启未来大门的钥匙。"

每一个成功者都是有着良好阅读习惯的人。世界500家大企业的CEO每个星期至少要翻阅大概30份杂志或图书资讯,一个月可以翻阅100多本杂志,一年要翻阅1000本以上。

汽车大王福特年少时,曾在一家机械商店当店员,周薪只有2.05美元,但他却每周都要花2.03美元来买机械方面的书。当

他结婚时,除了一大堆五花八门的机械杂志和书籍,其他值钱的东西一无所有。就是这些书籍,使福特向他向往已久的机械世界迈进,开创出一番大事业。功成名就之后,福特曾说道:"对于年轻人而言,学得将来赚钱所必需的知识与技能,远比蓄财来得重要。"

人生就是一个不断学习的过程。我们成为怎样的人,决定于我们所学到的东西。每天都努力学点新的东西,这样你的生命才能不断地成长。无论何时都不要忘记,如果你想要得到信任,你就要有能力。如果你想有能力,你就要善于学习。如果你善于学习,你就要知道学习什么,你要选择合适的学习活动,还得不断地练习。最后,最根本的是你必须有坚定的学习信念。

不断提高自己,突破自身极限

学历可以帮助你进入职场,却很难帮你获得职场中的成就。毕竟,越来越多的人拥有了这种资源,这就使得你想要脱颖而出只能不断提高自己。

一个人的前途之所以无限光明,是因为他事先就已经学会了扫除将来有可能遇到的各种障碍的必备知识。事实证明,在知识方面的"自我投资"是成功者的一个重要特征。

世界时过境迁,千变万化。想想我们中学或大学时的同学,几年之后,他们的境况会相差很大。有些人当初很幸运,他们考上了名牌大学,

而有的人屡试不中，只能排斥在大学校门之外。但若干年之后，如果同学重聚，你也许会发现，有些当初的落榜者并非没有出息，还真干出了名堂，他们做起了自己的生意，当起了老板。而那些昔日的幸运者，有的也只是平平常常，悠闲自在，每月守着一点工资，混点事做。

在很多职业中介机构的名录里，登记着无数受过教育的失业者的名字，其中大部分人都是因为自己没有进一步发展的能力被人超越，最后丢失了原有的工作。每个人既有的知识和技能很容易过时，因此要"不断自我更新"才能避免工作上的危机。

工作每天都有新情况、新挑战，每天都要面对新事物，学习与工作相伴，工作就是学习。能够适应工作，实现自我而不被淘汰，靠的是实力，而实力来于自身。虽说现代社会的机会很多，但要是不学习的话，一个人必然也会逐渐落后于社会。只要天天学习，就会天天有进步，天天有机会，工作才会富有生机。

然而，大多数人从学校毕业后进了社会就失去进修的心，这种人以后都不会再有什么进步。反之，学生时代即使不显眼，但进入社会后仍然勤勉踏实地学习应学的事，往往都会有长足的进步，能继续保持这种态度的人是只有进步没有停顿的。要想成为一个优秀员工，树立终生的学习观是很有必要的。商业时代好多拥有某种专门技术的人常常显得知识狭窄，这种仅在技术方面片面发展的趋势，是非常不合适的。

开学第一天，一名MBA学员作为项目负责人，提交了一份作业，同学们认为他的方案太"小家子气"，直接指出他的设计更适合中小企业，因为他只考虑了降低成本的要求，却没有想到如果降低成本是以牺牲效率来换取的，那么根本没有任何意义。

他当时很不服气，导师让他静下心来好好想想。于是他开始自我反思，他来自一家中型民营企业，做质量管理工作，平时是审核各部门的资料并提出改进建议，沟通简单，思维程式化，这使得自己在做课堂案例的时候，思维受局限，而且不够缜密。从

此，他开始有意识改进自己这个缺点。

一年之后，老师安排他负责 MBA 毕业典礼的会议现场总调度。他画好缜密的流程图，考虑到各种可能出现的突发情况，甚至包括花盆的摆放、导师上台的位置，同学的合影等非常细微的地方，还留下两位同学专门应对突发情况，这在读 MBA 以前他是绝对做不到的。懂得控制重点和要点，他逐渐感觉到自己的思维开阔起来，一步步实现了从小思维到大思维的转换。

你得面对这样一个事实：学历可以帮助你进入职场，却很难帮你获得职场的成功。毕竟，越来越多的人拥有了这种资源，这就使得你想要脱颖而出就只能不断地提高自己。

就算我们已经取得了一定成就，也需要不断提高自己。社会的变迁太快，长江后浪推前浪，如果你在原地踏步，社会的潮流就会把你抛在后头，后来之辈也会从你后面追赶过去，相比起来，你的成就在一段时间后根本就不是成就，甚至还有被淘汰的可能。

你有没有问过自己：我这辈子只有这样吗？相信你会回答不是这样，因为每个人的现状中仍有许多需要改善的地方。一个人不满足目前的成就，积极向高峰攀登，就能使自己的潜能得到充分的发挥。比如，原本只能挑 100 斤重担的人，因为不断地提高自己，通过突破极限，就可以挑起 120 斤甚至 150 斤的重担。相反，一个人只要安于满足现状，就会失去了上进求变的动力，没有动力，就无法付诸切实的行动。

三分制度七分执行
SANFENZHIDUQIFENZHIXING

突破以往经验，主动寻求改变

我们不是缺乏机会，而是缺乏在机会面前把自己归零的勇气。每一个成功的人都是勇于否定自己的人，他们不会被自己已经取得的成就迷惑，而是继续在不断地自我否定中寻求更大的成功。

当下，你会发现自己原有的知识很快变得过时和陈旧，接着发现这直接影响到就业和生存。所以我们都必须时时重新调整和革新自己，以适应社会的需要。

人们认识自己是很困难的，而不断地否定自己则难上加难。否定自我需要胸襟、需要坦诚、需要胆魄，需要不断地学习提高。

工作经验的确是一笔财富，但却不是绝对的不可推翻。有时候就是由于经验的指引而让你和成功背道而驰，因为在不同的情况下，经验所发挥的作用是不一样的。在进行一个常规的、不能变更的操作时，经验就是最好的老师，它往往让你能快速、出色地完成任务。但是，在技术陈旧需要更新的时候，经验的作用就显得要小一些，当在进行一项全新的创新时，经验起的作用就会更小，而且这个时候，更要注意的就是不能被经验牵着走。既然是创新，就是要有更新的东西来填补或者是取代前者，这种东西往往是需要突破思维的。

事物的发展是经过否定实现的。事物的运动变化和发展是"外在否定"和"内在否定"协同促成的结果，是自我完善、自我发展的运动过程。客观事物的复杂性，人们认识能力的有限性，决定了人类实践只能是

接近真理的过程。昨天正确的东西，今天不见得正确，上一次成功的路径和方法，可能会成为下一次失败的原因。不论组织还是个人，不犯错误都是美好的愿望，犯错误才是客观的现实。

所谓的经验主义，就是说不能从发展的角度看问题，往往要用过去的经验套实践。工作实践中经常会有一些成功经验，但是这些经验不是放之四海而皆准的。这个世界上，唯一不变的就是变化。人不可能两次踏进同一条河流，成功人士从来不会把以前的成功经验不假思索地套用到今后的工作中。

部门经理威廉请求董事长给他一个面谈的机会。董事长立即腾出来时间见他。并且，在面谈时，没让他的秘书出席。

威廉牢骚满腹，想要倾吐一下心中积怨。"当你将你的心腹提升为工厂的厂长时，为何不把我提升为你的助手呢？"他很想知道，"他的年资没有我长，却获得了这份工作。我的十年工作经验只相当于他的五年而已。"

"你从未参加过公司提供的长达数小时的主管进修课程，其中包括一些在当地大学所开的免费夜间课程。而他则抓住每一次机会。"

"但是我曾经获得了不少经验。"威廉提出了异议，"十年多了，对于我的工作我了如指掌。他曾经犯过愚蠢的大错，但我从来没有。"

"或许那就是你所犯下的大错，威廉。"董事长打断了他说，"当然，我曾经让他尝试过许多他的构想，即使好几次我都怀疑他想要做的是否能完成。他曾经遭遇一些艰苦的危机，这一点我承认。但是我宁愿降低一匹快马的速度，也不愿意设法使一匹慢马加速。"

接着，董事长结束了谈话。"你从没获得过十年的经验，威廉。"他以柔和的语气说道，"你有的也只是一年的经验，你只是做类似事情十次罢了。"

以为自己经验丰富，不会出错，所以就故步自封不求上进，这是很多

老员工不能进步的重要原因之一。经验固然很重要，但时代在变，你工作的环境在变，资源在变，你的工作方式当然也要跟着改变。在 E-mail 漫天飞的时代，你跟客户联系还用纸质的信吗？你能熟练地享受电脑办公给你带来的便利吗？

不断地否定自己，就是一个创新的过程，只有不断地创新，想到别人想不到的，做到别人还没有做到的事情，才能保证自己有更多的机会，才能让自己处于不败之地。

很多时候，那些我们自豪的优势，那些被我们视为理所当然的思想、习惯、行为、方式，或许早已成为阻碍我们前进步伐的陈规陋习。想想看，有多少你每天在做的事情是已经在今日的商业社会中失去意义的？哪些报表？什么会议？什么礼仪？哪些做事的方法或手段？

有句话叫作：我们不是缺乏机会，而是缺乏在机会面前把自己归零的勇气。这句话说的正是，人的难能可贵之处在于否定自己，只有否定自己已经取得的成就，不沉醉于过去所取得的一点成就，不固守以往的经验，才会有所突破，在原来的基础上做得更好。每一个成功的人都是勇于否定自己的人，他们不会被自己已经取得的成就迷惑，而是在不断地自我否定中寻求更大的成功。

要想落实到位，就得主动创新

创新可以使员工摆脱本行业的束缚，接受其他领域中的优秀思想。当你尝试用不同的角度看事物时，创新的智慧常会让你得出独到的见解，再加上你进一步地整理和分析，必然令老板大为信服。

· 302 ·

创新是一个企业发展的动力，也是一个员工增强自身竞争力的有效途径。创新是一个永远不老的话题，创新并不是少数几个天才的权利，每个人都能创新。在细节中创新，就是要敏锐地发现人们没有注意到或未重视的某个领域中的空白、冷门或薄弱环节，改变思维定式，这样，最终会将你带入一个全新的境界。

创新需要时时进行，如果你能在刚工作时就展现这方面的能力，那你就能很快从一大堆信任中脱颖而出，领先一步。创新是成功的源泉和牵引力，创新就是摒弃旧的过时的即将遭淘汰的方法，去挖掘一种新方法。无数成功的例子告诉我们，创新是成功的必备要素。

有创新才能有发展。一个职场中的优秀员工必定是做事高效的员工，因为只有高效才能让员工业绩突出，得到老板的赏识。要想高效率做事，员工就必须具备一定的创新能力。而一次、两次的灵光一现，并不能让你真正具备过人一等的资本，只有坚持长期的创新，不断地创新，才能在工作中不断提高，超越别人，也超越自己。把创新当成一种习惯，你就是老板需要的那个人。

所以，创新是更新的最高境界。你要想在现代职场上成为一个杰出的人，在激烈的竞争中立于不败之地，就要培养和发展自己的创新精神，优秀员工一定要修炼自己的创新能力。

张波是一家洗衣店的员工。他是一个有着创新精神的年轻人，一直在思考怎样才能增加人们洗衣的次数。他知道很多洗衣店都要在每一件烫好的衬衣领子上加上一张硬纸板，以防止其变形。于是，张波便想："我能不能对这张三角纸板进行改进，以使其更具价值呢？"

一天，他突然有了一个灵感，即在纸卡的正面印上彩色或黑色的广告，背面则加入一些别的东西：如孩子们的拼图游戏、家庭主妇的美味食谱或全家可在一起玩的游戏等。张波把自己的想法告诉了老板，老板高兴地接受了他的建议，并立即着手采取了行动。有些家庭主妇为了搜集张波的食谱，把原本可以再穿的衬

衣也送来烫洗。此举不仅使洗衣店赚到了一笔不小的广告费，而且也为洗衣店带来了巨大的经济效益。张波的创新之举，不仅使他的业务量大升，他本人也因此而被老板提拔为助理。

在工作中，许多员工抱着坚守岗位的态度，一切因循守旧，缺少创新精神。认为创新是老板的事，与己无关，自己只要把分内的工作做妥即可，舍此无他。

这种思想实在要不得。要知道，谁也不比谁强，谁也不比谁差。你所拥有的，别人同样也拥有。如何能够突围而出，高人一等？

正如杰克·韦尔奇所说的："我们每个人都有可能成为创新的人，关键是看我们有没有创新的勇气和能力，能否掌握创新的思维方法和运用创新的基本技巧。"其实，创新并不是高不可攀的事，每个人都有某种创新的能力。但问题是你有没有发挥你的创新能力，职场中的许多人养成了一种惰性，只是每天重复性地完成工作，甚至就根本不去想创新的事。他们一切都按固定的模式去做，结果做来做去，始终平平庸庸，没有丝毫的改变和进步，这样的人何谈竞争力？

创新行为不仅对公司有利，也对员工本人的形象、声誉、能力和前途有利。无论创新的意念是否被老板接纳，进行得是否顺利，都能显示出你对公司的热诚和责任感。

成败得失并非关键，重要的是那份勇于尝试的精神，能够有助于你获得老板的认同。

创新可以使员工摆脱本行业的条条框框，接受其他领域中的优秀思想。当你尝试用不同的角度看事物时，创新的智慧常会让你得出独到的见解，再加上进一步地整理和分析，必然令老板大为信服。

作为一种必备的落实修炼，创新素质无疑是可以塑造和雕琢的。对人们创新思维的形成和发展，现代心理学家做过许多实验，从实验的结果看，先天的智力和知识积累、丰富的社会实践以及科学的训练方法是主要因素。

一、创新需要善于观察和实践

拥有知识固然重要，但间接知识往往不如直接的经验立竿见影。而

且，书本知识有时也会成为阻碍创新的因素。因为创新往往是对旧有事物和旧有格局的否定，是对潜在力量的挖掘，所以你绝不能离开坚持不懈地观察和实践。创新往往在观察与实践中得到突破。

二、创新需要知识的积累和智慧的开发

在进行任何一项创新之前，你的头脑中总要有一些预备性的知识，把这些知识作为铺垫或者跳板，然后才能构想出改进或解决问题的新方法，所以你所掌握的知识往往决定了你的创新水平。

三、创新需要训练

创新既然属于一种思维和心理领域的内容，那么它肯定可以而且必须经过训练。盲目地创新不但无助于你的工作，反而会给你的工作带来不应有的损失。

如果你试着按照上面三点去做，你将会慢慢修炼起创新的精神，养成创新的习惯，那你在工作中将会显得与众不同，必将脱颖而出，为公司创造较大的效益，你也不会受到裁员的侵扰。

纵观事业上取得成功的员工，他们一般都不是那种从常规去考虑问题的人，而是能够在创新的立场上考虑各种问题的人。是啊，哪个老板愿意裁掉具有创新能力、不断为公司创造最大效益的员工呢？

激情成就卓越，创新开拓未来

"职场懦夫"与"职场勇士"，根本无法并驾齐驱，勇于向"不可能完成"的工作挑战的员工，犹如稀有动物一样，始终供不应求，是人才市场上的"短手货"。

西方有句名言："一个人的思想决定一个人的命运。"不敢向高难度的工作挑战，是对自己潜能的画地为牢，只能使自己无限的潜能化为有限的成就。与此同时，无知的认识会使人的天赋减弱，因为懦夫一样的所作所为，不配拥有这样的能力。

举重项目之一的挺举，有一种"500磅（约227公斤）瓶颈"的说法，也就是说，以人体的体力极限而言，500磅是很难超越的瓶颈。499磅的纪录保持者巴雷里，比赛时所用的杠铃，由于工作人员的失误，导致杠铃实际上超过了500磅。这个消息发布之后，世界上有六位举重好手在一瞬间就举起了一直未能突破的500磅杠铃。

勇于向极限挑战的精神，是获得落实的基础。职场之中，很多人和你一样，虽然颇有才学，具备种种获得老板赏识的能力，但是却有个致命弱点：缺乏挑战极限的勇气，只愿做职场中谨小慎微的"安全专家"。对不时出现的那些异常困难工作，因觉得不能做好而不敢主动发起"进攻"，一躲再躲，恨不能避到天涯海角。结果，终其一生，也只能从事一些平庸的工作。

"职场勇士"与"职场懦夫"，在老板心目中的地位有天壤之别，根本无法并驾齐驱，相提并论。一位老板描述自己心目中的理想员工时说："我们所急需的人才，是有奋斗进取精神，勇于向'不可能完成'的工作挑战的人。"勇于向"不可能完成"的工作挑战的员工，犹如稀有动物一样，始终供不应求，是人才市场上的"短手货"。由此可见，在你和老板之间，最大的障碍不是虎视眈眈的竞争者，也不是嫉贤妒能的昏庸老板，最大的障碍是你自己。是你面对"不可能完成"的高难度工作，是你心中也认为自己不可能完成的消极心态。

有一位撑竿跳选手，一直苦练都无法越过某一个高度，他失望地对教练说："我实在是跳不过去了。"

教练问："你心里在想什么？"

他说："我一冲到起跳线时，看到那个高度，就觉得我跳不过去。"

· 306 ·

下篇：七分执行

　　教练告诉他："你一定可以跳过去。把你的心从竿上摔过去，你的身子也一定会跟着过去。"

　　他撑起竿又跳了一次，果然跃过。

　　在如此失衡的市场环境中，如果你是一个"安全专家"，不敢向自己的极限挑战，那么，在与"职场勇士"的竞争中，永远不要奢望得到老板的垂青。当你万分羡慕那些有着杰出表现的同事，羡慕他们深得老板器重并被委以重任时，那么，你一定要明白，他们的成功绝不是偶然的。这很大程度上取决于他们勇于挑战"不可能完成"的工作。在复杂的职场中，正是秉持这一原则，才使他们磨砺生存的利器，不断力争上游，才能脱颖而出。

　　职场之中，渴望成功，渴望与老板走得近一些，再近一些，是多数员工的心声。如果你也在其列，那么当一件人人看似"不可能完成"的艰难工作摆在你面前时，不要抱着"避之唯恐不及"的态度，更不要花过多的时间去设想最糟糕的结局，不断重复"根本不能完成"的念头——这就等于是在预演失败。就像一个高尔夫球员，不停地嘱咐自己"不要把球击入水中"时，他脑子里将出现球掉进水中的映象。试想，在这种心理状态下，打出的球会往哪里飞呢？

　　让周围的人和老板都知道，你是一个意志坚定、富有挑战力、做事敏捷的好员工。这样一来，你就无须再愁得不到老板的认同了。

　　勇于突破自我的束缚，表现在工作上，就是要敢于向"不可能完成"的任务挑战。

　　对不时出现的那些异常困难的工作，不敢主动发起"进攻"，一躲再躲，恨不能避到天涯海角。你们认为：要想保住工作，就要保持熟悉的一切，对于那些颇有难度的事情，还是躲远一些好，否则，就有可能被撞得头破血流。

　　当然，在灌注信心的同时，你必须了解这些工作为什么被誉为"不可能完成"，针对工作中的种种"不可能"，看看自己是否具有一定的挑战力，如果没有，先把自身功夫做足做硬，"有了金刚钻，再揽瓷器活儿"。

· 307 ·

必须知道，挑战"不可能完成"的工作常有两种结果，成功或失败。而你的挑战力往往使两者只有一线之差，不可不慎。

但换言之，如果你对自己的挑战力判断有误，挑战之后让"不可能完成"变成现实，千万不要沮丧失望。聪明、成熟的老板，一定不会只看结果是成功还是失败了。他决定你是否应该受到器重，还会观察你的敢于挑战的工作态度和头脑的运用。他比任何人都明白，没有一种挑战会有马到成功的必然性。所以，你依然是老板喜爱的"职场勇士"。同时，你所经历的所得到的，都是胆怯观望者们永远都没有机会知道的——因为他们根本就不敢尝试。

要想从根本上克服这种无知的障碍，走出"不可能"这一自我否定的阴影，跻身老板认可之列，你必须要有充分的自信。相信自己，用信心支撑自己完成这个在别人眼中不可能完成的工作。心，可以超越困难，可以突破阻挠；心，可以粉碎障碍；心，必定会达成你的期望。